JN319985

ミニマムエッセンス社会心理学

和田 実 編著

北大路書房

はじめに

「社会心理学」と聞いて何をイメージするのだろうか。「社会」という言葉からイメージして、自分にはあまり身近ではないことを扱う学問と思うかもしれない。「社会心理学とは何か」についての詳細は1章に記されているので、そちらをご覧いただければ良いのだが、「社会心理学」の扱う研究領域は非常に広い。「社会心理学」の扱う研究領域は、一般的に、「個人（個人内の社会的過程）」、「対人（対人相互作用）」、「集団（集団行動）」、「社会（集合現象）」の4つに分けて考えられることが多い。すなわち、（「社会」から影響を受けているであろう）たった一人（個人）の行動から、有象無象の集まりまでを扱うのである。これらの研究領域をコンパクトながらも網羅する入門書を記そうと試みた欲張りな本が本書である。

ただし、そのために、いくつか工夫したつもりである。第一に、身近な事例を「社会心理学」の知見（理論）でどのように説明できるのかといったように、日常的なテーマと絡めて書くことを心がけた。第二に、少しでもわかりやすくなるように図表も多く取り入れるようにした。第三に、興味をもった方のために、いくつかの研究をコラムとしてより詳細に説明し、さらに勉強をする人のために、各章ごとに、有用と思われる書物を解説とともに紹介した。

本書は、もともと大学での「社会心理学」の概論（概説）講義のテキストとして企画されたものであるが、大学生だけでなく、"生涯学習志向"の方にも有用であろう。「心理学」を勉強されたことがある方は、興味ある章から読んでいただければ良いが、そうでない方は、1章を最初に読んで社会心理学の扱う内容だけでなく、科学である社会心理学の研究法を理解していただいてからの方がよいであろう。

なお、本書は、執筆者を少人数にし、各自がじっくりと書けるようにした。そのために、もともと編者はたてずにはじめたが、執筆の遅れなどいろいろなことが生じ、結果的に、筆者が編者という形をとることになった。編者という形をとってはいるが、初期段階での章立てだけでなく、執筆中も5人でいろいろと検討しつつすすめた。

最後に、企画段階から刊行にいたるまで、北大路書房編集部の薄木敏之さんにたいへんお世話になった。原稿の遅れに伴い、いつも以上に短期間で仕上げていただくことになった。心からお礼を申しあげます。

2010年8月
和田　実

目 次

はじめに　i

1章　社会心理学とは　*1*

1節　社会心理学　*1*
2節　社会心理学の歴史と今後の展開　*4*
3節　社会心理学の研究方法　*6*
   1. 研究方法　*6*
   2. 社会心理学の方法論上の問題点　*7*
   3. 研究実施上の倫理的問題　*8*
4節　社会心理学の研究領域と本書の構成　*10*

2章　社会的認知　*13*

1節　意識過程と無意識過程　*13*
2節　推論の誤り　*14*
   1. 代表性ヒューリスティック　*14*
   2. 利用可能性ヒューリスティック　*15*
   3. シミュレーション・ヒューリスティック　*15*
   4. 係留と調節ヒューリスティック　*15*
3節　感情と認知　*16*
   1. 気分（ムード）一致効果　*16*
   2. 感情ネットワーク理論　*16*
   3. 感情混入モデル　*17*
4節　原因帰属　*18*
   1. 原因帰属の過程　*18*
   2. 原因帰属の誤り　*22*
5節　リスク認知　*26*
   1. リスク認知とは　*26*
   2. リスク認知の構造　*28*
   3. 危機状況の認知　*29*

3章　自己　*31*

1節　自己についての知識　*31*
   1. 社会化　*31*
   2. 反映的評価　*32*

3. 自己知覚　*32*
　　　4. 環境からの刺激　*33*
　　　5. 社会的比較　*33*
2節　**自己と動機づけ**　*33*
3節　**自己と自尊心**　*37*
4節　**自己とアイデンティティ**　*39*

4章　態度と態度変容　*45*

1節　**態度と行動**　*45*
　　　1. 態度とは　*45*
　　　2. 認知的不協和　*46*
　　　3. 潜在的態度　*47*
2節　**説得と態度変化**　*50*
　　　1. 説得に関する理論　*50*
　　　2. 説得メッセージの送り手側の要因　*52*
　　　3. メッセージの要因　*53*
　　　4. 状況要因　*56*
　　　5. 説得メッセージの受け手側の要因　*56*

5章　対人行動　*59*

1節　**対人関係とルール**　*59*
2節　**自己呈示**　*62*
3節　**攻撃**　*64*
　　　1. 攻撃とは　*64*
　　　2. 攻撃に関する3つの視点　*64*
　　　3. 攻撃の学習　*66*
　　　4. 社会的状況と攻撃　*67*
　　　5. 暴力映像と攻撃　*67*
4節　**援助行動**　*69*
　　　1. 援助行動とは　*69*
　　　2. 援助行動の生起に影響する要因　*69*
　　　3. 援助行動の生起過程に関するモデル　*72*
5節　**囚人のジレンマ**　*73*
6節　**電子メディアと対人関係**　*75*
　　　1. 対人ネットワークの変化　*75*
　　　2. CMCによる対人関係の特徴　*75*
　　　3. CMCを介した対人関係の維持・発展　*76*

6章　対人関係の心理　*79*

1節　**関係が始まる**　*79*
　　　1. 情動認知の正確さ　*79*
　　　2. 印象形成　*80*

3. 対人魅力　*81*

2節　関係を深め，維持する　*84*
1. ソーシャルスキル　*84*
2. 自己開示　*86*

3節　関係が終わる　*89*
1. 関係崩壊の徴候　*89*
2. 関係崩壊のプロセス・モデル　*90*
3. 関係崩壊からの立ち直り　*92*
4. 恋愛関係崩壊とその後の反応　*93*

7章　対人関係と健康・幸福　*99*

1節　ストレスがもたらすもの　*99*
1. ストレスとは何か　*99*
2. ストレスとホメオスタシス　*101*
3. ストレッサーとライフ・イベント　*102*
4. 発達課題からみたストレス　*103*
5. ストレスへの評価　*105*
6. ストレスの個人差要因としてのタイプAパーソナリティ　*108*

2節　ソーシャル・サポート　*109*
1. ソーシャル・サポートの分類　*109*
2. ソーシャル・サポートはなぜ健康によいのか　*113*

8章　社会的影響　*115*

1節　要請技法と応諾　*115*
1. フット・イン・ザ・ドア・テクニック　*115*
2. ドア・イン・ザ・フェイス・テクニック　*117*
3. ロー・ボール・テクニック　*117*
4. ザッツ・ノット・オール・テクニック　*118*

2節　同調と服従　*118*
1. アッシュの同調実験　*119*
2. 同調の分類　*120*
3. ミルグラムの服従実験　*121*

3節　社会的促進と社会的手抜き　*123*
1. 笑いと社会的促進　*123*
2. 社会的手抜き　*124*
3. 社会的手抜きを生起させる要因　*125*

4節　競争と協同　*128*
1. 競争とは何か？　*128*
2. 競争をめぐる実験　*129*
3. 対人関係の認知次元からみた競争と協同（協力）　*131*

9章　集団過程　*133*

1節　集団　*133*

1. 集団とは　*133*
2. 集団の形態　*134*
3. 集団の規範　*134*
4. 集団の凝集性　*135*
5. 集団のコミュニケーション構造　*136*
6. 集団理解の方法　*137*

2節　リーダーシップ　*139*

1. リーダーの役割　*139*
2. リーダーシップ　*139*

3節　集団の意思決定　*144*

1. 集団決定　*144*
2. 集団極性化現象　*145*
3. 集団思考　*147*

10章　集合現象　*151*

1節　群集　*151*

1. 群集の分類と特徴　*151*
2. 群集行動の生起メカニズム　*153*

2節　流言　*154*

1. 流言とデマ　*154*
2. 流言のとらえ方　*155*
3. 流言の変容　*156*
4. 流言対策　*157*
5. 流言の効果　*159*

3節　流行　*159*

1. 流行とは　*159*
2. 流行の分類　*161*
3. 流行の特徴と普及過程　*162*
4. 流行採用動機　*164*
5. 化粧と被服　*165*

引用文献　*168*
人名索引　*180*
事項索引　*182*

【コラム】
2-1：情動の帰属に関する実験　*24*
4-1：潜在連合テスト　*49*
5-1：ラタネとダーリーの実験　*70*
6-1：関係の崩壊　*96*
8-1：社会的手抜き　*126*
9-1：ソシオメトリック・テストの研究例　*138*
9-2：異なるタイプのリーダーシップが子どもに与える影響　*142*
9-3：NASAゲームによる集団決定　*148*
10-1：日本企業に関する流言　*158*
10-2：化粧方法の違いによる心理的効果　*166*

1章 社会心理学とは

まず，社会心理学の扱う「社会」とは何かを考え，その後，社会心理学の歴史と研究方法について概説する。

1節 社会心理学

　社会心理学というのは，social psychology の訳である。日本語の「社会」と英語の「social」の意味する範囲は異なる。オックスフォード現代英英辞典（Hornby, 2003）で social を引くと，大きく 4 つの意味が記されている。1 つ目が社会とのつながり（connected with society）である。「社会とのつながりおよび社会がどのように組織化されているか。社会でのあなたの位置とのつながり」とある。2 つ目は他者との活動（activities with others）である。「人々が喜びのためにお互いに会う活動とのつながり」とある。3 つ目は，animals とある。群居性のという意味で，単独で生きる動物と区別する意味合いである。4 つ目が friendly であり，sociable の意味とある。一方，social の名詞形である society に福地源一郎（号は桜痴）が「社会」という訳語を当てたという。その「社会」を第 6 版の広辞苑（新村, 2008）で引くと，「①人間が集まって共同生活を営む際に，人々の関係の総体がひとつの輪郭をもって現われる場合の，その集団。諸集団の総和から成る包括的複合体をもいう。自然的に発生したものと，利害・目的などに基づいて人為的に作られたものとがある。家族・村落・ギルド・教会・会社・政党・階級・国家などが主要な形態。②同類の仲間。③世の中。世間。家庭や学校に対して利害関心によって結びつく社会をいう。④社会科の略」とある。すなわち，日本語の「社会」には social に含まれる他者との活動といった対人的な部分が含まれていないと言える。よって，social anxiety を対人不安と訳さざるを得ないのである。社会不安ではまったく意味が異なってしまうからである。

　社会心理学には，対人的な領域も含まれるということである。ちなみに，有斐閣の『心理学辞典』（中島ほか編, 1999）で「社会心理学」を引くと，「個人とその社会的状況との間の相互的な影響過程を科学的に研究する学問の一分野」（安藤）と記されている。一方，有斐閣の『社会心理学小辞典』（古畑・岡編, 2002）は，心理学的社会心理学と社会学的社会心理学に分けて記されている。前者は「個人内の認知や対人関係，

個人間の社会的相互作用などに関する事象を，主として実験的手法を用いて明らかにしようとする社会心理学」(今井)で，後者は「マクロな社会構造と社会成員に共有されている行動・性格・心理との関連性を研究対象とし，社会調査・自然観察・比較法を中心的な研究方法として，社会的レベルでの社会化・社会意識・社会的性格・マスコミ・世論などが研究される」(高木)と記されている。

社会心理学は心理学と社会学の中間（境界）領域にあるため，心理学をベースにした社会心理学と社会学をベースにした社会心理学が存在するのである。歴史のところでふれるように，奇しくも同じ年に心理学者と社会学者がそれぞれ書名に『社会心理学』と入った本を著わしている。

さて，我々は「社会」(social という意味で使っている)というものを意識しているいないにかかわらず，影響を受けているのは否定できない。例えば，自分の好みの外見について思い浮かべて欲しい。自分の好みであるので，まったく個人的なことに思える。しかし，そうではない。時代によって好まれる人が異なるし（胸毛があって男らしい男性が好まれ時代があったかと思えば，足に毛がないつるつるの男性が好まれる時代もあった），文化によっても好まれる人が異なることから，自分以外の人から何らかの影響を受けていることは明らかであろう。

実際に他者（集団）との接触によって影響を受けることもあるし，他者（集団）はこう思うだろう（こう考えているだろう）と想像して影響を受けることもある（8章の同調行動を参照）。このような「社会」との関係において自己をとらえることが社会心理学なのである。

次にある研究を紹介しよう。これも「社会」の影響を受けている例である。和田(1996)は，大学生を対象に同性愛（者）に対する態度を調べている。被評定者の同性愛者を男性同性愛者と女性同性愛者の2つのタイプとし，評定者の性（男性，女性）による差異があるのかを調べている。48の態度項目を作成し，因子分析の結果，『社会的容認度』，『心理的距離感』，『ポジティブイメージ度』の3つを見出して検討している。ここでは，心理的距離感の結果のみを図1-1に示した。女性より男性の方が同性愛者に対して心理的な距離を感じているが，男性同性愛者か女性同性愛者かによって，男性は距離感が異なっている。すなわち，男性は女性同性愛者よりも男性同性愛者に対して心理的距離を感じている。

どうしてこのような性差が見出されるのであろうか。おそらく最大の理由は，社会からの性役割期待とそれと結びついたステレオタイプによるものであろう。女性よりも男性に「行動力のある」「指導力のある」「意志の強い」などが，男性よりも女性に「細やかな」「繊細」「おしゃれな」などが，より多く一般に期待されているとみている（柏木，1974；伊藤，1986）。男性に期待される役割をもった者どうしが恋愛（愛情）関係にあると言うのは非常に結びつきにくい。それだからこそ，同性愛者と思われることに恐怖を抱くホモフォビアが男性は高いのである。それゆえ，女性より男性の方

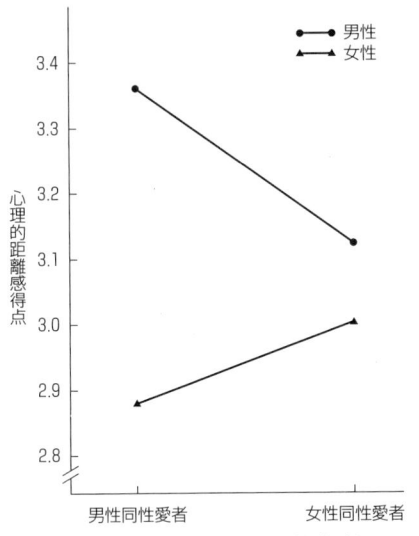

図1-1 性，同性愛タイプ別の心理的距離感（和田，1996）

が同性愛者と心理的距離感があるだけでなく，男性は男性同性愛者により心理的距離感をもつのである。このように男性女性という性にかかわる異なる期待があり，それがいろいろなものに影響を及ぼしているのである。

　性に期待されるものは，当然，社会（文化）によっても異なるし，時代によっても異なる。例えば，日本性教育協会（2001, 2007）の調査結果をみておこう。この調査では，"同性と性的行為をすること"について，「かまわない」「どちらかというとかまわない」「どちらかというとよくない」「よくない」「わからない」で回答を求めている。第5回調査と第6回調査の「かまわない」とする大学生の結果を男女の順に記すと14.8 → 25.8%，33.8 → 26.7%であった。同様に，「どちらかというとかまわない」は，7.2 → 11.5%，14.6 → 19.6%であった。「かまわない」と「どちらかというとかまわない」をあわせた割合は，男女ともに第5回調査よりも第6回調査の方が高くなっている。これは社会が多様な性を認めるようになってきたからであろう。また，同じ日本性教育協会（2007）の調査によると，大学生よりも高校生（男性10.6%，女性14.4%）の方が，「同性と性的行為をすること」を「かまわない」とする割合が男女とも低い。このことから，発達段階や世代によって異なることもわかる。

　日本性教育協会は1974年の第1回調査から2005年の第6回まで，さまざまなデータを得ている。性行動の経験率の変化をみると，同じ大学生であっても，近年になるほど男女の差がどんどんなくなってきている。これも，「社会」の影響である。

　以上のように，「社会」というものは意識しなくても，さまざまな形で我々に影響

を及ぼしていることがわかろう。

2節　社会心理学の歴史と今後の展開

　ゲサルス（Goethals, 2003）は，社会心理学の誕生を1895年としている。その年に，トリプレット（Triplett, N.）が社会的な力（social force）が自転車競争にどのように影響を及ぼすかの研究を始めた。また，ル・ボン（Le Bon）が『*Psychologie des foules*』（群集心理）という書物によって集団行動を分析した年である（アメリカでは1896年に『*The crowd*』として翻訳された）。1895年というのは，科学的心理学の誕生とされるヴント（Wundt, W.）が1879年にライプチヒ大学に世界初の心理学実験室を開設してから20年弱経過したころである。

　トリプレット（Triplett, N.）の研究は，1897年に *American Journal of Psychology* 誌に掲載されている。彼は，アメリカ自転車競争協会が保持している自転車競争の公式記録データを集め，競争の型に3つあることを示し，それらの型の違いによって，レースの所用時間がどのように異なるかを検討した。その結果，数人の乗り手が普通の競争の形で競い合う型の競争が最も速かったというのである。すなわち，「単独より何人かで行なうと作業が進む」ということが明らかにされている（後に，オールポート（Allport, F. H.）によって社会的促進と命名されて多くの研究がなされる）。この結果を説明するためにトリプレットは，吸引理論，隠れ場理論，勇気づけ理論，気苦労理論，催眠暗示の理論，自動理論を提案している。いずれも説明にはなっていないのだが，通常ならその個人に利用されないような潜在的エネルギーが他者が存在することによって解放されるということを指摘したと考えれば，意味がないわけではない。

　その後，1908年に社会学者のロス（Ross, E. A.）が『*Social Psychology*』を，心理学者のマクドゥガル（McDougall, W.）が『*An Introduction to Social Psychology*』を著わしている。ただし，研究成果が蓄積しているわけではないので，ともに思弁的なものである。社会心理学は心理学と社会学の境界領域のため，このときから2つの社会心理学が存在し続けている。さらに，1922年には，1908年創刊の *Journal of Abnormal Psychology* 誌が *Journal of Abnormal and Social Psychology* と改題され，初めて社会心理学という名が入った学術雑誌が刊行された（この雑誌は，1965年に *Journal of Abnormal Psychology* と *Journal of Personality and Social Psychology* の2誌に分かれる）。現在，*Journal of Social Psychology* として発刊されている雑誌の創刊は，1930年であり，最初は *Political, Racial, and Differnetial Psychology* という名前であった（1949年に現在のタイトルにかわった）。

　社会心理学の科学分野としての地位は1930年代に確立したという（Goethals, 2003）。1931年にマーフィとマーフィ（Murphy, G. & Murphy, L.）が800以上の社

会的過程の研究をレビューして『An Experimental Social Psychology』を著わしている。マーフィの弟子には，ニューカム（Newcome, T.），アッシュ（Asch, S.），シェリフ（Sherif, M.）など，その後活躍する人たちが多くいる。

これ以降は，ゲサルス（Goethals, 2003）のくくり（分類）に従って紹介していこう。そして，内容についても簡単に記すだけとする。1920年代と1930年代は「社会的影響過程探求の時代」である。オールポート（Allport, F. H.）による社会的促進の研究，モレノ（Moreno, J. L.）によるソシオメトリー，シェリフ（Sherif. M.）による集団規範の研究などがある。

次が，「第二次世界大戦とグループダイナミックス，態度，および対人知覚の時代」である。レヴィン（Lewin, K.）によるグループダイナミックス，集団雰囲気（社会的風土）の研究，ホヴランド（Hovland, C.）による態度と態度変容の研究，ハイダー（Heider, F.）による対人知覚へのゲシュタルト原理の拡張（後の原因帰属過程，バランス理論につながる），アッシュ（Asch, S.）の印象形成の研究などがある。

その次が，「1950年代：レオン・フェスティンガーの時代」である。いうまでもなく，認知的不協和理論，社会的比較理論を提出したフェスティンガー（Festinger, L.）である。これらの理論によって非常に多くの研究が生み出されている。1954年には，リンゼイ（Lindzey, G.）によってこれまでの社会心理学研究の成果をまとめた『Handbook of Social Psychology』（2巻）も刊行されている。

その次が，「1960年代：再び社会的影響過程の時代」である。権威への服従について研究したミルグラム（Milgram, S.），援助行動，傍観者効果を研究したラタネ（Latané, B.）などがいる。リスク・テイキングと集団分極の研究がなされたのも1960年代である。この時期は，「ヨーロッパ生まれの社会心理学の出現の時代」でもあった。リスク・テイキングは，ル・ボンによって同定された「集団は極端になることがある」という1つの例示に過ぎないと主張したモスコビッシ（Moscovici, S.）や対人および小集団の相互作用について研究したアーガイル（Argyle, M.），偏見や集団葛藤の研究（社会的アイデンティティ理論）のタジフェル（Tajfel, H.）などをあげることができる。

その次が「1970年代：帰属理論の増加の時代」である。ジョーンズとデイヴィス（Jones & Davis），ケリー（Kelley, H. H.）などの一連の研究である。そして，「1980年代：社会的認知，社会的アイデンティティ，および精緻化見込みモデルの時代」である。対人記憶，スキーマ発達，説得における認知の役割，注意や意識といった社会的認知の発展である。1984年にフィスクとテイラー（Fiske, S. & Taylor, S.）によって著わされた『Social Cognition』で全盛期に到達した（Goethals, 2003）という。社会的アイデンティティはすでに述べたタジフェル（Tajfel, H.）らによる研究である。精緻化見込みモデルはペティとカシオッポ（Petty, R. & Cacioppo, J）によって提出されたものである。ちょうど，第二次大戦から60年代，70年代とホヴランド

(Hovland, C. L.) に代表されるイェール学派がいくらか目立たなくなった時期に出てきたモデルである (Goethals, 2003)。

最後に,ゲサルス (Goethals, 2003) は「社会心理学の最近の発展と将来」と題して,5つのことをあげている。1つ目が「自己」である。自己帰属および社会的比較過程研究への回帰の問題である。第二に,「偏見とステレオタイプ」である。集団間対立と民族的敵意に関する認知的動機づけ的研究である。自動情報処理および反応といった研究成果がこれらの問題に大きな影響を及ぼすと予想している。他には,進化心理学からのアプローチ,東洋と西洋の文化差,ジェンダーによる類似性と相違をあげている。なお,2009年の日本社会心理学会と日本グループダイナミックス学会の合同大会の「社会心理学の展開と現状からの脱却」というシンポジウムにおいては,「適応の進化の視点から」「interdisciplinary アプローチの視点から」「地域研究の視点から」「数理モデル的アプローチの視点から」という発表があった。

3節 社会心理学の研究方法

1. 研究方法

社会心理学は心理学の一分野であるので,他の心理学分野と同様の研究方法が用いられる。すなわち,データを収集し,データに基づいて実証するというやり方(データ実証主義)をとる。

主として,以下の手順になる(探索的な研究で仮説がない場合もあるが)。

①仮説をたてる。
②それを検証するためのデータを集める。
③結論を引き出す。
④他の研究者が追試可能な方法で結果を報告する。

研究は,大きく実験的研究と観察的研究に分けることができる。これらは,変数を操作するか否かで区別される。変数を操作する方法が実験的研究である。操作することにより因果関係を明確にしようとする。このように,操作され,どのような効果をもつかが研究される変数(原因であると推定される変数)を独立変数といい,独立変数が操作された場合に,変化されると期待される変数(結果であると推定される変数)を従属変数という。観察的研究の場合は,必ずしもすべてが因果関係を想定するわけではないので,予測変数,基準変数という。

社会心理学の研究領域が多岐にわたっているので,用いられる方法も実験(実験室実験,フィールド実験),質問紙調査,面接調査,観察などさまざまである。それぞれ

の研究方法には利点も欠点もある。

　ここでは，実験室実験について考えてみよう。大学や研究機関にある実験室に実験参加者を呼び出して行なう実験を実験室実験という。まず，実験室実験は「現実性」が乏しい。すなわち，日常と同じ行動をとっているかどうかがわからない。実験状況が日常状況と同じものになっているかどうかの問題である。実験参加者は自分自身が研究の対象となっているのを知っているので，日常と同じ行動をとるとは考えにくいであろう。また，次の項でも触れるが，倫理的な理由で実験室実験が困難な場合がある。さらに，悪い影響を及ぼすという仮説の検証をすることはできない。例えば，「テレビゲーム遊びに没頭すると，他者とつき合う意欲やスキルを失い，社会的不適応になる」という仮説は検証できないであろう。最後に，実験参加者は実験室に来てくれる人に限られるため，どうしても大学生が多くなってしまう。つまり，実験参加者の代表性の問題が出てくる。しかし，実験室実験は，研究事態を厳密に統制できる。従属変数を詳細に同一の標準的方法で測定できる。よって因果関係を明らかにできることになる。

2．社会心理学の方法論上の問題点

　因果関係の解明をめざすには，条件操作が厳密にできる実験室実験が望まれる。しかし，社会心理学では，実験室実験として現実場面を再現できないことが多い。例えば，集団についての実験を行なう場合，実験室の広さなどいろいろな制約から，何百人もの集団を構成して実験室実験を行なうことは不可能であろう。

　また，実験室実験が可能であっても，社会心理学の分野では，最初から実際の実験目的を告げられないことが多い。実際とは異なる目的を話さざるを得ないのである。実際の目的を知ってしまうと，そのことが実験参加者の行動に影響を及ぼすからである。例えば，実験室にやってきた人に「見ず知らずの人と話をするときに，どのような視線の使い方をするのかを調べるのが目的です」と話したとしたらどうであろう。実験参加者は明らかに意識して普段とは異なる視線の使い方になってしまうであろう。

　さらに，社会心理学の実験室実験では，独立変数の操作が困難なことも多い。そのために，サクラ（実験協力者）を用いたり，虚偽の教示をしたりすることがある。また，虚偽の情報をフィードバックして，独立変数の操作を行なうこともある。例えば，2人の関係を実験的に操作する場合である。相手に対して好意を抱かせるか，非好意を抱かせるかと操作する場合，一般に，以下のような手続きがとられる。見ず知らずの者どうし（一方をサクラにすることが多い）を実験室に呼び，簡単な自己紹介などをしてもらってから，相手の第一印象を評定してもらう。それを実験者が回収し，あらかじめ好意的か非好意的な印象を与えるように評定しておいた評定用紙をお互いがもった印象ということでフィードバックする。好意的な印象をフィードバックされた実験参加者は相手に好意をもつようになり，非好意的な印象をフィードバックされた

実験参加者は相手に好意をもたないようになる（非好意をもつようになる）というわけである。このように，実際に抱かれた印象とは違う印象をフィードバックすることによって，二者の関係を操作するのである。

　非好意的な印象をもたれるように操作された条件の実験参加者のみならず，好意的な印象をもたれるように操作された条件の実験参加者にも，嘘のフィードバックをしているので倫理的な問題が生じる。次項の倫理的な問題でも触れるが，この場合は，研究終了後，真の目的を話し，十分な説明をし，理解を求める必要がある。

　ここにあげた問題を克服できたとしても，実験室実験に伴う回避できない問題がまだある。それは，「人工性」という問題である。いくら独立変数の操作がうまくいったとしても，実験参加者は実験室におり，実験に参加しているということを知っている。実験者に見られているのである。普段と変わらない行動をとるという保証はないのである。そこで，独立変数の操作を多少犠牲にしても，現場実験という方法をとることになろう。

3．研究実施上の倫理的問題

　上述したように，実験室実験は，実験群と統制群に実験参加者を割り振ったうえで，少数の独立変数を操作し，それが実験参加者の行動（従属変数）に及ぼす効果を測定する。これによって仮説を実証的に検証することが可能となるとされるが，人間を対象にして厳密な実験を実施することに対して倫理的問題が生じることがある。この点について考えておこう。

　まず，あまりにも有名になってしまったジンバルド（Zimbardo, P. G.）らによる「スタンフォード監獄実験」を紹介しよう。この実験は，1971年8月，スタンフォード大学のジンバルドを中心に組織され，同大学の実験室を刑務所（実験監獄）に仕立てて行なわれた（論文は1974年などがある）。この実験（事件？）を題材にした映画，「Das Experiment」（邦題 Es［エス］，制作年：2001年（日本では2002年公開），制作：ドイツ）も制作されたので，内容を知っている人もいるだろう。

　新聞広告（1日15ドルの報酬）によって集められた心身ともに健全な実験参加者70名以上の中から，心理的問題や医療的問題を抱えている人，犯罪やドラッグ乱用者を除いた（すなわち，いわゆる「ふつう」で，何のバイアスもかかっていないと考えられる）24人が実験に参加した。彼らは，コイントスによって無作為に囚人役と看守役に分けられた。そして，実際の刑務所とほぼ同じ環境の中で，2週間を過ごすことが予定された。

　実験に参加した者は皆楽観的な気分だった。単に囚人，看守の服に着替えて刑務所風の質素な生活をし，報酬までもらえるユニークな実験といった程度の認識だったのである。研究者もまた，さほど大きな問題は起こらないだろうと予想していた。しかし実験を開始して間もなく，事態は一変した。囚人役の者たちは心理的に追い込まれ

て服従的になり，看守役の者たちもまた支配者として，虐待行為を開始した。実験監獄内では暴動やハンガーストライキ，虐待行為が相次ぎ，本物の刑務所のようになってしまったのである。そしてこれらの問題により，実験は予定していた2週間の半分にも満たない6日間で中止されたのである。

確かにジンバルドは実験に際し，より刑務所に近づける為に，さまざまな「工夫」を凝らした。例えば，パトカーを用いて逮捕し，囚人役の指紋を採取し，看守達の前で衣服を脱がせ，シラミ駆除剤を散布した。また，囚人側の人々にはそれぞれID番号が与えられ，実験期間中，お互いに番号で呼び合うことが義務づけられた。囚人役の者に与えられた衣服も質素なもので，それは着心地の悪い綿のスモックに，ゴム草履，そして頭にかぶる為のストッキング（かぶることで頭を剃髪したように見せるため）といったものだった。さらに，一部の囚人は手足を鎖で繋がれた。一方，看守役の者たちにはカーキ色の制服と木製の警棒が与えられ，暴力はもちろん禁止されていたが，囚人を威嚇することが許可されていた。さらに，大きな反射型のサングラスをかけることで，匿名性を確保し，囚人と目が合わないようにするといった工夫もなされていた。

大きな倫理的問題を残したが，ジンバルドらが実験から得た1つの結論は，人はある集団や，環境，社会的情況下において，驚くべき速さでその中に適応しようとし，その役割を自ら演じてしまうということであった。実験開始前，まったく「ふつう」であった囚人役の実験参加者たちは，精神的に衰弱すると，すぐに卑屈で，服従的になった。そして同じく「ふつう」であった看守役の実験参加者たちもまた，囚人たちの暴動を警戒するあまり，権力を必要以上に誇示し，囚人の衰弱ぶりにも気を留めず，支配者として加虐的にエスカレートしていったのである。

この実験内容を知ってどう感じたであろうか。自分が監視役になっていたとしても，加虐的にはならなかったであろうか。囚人役だったらどうであろうか。想像してみて欲しい。

研究実施にあたっては，倫理的な問題に十分に配慮しなくてはならない。まずは実験参加者（被験者とも言われるが，主体的でない言い方なので，実験参加者と言われるようになった）の人権と尊厳を守るということである。実験者は実験参加者に尊敬の念をもって望むことはあたり前である。実験や調査の目的や内容を正しく伝え，了解を得た上で研究に協力してもらわなければならない（インフォームド・コンセントとよばれる）。実験参加者に苦痛や不快感を与えることがあってはならないのである。

すでに，方法論上の問題で触れたように，社会心理学の分野では，最初から実際の目的を告げられないことがある。目的を知ってしまうと，それが実験参加者の行動に影響を及ぼすからである。この場合は，研究終了後，真の目的を話し，十分な説明をし，理解を求める必要がある（デブリーフィングという）。

最後に，日本心理学会が論文投稿の際に提出を求めている倫理チェックリストを紹

表 1-1　日本心理学会による倫理チェックリスト（日本心理学会，2005）

1. 所属または関連機関に倫理委員会がある場合，研究を行うにあたりその承認を得ましたか
    [　該当せず　・　はい　・　いいえ　]
2. 実験や調査に先立ち研究参加者からインフォームドコンセントを得ましたか（インフォームドコンセントには，実験や調査の内容についての説明や，実験や調査から自由に離脱できる旨が記されているものとします。承諾のサインを得ることが望ましいです。）
    [　該当せず　・　はい　・　いいえ　]
3. やむを得ずインフォームドコンセントが得られない場合は，代替となる手段をとりましたか（親や責任者による承諾を得るなど）
    [　該当せず　・　はい　・　いいえ　]
4. 実験や調査においては，参加者や動物に負荷やリスクはありませんでしたか
    [　該当せず　・　あった　・　なかった　]
    負荷やリスクがあった場合は，その内容や，どのような対処・処置を行ったか，具体的に書いてください。
    [負荷やリスクの内容：　　　　　　　　　　　　　　　　　　　　　　　　　　　　　　　]
    [対処や処置：　　　　　　　　　　　　　　　　　　　　　　　　　　　　　　　　　　　]
5. 実験や調査にデセプションがある場合，事後説明などによる対処を行いましたか
    [　該当せず　・　はい　・　いいえ　]
6. 動物実験においては，必要最小限の個体数で実験しましたか（無駄に多くの個体数を用いませんでしたか）
    [　該当せず　・　はい　・　いいえ　]
7. プライバシーは保障されていますか（データ収集や処理，論文に紹介する際の匿名性の保障など）
    [　該当せず　・　はい　・　いいえ　]
8. 論文は著者自身によるオリジナルの論文ですか（オリジナルの論文とは他所に投稿中でない，または公刊されていない論文を指します。データの再分析が含まれるなど密接に関連する論文がある場合はその論文も併せてお送りください。）
    [　はい　・　いいえ　]
9. 執筆者が連名である場合，その順序は貢献度を適切に反映していますか
    [　該当せず　・　はい　・　いいえ　]
10. 他者が作成した材料やプログラムを用いた場合，そのソースは示されていますか
    [　該当せず　・　はい　・　いいえ　]
11. 不適切あるいは差別的な用語や表現がないかチェックしましたか
    [　はい　・　いいえ　]

介しておこう（表1-1）。何が求められているのかが明らかであろう（11項目の内，8番目以降は実験参加者に対する配慮以外のものである）。

4節　社会心理学の研究領域と本書の構成

　社会心理学の扱う研究領域は非常に広い。一般的には，研究領域を「個人（個人内の社会的過程）」「対人（対人相互作用）」「集団（集団行動）」「社会（集合現象）」の4つに分けて考えられることが多い。

　「個人」の領域には，社会的認知（帰属過程，対人認知），自己，態度と態度変容などが含まれる。本書では，2，3，4章が該当する。

　「対人」の領域には，対人関係（恋愛関係，友人関係），対人魅力，攻撃行動，援助

行動，説得，対人コミュニケーションなどが含まれる。本書では，5，6，7章が該当する。

「集団」の領域には，集団の構造・機能，社会的勢力，リーダーシップ，同調，協力と競争などが含まれる。本書では，8，9章の一部が該当する。

「集合」の領域には，流言・うわさ，普及過程，世論，マスコミなどが含まれる。本書では，10章が該当する。

本書では扱っていないが，他に，法律・裁判，健康，教育，環境，臨床・カウンセリングなどに関連する領域も研究されている。

◆さらなる勉強のために
◇安藤清志・沼崎誠・村田光二（編著）　2009　新版　社会心理学研究入門　東京大学出版会
　実験法，観察法，社会調査法といった研究手法だけでなく，分析方法，論文作成法についても記されている。さらに，社会心理学の研究動向についても記されている。
◇村田光二・佐久間勲・山田一成（編著）　2007　社会心理学研究法　福村出版
　質問紙調査と質問紙実験という2つの方法に焦点をあてて記されている。また，文献の探し方やレポートの書き方も記されている。

2章 社会的認知

我々は，身近なところで事件や事故が起きれば，その原因を推論し，「将来地震が起きそうだ」と聞くと，どのくらい危険かを予測的に判断する。しかし，推論や判断は必ずしも正確ではない。この章では認知の歪みや判断ミスを含めたヒトの社会的認知の特徴を概観し，どのような場合に認知や判断の誤りが生じやすいのかを考える。

1節 意識過程と無意識過程

我々がものごとを考えたり，判断したりするとき，意識的な過程とともに無意識的な過程が同時に存在し，情報処理をしている。注意を向けて意識的に行なう情報処理を「統制的処理」(controlled processing)，注意を向けずに無意識的に行なう処理を「自動的処理」(automatic processing) とよぶ。

初対面の他者に対する印象を形成する場合に関して，ブリューワー（Brewer, 1988）は，図2-1のような2過程モデルを示した。まず，他者を見かけた場合，無意識的な自動的処理が行なわれ，性別や年齢などが同定される。街中ですれ違った人な

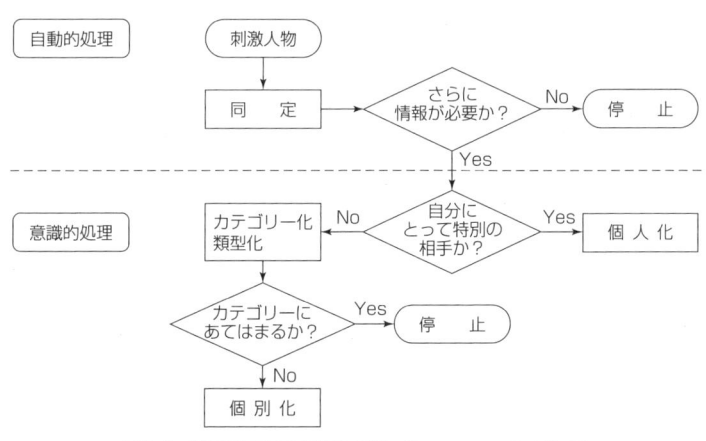

図2-1 印象形成の2過程モデル（Brewer, 1988を改変）

どの場合にはこの段階で処理が終了する。しかし，以後のかかわりが予想されるような相手の場合には意識的な統制的処理が行なわれる。特に自分にとって特別で，重要な相手の場合には，個人化過程において，相手に特有な情報を集めて積みあげていく，慎重なボトムアップ型処理が行なわれる。これに対して特別な相手でない場合には，相手の所属する集団など社会的カテゴリーの中で，相手が典型的な人か否か（あらかじめ，その集団に対してもっているイメージであるステレオタイプと一致する人か否か）を判断するトップダウン型処理が行なわれる。相手が典型的な人と判断された場合にはこの段階で処理は終わるが，典型的でない場合には個別化の過程で，相手はその社会的カテゴリーに典型的ではない例外と判断される。なお，イメージと一致するか否かを判断するトップダウン型処理に対してボトムアップ型処理は，相対的に多くの処理資源と強い動機づけを必要とするため，少数の特別な対象にのみ用いられるのである。

2節 推論の誤り

我々はさまざまな判断をするときに，できるだけ手間をかけずに最終判断を行なおうとし，簡便な方略（heuristics）を使用する。カーネマンとトベルスキー（Kahneman & Tversky, 1972）およびトベルスキーとカーネマン（Tversky & Kahneman, 1974, 1982）は，我々が推論をするときに用いる特徴的な簡便方略の存在を明らかにし，必ずしも常に正しい判断をしているわけではないことを示した。

1．代表性ヒューリスティック

「太郎は27歳で独身です。学生時代に彼はNGO活動に参加していました。彼について最もありそうな選択肢をA，Bから1つ選んでください。A：彼は会社員である。B：彼は会社員であり，ボランティア活動もしている」という問題を出されたとき，AとBのどちらを選ぶであろうか。「最もありそうな選択肢」と言われると，学生時代にNGO活動をしていた人だから，現在もボランティア活動をしているだろうと考えてしまいがちである。しかし，Bの場合には会社員である確率に加えてボランティア活動をしている確率が加わるため，単に会社員であるA以上にBの確率が高くなることはない。したがって，「最もありそうな選択肢」の正解はAなのである。このような錯誤は，「連言錯誤（conjunction fallacy）」とよばれる。また，トベルスキーとカーネマン（1982）は，選択肢を別々の実験協力者に片方ずつ提示して確率を推定させた場合にも，同様に誤った確率推定がなされることを見出した。このように，「学生時代，NGO活動に参加していたため，今もボランティアをしているであろう」という代表性の高い事象に基づいた推論がなされるとき，太郎が会社員である確率は無視さ

れてしまうのである。また，70％が弁護士で30％がエンジニアの集団からランダムに選んだ1人の人物が「政治・社会問題には無関心で，日曜大工をする」と紹介された場合，その人物がエンジニアである確率は90％であると評定された。ランダムに選んだため，エンジニアである確率は30％のはずであるが，人物紹介文の内容がエンジニアのステレオタイプ的イメージとどの程度似ているかという代表性情報に基づいて判断されたため，「事前確率の軽視」という誤った認知がなされたと考えられる。

2．利用可能性ヒューリスティック

　風邪が流行しているか否かを推論するとき，身近に風邪をひいている人がいると流行の程度を高く推定し，身近に風邪をひいている人がいないと流行の程度を低く推定してしまう。つまり，ある事象が生起する確率は，その事例の利用しやすさに基づいて推定される。このような推論は利用可能性ヒューリスティックとよばれる。また，トベルスキーとカーネマン（1973）は，男女同人数の名前のリストを読みあげる実験を行なった。男性の名前のみに有名人の名前を入れ，男女の人数を尋ねると，実験参加者は，男性の人数の方が多いと回答した。女性の名前のみに有名人の名前を入れた場合にも，女性の人数を多く回答した。これは，有名人の方が思い浮かべやすいために生起確率・頻度や事例数が多いと判断してしまうことで生じるのである。集団内での貢献度を推論するときに「他者よりも自分の方が貢献している」と考えがちなのも，自己情報の方が他者情報よりも想起しやすいため，利用可能性ヒューリスティックにより，貢献度を高く認知していると考えられる。

3．シミュレーション・ヒューリスティック

　出来事をシミュレーションできる程度に応じて印象や判断が決定される簡便方略をシミュレーション・ヒューリスティックとよぶ。例えば，飛行機に乗ろうとして，空港に着いたところでゲートが閉まって乗り遅れたときの方が，30分遅く着いて乗り遅れたときよりも後悔が大きくなる。乗る直前にゲートが閉まった場合には，間に合ったときのことをシミュレーションしやすいために後悔が大きくなると考えられる。

4．係留と調節ヒューリスティック

　東京からハワイまでの距離は約6,200 kmであるが，正解を知らない人たちに距離を推定させた場合，「3千kmよりも近いか遠いか」と尋ねてから回答させたグループと，「1万kmよりも近いか遠いか」と尋ねてから回答させたグループの間には，回答した距離の平均値に違いが生じると考えられる。最初に尋ねた数値を係留点とよぶが，我々は係留点に基づいて調節を行ない，最終判断をする。つまり，自分の当初の態度や他者から与えられた意見を係留点として最終判断を行なうため，係留点に影響されて最終判断に違いが生じるのである。

3節　感情と認知

我々が対象を判断したり行動したりするときには，感情が影響を及ぼすことが知られている。特に，比較的長時間持続する穏やかな感情である気分（ムード）を扱った研究が多数行なわれている。

1．気分（ムード）一致効果

特定の気分が生じると，その気分のもつ評価的な性質（肯定的か否定的か）と一致する記憶や判断および行動が促進される傾向がある。つまり，肯定的な気分のときには楽しい出来事を想起しやすくなったり，他者への評価が好意的になったりするが，否定的な気分のときには悲しい出来事を想起しやすくなったり，他者への評価が厳しくなったりするのである。アイセンら（Isen et al., 1978）は，ショッピングセンターで試供品をもらって嬉しい気分になっている人たちと，もらっていない人たちに，家で使っているテレビと乗用車の性能やアフターサービスについて評価してもらったところ，評価は試供品をもらった人たちの方が好意的であった。気分が良いために，それと対応する良い出来事を想起しやすくなったために評価が高くなったと考えられた。また，スナイダーとホワイト（Snyder & White, 1982）は，うきうきした高揚的気分の人たちが，悲しみを感じる出来事よりも幸せを感じる出来事を想起しやすく，落ち込んだ抑鬱的気分の人たちが幸せを感じる出来事よりも悲しみを感じる出来事を想起しやすい事実を明らかにした。

2．感情ネットワーク理論

気分一致効果は，「感情ネットワークモデル」により説明可能である（Bower, 1981,

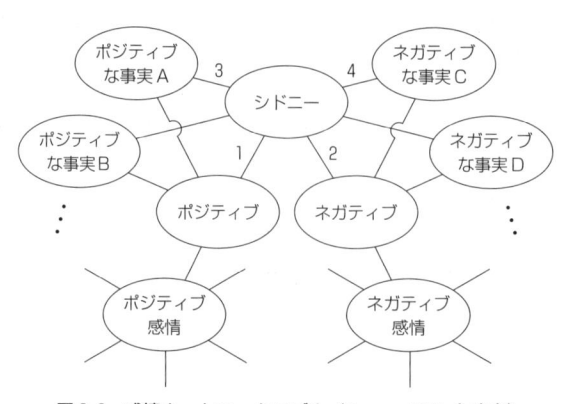

図2-2　感情ネットワークモデル（Bower, 1991 を改変）

1991)。バウアー（Bower, 1991）は，シドニーに行った人の例を示している（図2-2）。シドニーへ行ったとき遭遇した事実の記憶は，シドニーに結びつけられて保持されているうえ，その記憶には肯定的なものと否定的なものがあり，シドニーで遭遇した事実に対して行なった価値判断の結果，好ましいものは正の評価ノードと結びつけられ，好ましくないものは負の評価ノードと結びつけられると考えた。したがって，肯定的な感情が生じると正の評価ノードを活性化させたうえ，シドニーに関連する好ましい事実に対応するノードを活性化させるため，シドニーでの好ましい事実を想起しやすくなり，シドニーに対する評価が肯定的になると考えられている。一方，否定的感情が生じると，好ましくない事実を想起しやすくなり，シドニーに対する評価は否定的になると考えられている。

3．感情混入モデル

フォーガス（Forgas, 1992, 1995）は，「気分（ムード）」が社会的判断に及ぼす影響を検討し，感情混入モデル（AIM: affect infusion model）を提唱した。このモデルでは，社会的判断に用いられる方略が，①直接アクセス方略，②動機充足方略，③実質処理方略，④ヒューリスティック方略の4種類に分類されている（図2-3）。①直接アクセス方略は，判断対象についての評価が確定している場合（結晶化とよばれる）に，その評価に基づいた判断をするもので，「近所の店の中ではこの店の料理がおいしい。だから次の会合はこの店で開こう」というように，他の店のことはあまり考えずに意思決定するような場合があてはまる。②動機充足方略は，結論が先にあり，その結論を導きたい動機による影響に基づいて行なわれる処理方略である。「航空会社Aの窓口はとても親切だったから，A社の飛行機の運航は安全であると思いたい」という動機をもっている際に，A社の航空機運行の安全性を判断するような場合があてはまる。③実質処理方略は，対象に関する新たな情報を積極的に取り入れ，熟考したうえで判断する処理方略である。「よい評判を聞いて，高価なB社のテレビを買おうとしていたが，最近C社のテレビを買った友人が，画面もきれいだし，多機能で便利だと言っていたため，再度B社のテレビについて，じっくり考え直してから買うテレビを決める」というような場合があてはまる。④ヒューリスティック方略は，関心が低い対象について判断する場合に，熟考しないで判断するという処理方略である。「のどが渇いているときに，さまざまなメーカーの緑茶ペットボトルの中から，そのときのムードに合った絵が描かれているものを選ぶ」というような処理方略である。

なお，①直接アクセス方略と②動機充足方略は，判断時に気分（ムード）による影響を受けにくいが，③実質処理方略と④ヒューリスティック方略は，判断時に気分（ムード）による影響を受けやすい。

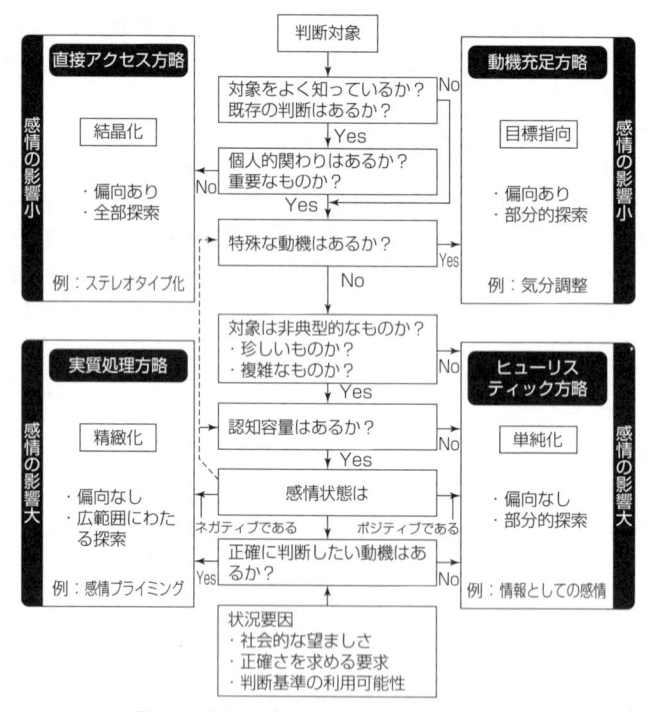

図 2-3 感情混入モデル（Forgas, 1995 を改変）

4節 原因帰属

1. 原因帰属の過程

我々は、ある事件が起きると「誰が犯人か」、事故が起きると「何が原因か」を推論し、特定しようとする。この、原因を特定しようとする動機は、その出来事が身近なところで起きたときなど、自分にとって重要であるほど強くなるのである。

このように、ある出来事の原因を自分で推論し、原因を特定することを「原因帰属」とよび、推論する過程を「帰属過程」とよぶ。この節では、原因帰属に関する主要な理論を紹介する。

(1) 対応推論理論

ある人の行動を見た人が、相手の行動理由を推論することがある。例えば、電車を降りようとしている人がまだいるのに乗り込む人がいると、「図々しい人だなあ」と思ったり、レストランの同じ値段のランチメニューの中から1つを選んだ友人を見て、

「海老フライが食べたくてAランチにしたんだな」などと考える場合である。

ジョーンズとデイビス（Jones & Davis, 1965）は，他者が選択的な行動をとる場面を見た人が，どのような場合に，その他者の行動から他者の内的特性である性格や態度を推論できるのかについて分析し，対応推論理論を提唱した。ジョーンズらは，観察者は，行為者が選択した行動と選択しなかった行動を比較することで，行為者の性格や態度などを推論するとしている。そして，観察者が行為者の行動から推定を行なうときには，その行動が行為者の真の意図や内的特性とどれだけ対応しているかが問題になるとし，対応の高さに影響する条件を指摘している。

他者の行動を見た観察者は意図の推論を行ない，その行動が意図されたものか否か，意図されたものである場合，行動の結果の中でどれが意図されたものであるかの推論を行なうとされる。1つ目の条件は「選ばれた行動と選ばれなかった行動の間にどの程度非共通点があるか」である。例えば，表2-1のように値段が同じ2つのランチがあるとき，レストラン北大路のAランチにはBランチにはない，スープ・フルーツ・コーヒーがついているとすれば，レストラン北大路でAランチを頼んだ友人について観察者は，「スープ・フルーツ・コーヒーのいずれかまたはすべてがよかったから選んだのだろう」と推論する。しかし，3つのうちのどれが決め手となったのかは曖昧である。一方，レストランみやびでAランチを選んだ友人は，AランチとBランチの違いがフルーツのみであるため，「フルーツが好きだから選んだのだろう」と，行為者の内的特性に関する推論に確信をもつことができる。2つ目の条件は「観察対象になる人の行動の効果が社会的に望ましいかどうか」である。乗り物の中でお年寄りに座席を譲るような，社会的に望ましい行動の場合には，他の誰にでも期待できる行動であるため，「特に親切な人である」とは考えにくいが，「目の前で荷物を持って立っているお年寄りに座席を譲らない」という，社会的に望ましくない効果を生じさせる行動の場合，行為者の内的特性との対応が高くなるため，その原因を「冷たい人だから」などと推論しやすくなる。つまり，社会的に望ましい行動をとった場合には行為者のせいにはされにくいが，社会的に望ましくない行動をとった場合には行為者の性格や態度など内的特性との対応が高まり，「冷たい人だから」などと推論されやすくなるのである。

表2-1　2つのレストランのメニュー

レストラン北大路		レストランみやび	
Aランチ	Bランチ	Aランチ	Bランチ
ハンバーグ	ハンバーグ	ハンバーグ	ハンバーグ
ライス	ライス	ライス	ライス
スープ	サラダ	スープ	スープ
フルーツ	アイスクリーム	フルーツ	アイスクリーム
コーヒー	紅茶	紅茶	紅茶

したがって，選ばれた行動と選ばれなかった行動の間に非共通点が少なく，しかもその非共通点は誰もが望むものでない場合に，行為者の行動と内的特性との対応が最も高くなるとされた。ただし，行為者の行動が周囲の物理的環境や他者からの影響により生じたと判断できる場合には行動から行為者の意図や内的特性を推論することはできない。

(2) 分散分析モデル

ある出来事が起きたときに，観察者がその原因を推論し，特定するためにはどのような条件が必要であろうか。我々は，ある出来事が起きるときには存在し，起きないときには存在しない要因をある出来事の原因と推論する傾向がある。例えば，熟睡できた日とできなかった日が繰り返しあったとき，熟睡できた日には小さな低めの枕で寝て，熟睡できなかった日には大きな高めの枕で寝ていたとすれば，熟睡できたか否かの原因は枕のせいではないかと推論するようになる。このように一緒に変化する2つの要因間に関連性があると考える推論を「共変原理」とよぶ。

ケリー（Kelley, 1967）は，結果を複数回観察できる場合に，我々が原因をどのように推論するのかについて，共変原理を用いた分散分析モデルを考えた。例えば，友人がテレビを見て笑ったのを見たときに「そのテレビに映っている芸能人のコントがおもしろかったから笑ったのだ」と特定するためにはどのような条件が必要なのであろうか。分散分析モデルでは，①対象となる実体，②対象と接触する時と様態，③他の人々の3つの面から反応を検討する。図2-4のように，①に関しては，他の芸能人のコントやニュース番組や音楽番組を見ても笑わないのにその芸能人のコントを見たときに笑い（弁別性），②に関しては，その芸能人のコントをいつ見ても笑い（時を越えた一貫性），テレビで見ても劇場で見ても笑い（様態を越えた一貫性），③に関しては，他の人々もおもしろくて笑う（合意性）という3つが揃ったときに初めて，「友人がテレビを見て笑ったのはその芸能人のコントがおもしろかったためである」と判断す

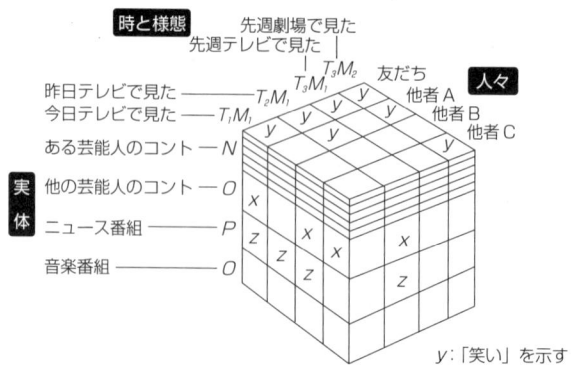

図2-4 ケリーの分散分析（共変）モデル（Kelley, 1967を改変）

ることができる。このモデルは，結果を繰り返し観察可能な場合に適用できるが，結果を繰り返し観察できない場合にはどのように原因を推論するのであろうか。

（3）因果図式モデル

ケリー（Kelley, 1972）は，出来事の結果を一度しか観察できない場合の原因帰属過程を因果図式モデルとして理論化した。一度の観察からある出来事の原因を判断する場合には，因果関係に関する既存知識の集成である「因果スキーマ」を利用する。そして因果スキーマの中で最も重要とされているのが，「複数十分原因スキーマ」である。これは，ある結果を生じさせるために貢献する要因が2つあり，そのどちらか1つが存在すれば，もう1つの存在の有無にかかわらず，結果が生じる状況に適用できる。図2-5のように高い能力を原因1，課題の易しさを原因2とすると，難しい課題を解く場合には，原因1があれば原因2がなくても解けるし，易しい課題を解く場合には，原因2があれば原因1がなくても解けるという因果関係を想定できる。このような事態における帰属では，片方の原因に関する情報を手がかりにして，もう一方の原因の貢献度の推定が行なわれる。例えば，ある人が課題を解いたときに，課題は難しいという情報があれば，その人の能力は高く推定されるが，課題が易しいという情報がある場合には，能力に関する推定は曖昧になる。このような関係を命題のような形にしたのが「割り引き原理」と「割り増し原理」である。

友人が試験で満点をとった場合，「事前に先生から試験問題を教えてもらっていた」という情報があれば，満点を取れるのはあたり前であるとして，友人の能力は割り引いて低く推論される。これが「割り引き原理」である。つまり，「ある結果が生じることに関するある原因の役割は，他にも促進的に働く原因らしきものが存在するときには割り引かれる」ということである。反対に，「風邪をひいて，ほとんど試験勉強ができなかった」という情報があると，ほとんど試験勉強できなかったにもかかわらず満点をとったということで，友人の能力は高く推論される。これが「割り増し原理」である。「ある結果が生じることに関する，ある原因の役割は，他に抑制的に働く要因が存在するときには割り増される」ということである。

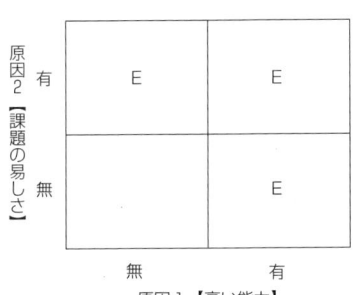

図2-5 複数十分原因スキーマ（Kelley, 1972を改変）

2．原因帰属の誤り

（1）根本的な帰属のエラー（対応バイアス）

　ある人が他者など周囲の環境から影響を受けて行動していることを知っていても，その行動には本人の意思が多く含まれていると考えてしまうエラーをロス（Ross, 1977）は，「根本的帰属錯誤」とよんだ。例えば，悪徳商法や詐欺の被害に遭った人が，自分では防ぎようがない手段で被害に遭ったとしても，それを知った他者は，「被害者にも落ち度があったから被害に遭ったのだ」というように，他者からの働きかけなど周囲の状況による影響力を軽く見積もり，本人のもつ性格など内的属性に原因を帰属する傾向のことである。例えば，機器の操作ミスにより事故が起きた場合，実際には物理的な環境や仕事組織などにミスを起こしやすくさせている背景要因が存在しているにもかかわらず，他者はミスの原因を行為者本人の不注意などのせいにしてしまう場合がある。そのような場合，再び別の人が同じミスを起こしてしまう可能性が高まる。エレベータの扉を開けようとして閉めてしまう人を目撃した人も，本当はミスを誘発する環境要因がある（扉のスイッチが扉と同じ左右方向に動くものでないいため，瞬時に2つのボタンの表示を区別しなければならない）にもかかわらず，「扉を閉めた人の不注意だ」と行為者の内的属性に原因を帰属させがちなのである。

（2）自己奉仕的バイアス

　我々には成功の原因は自分の内的要因である能力や努力などのせいにし，失敗の原因は課題の難しさや状況など，自分以外の外的要因のせいにするというように，課題遂行などの結果を自分に都合のいいように解釈する傾向がある（Zuckerman, 1979）。この帰属の傾向は「自己奉仕的バイアス」とよばれる。

（3）コントロールの錯覚

　偶然に生じていることが，自分の意図と能力で，ある程度統制できると錯覚する現象をランガー（Langer, 1975）は，「コントロールの錯覚」とよんだ。例えば，自分が出かける日は晴れると考えたり，大当たりがたくさん出た宝くじ売り場までわざわざ買いに行ったから宝くじが当たりやすいだろうと考えたりする（実際には販売数が多い売り場では大当たりも多く出るため，他の売り場と当選確率に差はない）。

（4）責任の帰属

　我々は世界が予測・統制可能なものであると考え，因果応報が支配し，秩序ある公正な世界であると考える傾向がある。そのために，よい出来事や悪い出来事を招くのは行為者自身の過去の行ないや性格のせいであると考えがちである。このような「公正性の信奉」により，事件や事故の被害者や病気になった人にも落ち度があったと推論する場合がある。また，自分は悪いことをしていないから，事件・事故に巻き込まれたり，病気になったりしないだろうとも考えるのである。もちろん，事件・事故に巻き込まれたり病気になることと，過去の行ないや性格との間に，必ずしも関連はな

い。
　被害者でなく，加害者の内的特性に原因を帰属する傾向も存在する。ウォルスター（Walster, 1966）は，偶然に起きた自動車事故の結果が重大であるほど，周囲の環境のせいではなく，運転者に大きな責任が帰属される傾向を見いだした。重大事故が偶然起きたり，周囲の環境のせいで起きた場合には，判断者である自分にも同様な事態に遭遇する可能性が生じるため，その脅威を避けようとして，「運転技術が未熟だったせいだ」「不注意な人だったせいだ」など，運転者に事故の原因を帰属させると考えられる。このように，事故の脅威から自己を守るための帰属は「防衛的帰属」とよばれる。

(5) 行為者―観察者バイアス
　他者の行為の原因は，他者の態度や性格・能力などの内的属性に帰属し，自己の行為の原因は周囲の環境に帰属する傾向をジョーンズとニスベット（Jones & Nisbett, 1972）は，「行為者―観察者バイアス」とよんだ。例えば道路で転びそうになった人（行為者）を見た人（観察者）は，転びそうになった原因を「不注意な人だから」など，行為者の内的属性のせいと考えるが，行為者は「道路が凍っていて滑りやすかった」など，周囲の環境のせいと考える傾向がある。このような矛盾が生じる理由として，行為者の注意が周囲の環境に向いているのに対し，観察者の注意は目立つ行為者に向いているためとする，「視点の違い」による解釈がある。他には，行為者は自分の内的属性に関する情報（「不注意ではない」など）をもっているが，観察者は行為者の情報をもたないため，行為者の一度の行動を見ただけで「いつも不注意な行動をとっているのだろう」と推論してしまうとする「情報量の違い」による解釈が存在する。

(6) 錯誤帰属
1) 生理的覚醒が生じた原因の錯誤帰属
　生理的覚醒の原因を間違った手がかりを用いて解釈してしまうために，真の原因とはかけ離れた情動が生じてしまうような帰属を「錯誤帰属」とよぶ。
　ダットンとアロン（Dutton & Aron, 1974）は，カナダのカピラノ渓谷にかかる高さ70メートル・長さ137メートルのよく揺れる吊り橋の上と，上流にある高さ3メートルのしっかりした木製の固定橋の上の2か所で実験を行なった。これらの橋をわたってきた男性に同じ女性または男性のインタビュアーが，右手を顔に当ててうつむいている女性の絵を見せ，絵に関する物語を創作させた。そして，後日実験について説明したいので，電話して欲しいと言い，電話番号のメモを渡した。インタビュアーが女性の場合，後日電話をしてきた男性の人数は，吊り橋の方が固定橋よりも統計的に有意に多く，創作させた物語を評定した性的イメージ得点も，女性インタビュアーが吊り橋でインタビューしたときが最も高いことが明らかになった（表2-2）。この結果は，吊り橋の揺れにより生じた生理的覚醒（緊張・興奮）が無自覚のままであったときに，異性のインタビュアーと会話したことで，「目の前にいる異性が好きになっ

表 2-2 吊り橋実験の結果（Dutton & Aron, 1974 を改変）

インタビュアー	インタビューした場所	質問紙に回答した人数	電話番号を受けとった人数	電話してきた人数	創作中の性的イメージ得点
女性	固定橋	22/33	16/22	2/16	1.41
	吊り橋	23/33	18/23	9/18	2.47
男性	固定橋	22/42	6/22	1/6	.61
	吊り橋	23/51	7/23	2/7	.80

たためにドキドキしているんだ」と生理的覚醒を錯誤帰属したためである，と解釈できる。

2) 過度の（十分すぎる）正当化

レッパーら（Lepper et al., 1973）は，保育園児を対象にし，絵を描くことへの興味の変化を調べた。園児に①「絵を描いてくれたら賞をあげる」と教示してから絵を描かせる褒賞予期条件，②絵を描いた後に予期なく褒賞を与える予期なし褒賞条件，③褒賞の予期もなく，与えもしない褒賞なし条件のいずれかに割り当てた。条件ごとに

【コラム】2-1：情動の帰属に関する実験

　ダットンとアロン（Dutton & Aron, 1974）は，生理的覚醒を錯誤帰属することで異性に好意をもつ事実を明らかにしたが，シャクターとジンガー（Schachter & Singer, 1962）は，それよりも前に，我々が自己の感情をどのように知覚しているのかを調べる実験を行なっている。実験の流れは図2-6の通りで，実験者は，実験参加者の男子大学生に，「視覚に及ぼすビタミンの効果についての実験です」と説明した。その後，条件1・2・3の参加者には生理的覚醒作用のある「エピネフリン（アドレナリン）」を注射し，条件4の

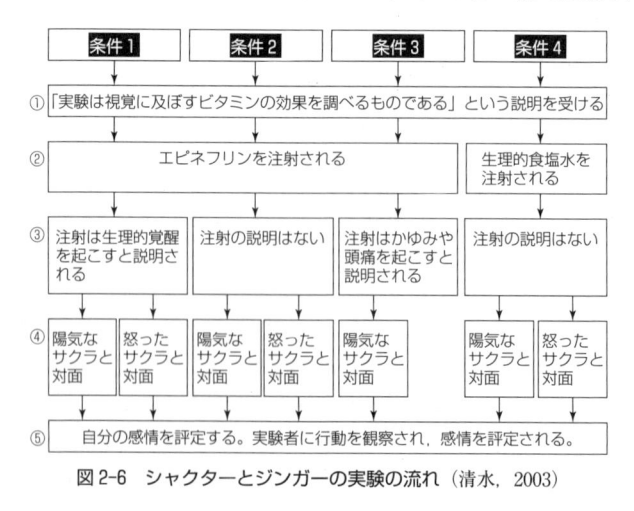

条件1	条件2	条件3	条件4
①「実験は視覚に及ぼすビタミンの効果を調べるものである」という説明を受ける			
②	エピネフリンを注射される			生理的食塩水を注射される
③	注射は生理的覚醒を起こすと説明される	注射の説明はない	注射はかゆみや頭痛を起こすと説明される	注射の説明はない
④	陽気なサクラと対面 / 怒ったサクラと対面	陽気なサクラと対面 / 怒ったサクラと対面	陽気なサクラと対面 / 怒ったサクラと対面	陽気なサクラと対面 / 怒ったサクラと対面
⑤	自分の感情を評定する。実験者に行動を観察され，感情を評定される。			

図 2-6　シャクターとジンガーの実験の流れ（清水, 2003）

参加者には生理的覚醒を起こさない「生理的食塩水」を注射した。また，条件1の参加者には，「注射の副作用として，生理的覚醒作用があります」と正しい情報を伝えたが，条件2と4の参加者には注射の作用に関する情報は伝えず，条件3の参加者には，「注射の副作用として，かゆみや頭痛が起きる」と間違った情報を伝えた。さらに4つの条件の参加者を2つのグループに分け（ただし，条件3のみ陽気なサクラと対面する1グループのみ），注射から20分後に，同じ実験に参加する別の参加者がいる部屋に通した。この部屋にいる参加者は，実験者の仲間（サクラ）で，陽気にふるまう演技（気分高揚条件）か怒って部屋を出て行く演技（怒り条件）のいずれかをした。実験者は参加者に，サクラと対面した後にどの程度気分が陽気に高揚したか，または怒りを感じたかを評定させるとともに，参加者の行動観察からも参加者の気分を評定した。表2-3は，気分高揚条件の結果であり，自己報告は数値が大きいほど気分の高揚が強いことを示し，行動観察も数値が大きいほど他者の情動に同調した程度を示している。また，表2-4は怒り条件の結果であり，自己報告は数値が小さいほど怒りが強いことを示し，行動観察は数値が大きいほど他者の情動に同調した程度を示している。

表 2-3　気分高揚条件における情動の徴候
（Schachter & Singer, 1962 を改変）

条件	人数	自己報告	行動の指標
条件1	25	0.98	12.72
条件2	25	1.78	18.28
条件3	25	1.90	22.56
条件4	26	1.61	16.00

表 2-4　怒り条件における情動の徴候
（Schachter & Singer, 1962 を改変）

条件	人数	自己報告	行動の指標
条件1	22	1.91	−0.18
条件2	23	1.39	+2.28
条件4	23	1.63	+0.79

　表2-3の自己報告の数値は，正しい情報を与えた条件1で最も低く，間違った情報を与えた条件3で最も高い。行動の指標も同様である。また，表2-4の自己報告の数値は，条件1で最も高く，条件2で最も低い。行動の指標は条件1で最も低く，条件2で最も高い。したがって，生理的覚醒が生じた原因を知っていた条件1の参加者は他の参加者の情動による影響を受けにくかったのに対して，生理的覚醒が生じたのに正しい原因を知らなかった条件2や3の参加者は，一緒にいる参加者と同じように自分も陽気だったり，怒っているために興奮している（生理的覚醒状態になっている）と感情をあとからラベルづけしたのである。つまり，生理的覚醒の原因を周囲のもっともらしいものに錯誤帰属してしまったのである。この研究により，シャクターとジンガーは，情動が，①生理的要因と②認知的要因（情動へのラベルづけ）の2つの要因から成り立っている事実を明らかにした。
　なお，この実験では，実験参加者に注射を行なっているが，現在では心理学の研究に関する倫理的ガイドラインに抵触するため，通常はこの実験を行なうことはできない。また，真の目的を伏せて実験に参加してもらった場合には，事後に真の実験内容を説明し，参加者の了承を得ること（デブリーフィング）も必要である。

異なる操作をして絵を描かせた後，絵を描くことへの興味の程度を測定した。結果は表 2-5 のように，褒賞なし条件と予期なし褒賞条件に比べて褒賞予期条件の園児は，絵を描いて遊ぶ時間が有意に少なかった。この結果は，もともと興味があり，内発的動機づけにより絵を描いていた子どもが，「褒賞をもらうために仕方なく絵を描いた」という外発的動機づけによる行動であると自分の行動の原因を誤って帰属してしまい，「絵を描くことにはもともと興味がなかった」と誤った認知をしたため，褒賞予期条件の園児のみ絵を描く時間が減ったと解釈されている。一般的に，行動した結果に対して報酬を与えることは，その行動を強化すると考えられているが，もともと内発的動機づけにより行動している子どもに，誘因を示してから行動させることは，その行動を促進させるのではなく，抑制させることにつながるため，注意が必要である。この実験の参加者は保育園児であったが，成人でも同様な結果が得られる可能性がある。

表 2-5 自由選択場面で園児が絵を描いて遊んだ時間の平均（%）（Lepper et al., 1973 を改変）

実験条件	n	%
褒賞予期条件	18	8.59
予期なし褒賞条件	18	18.09
褒賞なし条件	15	16.73

5 節 リスク認知

1．リスク認知とは

(1) リスクの定義

　株で損をする可能性や手術の失敗可能性，災害で被害を受ける可能性など，「リスク」という言葉を耳にする機会は多い。「リスク」とは，一般的に危険性を意味する言葉であり，学問分野によりその定義が異なるため，複数の定義が存在するが，リスクの主要な定義は，「人間の生命や健康，資産に望ましくない結果をもたらす可能性」（池田・盛岡，1993）とされている。また，リスクの大きさは，「損失の大きさと損失が生じる確率の積」により規定される（盛岡，2000）。

　リスクに似た概念として，ハザードがある。自動車にはハザードランプが付いており，地震・噴火・洪水による被害予想を示した地図をハザードマップとよんでいることから耳にする機会の多い言葉であるが，ハザードとは何であろうか。ハザードとは，「障害を与える可能性のある行為や現象」（National Research Council, 1989）のことであり，「不可抗力の天災，あるいは人間が予期しない事象または不注意によって起

こる危険な状態」(上山,1998)と定義される。つまりハザードとは，地震・津波・火山噴火・台風・洪水などの自然災害をはじめ，火災・事故・病気などを指す言葉である。

(2) リスク認知

人々がさまざまなハザードに対してどの程度のリスクを感じているのかを「リスク認知」とよぶ。リヒテンシュタインら(Lichtenstein et al., 1978)は，一般の人々188名を対象に，「全米では毎年5万人が自動車事故で死亡している」と教示した後で，40種類のハザードに関して，年間死亡者数を推定させた。図2-7は，横軸を実際の年間死亡者数，縦軸を年間死亡者数の推定値とした結果のグラフである。推定値は，実際の死亡者数を示す「自動車事故」の点を通る直線よりも上側にある点（過大評価）と下側にある点（過小評価）とに分かれている。「ボツリヌス中毒」「竜巻」「洪水」など，年間死亡者が約800人未満のハザードに関しては，死亡者数が実際よりも多く推定され，「心臓疾患」，「糖尿病」，「胃癌」など年間死亡者数が約800人以上のハザードに関しては反対に，実際よりも少なく推定されている。このようなズレが生じる理由の1つは，「利用可能性ヒューリスティック（availability heuristic）」が働いているためと考えられる。「心臓疾患」「糖尿病」「胃癌」などによる死亡は目立ちにくいが，「ボツリヌス菌中毒」「竜巻」「洪水」などはマスコミで報道されるなどして目立ちやすく，事例の記憶を利用しやすいために過大評価されると考えられる。

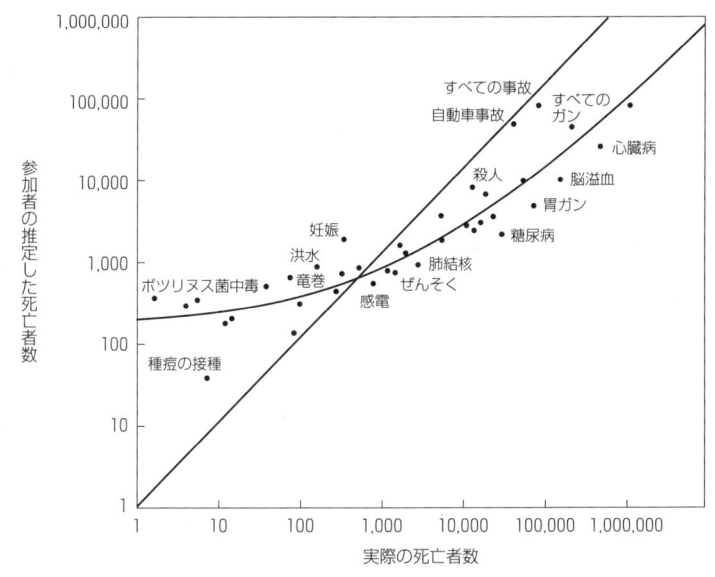

図2-7 全米での死亡者数の推定 (Lichtenstein et al., 1978を改変)

また，リヒテンシュタインら（1978）は，先ほどの研究の対象者とは別の人たちに「全米では毎年1,000人が感電で死亡している」と教示した後に同じ40種類のハザードに関して，年間死亡者数を推定させてもいる。その場合，「全米では毎年5万人が自動車事故で死亡している」と教示したときよりも推定値が全体的に低くなった。この理由は，「係留と調節ヒューリスティック（anchoring and adjustment heuristic）」が働いているためと考えられる。

このように，我々はさまざまなハザードに対するリスクを正確に認知しているわけではない。

2．リスク認知の構造

スロビック（Slovic, 1987）は，リスクに関する評価尺度を作成し，その尺度を因子分析した結果，「恐ろしさ」と「未知性」という2因子を抽出した。「恐ろしさ」は，「災害時に障害の程度を制御可能か」「そのリスクは恐ろしく，感情反応を生じさせるか」「世界的な破壊を生じる潜在性があるか」など12項目からなり，「未知性」は，「ダメージが発生する過程は観察可能か」「リスクにさらされている人がそのリスクを

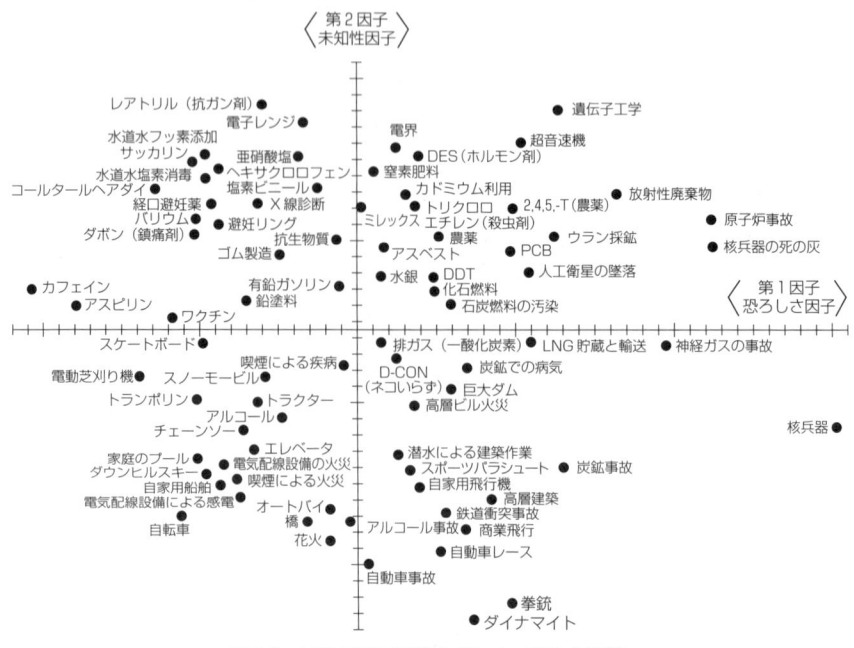

図2-8 リスク認知の構造（Slovic, 1987を改変）

正しく知っているか」「死のリスクはすぐに来るか」など5項目からなる。この2つの次元を横軸と縦軸にして，さまざまなハザードをプロットすると，図2-8のようになる。恐ろしいが未知性が低いものには，「拳銃」「ダイナマイト」や「炭鉱事故」などが，未知性は高いが恐ろしさが低いものには，「電子レンジ」「水道水の塩素消毒」と「サッカリン（人工甘味料）」などが，恐ろしくて未知なものには，放射能にかかわる「核兵器の死の灰」「原子炉の事故」と「放射性廃棄物」などがそれぞれプロットされている。

3．危機状況の認知

我々は，火災などの異変が起きたときに，その危険性をどのように認知するのであろうか。ラタネとダーリー（Latané & Darley, 1970）は，大学生を対象にして，大学の待合室の通風口から煙が入ってきたときに，誰かに知らせに行くまでの時間を測定する実験を行なった。実験参加者には研究の目的を「都会生活についてのインタビューです」と言い，指定された部屋に来て欲しいと依頼した。参加者が部屋に入ると，「インタビュー開始まで質問用紙に記入して待っていてください」と黒板に指示が書いてあった。条件は，①実験参加者が1人で待っている条件，②実験参加者と未知の他者2人が一緒に待っている条件，③実験参加者と消極的な他者2人（じつは実験協力者で消極的な演技をすることになっていた）と一緒に待っている条件の3つが設定された。参加者が質問用紙に記入を始めてから数分後に部屋の通風口から煙が入ってきた。

ラタネらは，人数が多ければその分，異変を発見しやすいため，3人のグループである②の条件で煙を報告するまでの時間が最も短いであろうと予想した。

結果は図2-9のように，予想に反して①の1人で待っていた条件で煙を報告するまでの時間が短く，報告した参加者の人数割合も多かった。反対に，②の未知の他者と待っていた参加者は報告までの時間が長く，報告した人数は1人の場合の半分以下であった。さらに，③の消極的な他者と一緒の条件では10回の実験中1回のみで報告が行なわれただけであった。この実験で煙を報告した参加者は「煙は何だか異様だった」と答えたが，報告しなかった参加者は「火事ではなく，煙は危険なものではないと考えた」と答えた。他者の存在によって，明らかに反応が異なり，1人でいるときに比べて3人でいるとき，特に消極的な参加者2人と一緒にいるときには，他者が慌てないのを見て，煙の危険性を小さく評価したと考えられる。しかし，参加者は他者の存在が自分の判断には影響しなかったと答えており，他者による影響を自覚できていなかった。多くの他者や楽観的な他者が共在する状況で危険な状況が発生した場合には，1人でいるときよりも逃げ遅れたり，通報が遅れる可能性が大きくなると考えられる。

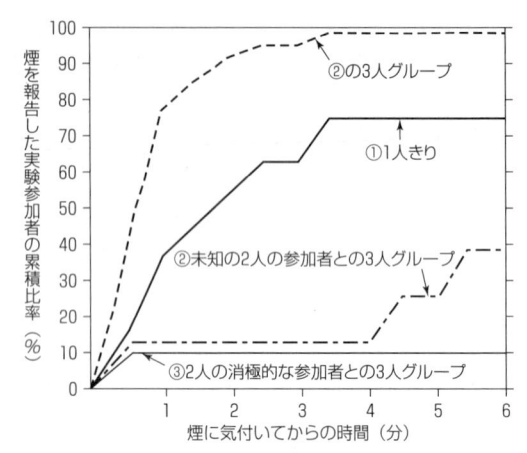

図2-9　煙を報告した実験参加者またはグループの累積比率
（Latané & Darley, 1970 を改変）

◆さらなる勉強のために
◇大島尚・北村英哉（編著）　2004　認知の社会心理学　北樹出版
　最先端の高度な内容を含みつつ，初学者にもわかりやすく書かれた入門テキストである。
◇岡隆（編）　2004　社会的認知研究のパースペクティブ―心と社会のインターフェイス　培風館
　情報処理的な視点から研究する"社会的認知アプローチ"が最近の社会心理学の研究領域にどのように組み込まれ，成果を上げているのかが解説されている。
◇村田光二（編）　2010　社会と感情　現代の認知心理学6　北大路書房
　基礎的な内容から展開・実践まで本書ではあまり取り上げなかった感情の影響について最新の研究が紹介されている。
◇山本真理子・池上知子・北村英哉・外山みどり・遠藤由美・宮本聡介（編）　2001　社会的認知ハンドブック　北大路書房
　社会的認知に関する重要な理念と概念が網羅されており，高度内容を含むが，初学者にもわかりやすく解説されている。

3章 自己

　あなたは自分のことについてどのくらい知っているのだろうか。自分というものを客観的にとらえ，冷静に自分自身を理解している人もいれば，自分自身に翻弄され，まったく制御できない我が身をもて余す人もいることだろう。フランスの哲学者であるデカルト（Descartes, 1997）は長年にわたるものごとの真理を追求していく過程から，「人々が考える常識とは住む地域や時代によって異なり，それは習慣や実例による先入観から導きだされた偏った知識でしかなく，真理からは程遠い」ことを導きだした。そして，真理を支える確固たる基盤を求め，方法的にあらゆるものを疑うという過程の中で，疑問を抱く主体的な自分が確かに存在すること，すなわち「Je pense, donc je suis」（我思うゆえに我あり）という原理へと至った。我々の身の回りに起こる不可解な出来事，例えば，皆と仲良くと言いながら学期末テストでは競争に打ち勝ち上位に入ることを望む親たち，電車内にもかかわらず携帯電話越しに大声で話す大人，将来に希望を見いだしがたい現代社会など，世の中の不条理に疑問をもつ「自分自身の存在」は否定できないのである。

　この章では，あなた自身についての疑問を追求していくことを目的に，社会心理学の1つの分野である「自己」について紹介する。

1節　自己についての知識

　誰もが，私はやさしい，真面目な方である，優柔不断であるなど，自分についてのある程度の知識はもっていることだろう。しかしそれらが確信に変わった記憶はあるだろうか。空から急にヒントが落ちてきたわけではないだろう。それらの知識のほとんどが「何となく」の知識なのかもしれない。そこで，どのような過程で自身についての知識を獲得するにいたったのかを一緒に考えてみよう。

1．社会化

　たとえ DNA に性格の基礎情報が練り込まれているとしても，我々は生まれながらにしてその情報についての一覧表をもち合わせているわけではない。我々は幼いころから親きょうだいに連れられてさまざまな経験をしている。はっぴを着て地域のお祭りに参加したり，スポーツチームやガールスカウトに所属したり，毎週末一緒に海釣

りに出掛けた経験などから，海があるのがあたり前のこととして海を自分についての重要な側面として認識するにいたったのかもしれない。そのような幼少期からの何気ない経験（社会化：socialization）が内在化され，自己の一部となっている。

2．反映的評価

　鏡に映る自分を見て，曲がっているネクタイを直したり，髪型を整えるのは，その鏡に映っている自分が他者から見える自分を正確に映し出している，と我々は知っているからである。この事実は，クーリー（Cooley, 1902）の鏡映的自己（looking-glass self）という理論によって，あらためて紹介されている。我々は他者が見ているであろう自分自身を相手の反応から推測し，自分自身をより理解しようと努めているのである（反映的評価：reflected appraisal，図 3-1）。自分の言動やしぐさに対して，我々は敏感に相手からのフィードバックを確認しながら，自分の言動が適切であったかを知る。特に，人から嫌われないことや目立たないことで日々生き残りを掛けている人にとって，この方略は死活問題なのかもしれない（このような心配をしなくてすむ世の中を希望するが）。

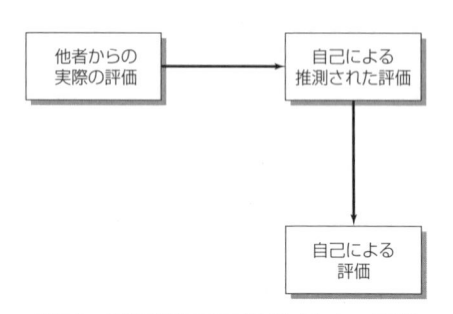

図 3-1　反映的評価のモデル図（Cooley, 1902）

3．自己知覚

　我々は自分自身の行動から，しばしば自己についての知識を得ることがある。例えば，食べ物の好き嫌いや好きな人のタイプ，猫と犬ではどちらを飼うかといった日常生活の中での選択傾向を観察し，自己についてのさらなる理解をすすめるのである。しかし，ベム（Bem, 1972）が提唱する自己知覚理論（self-perception theory）では，観察から得る自己知識とは意外な発見につながることの方が多いと指摘されている。例えば，ピーマンが嫌いなのでチンジャオロースは食べないといった事実は，観察の必要がないほど自己にとってあたり前のことだからである。自己知覚から得る知識とは，実際やってみてはじめてわかるような側面のようである（例：怪我をした犬を助けたことで，自分は動物好きであり生き物を大切にする人間だとわかるなど）。

4. 環境からの刺激

みにくいアヒルの子は、自分が他のアヒルと異なることで自己を知ったのではないだろうか。アヒルではなく白鳥であるという事実は白鳥の群れを知るまでは頭に浮かばなかったことであろう。あなたがもしフランスに留学をしたら、フランス人に囲まれる中で自分がアジア人であり、さらには日本人であることをあらためて認識する。そして、フランスで日本文化が人気であることを誇りに思うのかもしれない。また、日本人が血液型性格判断を好むのは、外見的に類似した人たちに囲まれる中で、他者との違いを認識したいという欲求のあらわれなのかもしれない（血液型性格判断の是非は別として）。このように周囲と異なるという事実が自己知識として吸収されやすいようである（McGuire & McGuire, 1982）。

5. 社会的比較

さまざまな場面において、我々がもつ自己知識は曖昧である。それはわかりやすい評価軸が存在しないからともいえるだろう。テストの点数で自分の実力を測れる分野は非常に限られており、たとえ自分のことを努力家だと思っていても、上には上がいると思えば、自信をもってそう思えないかもしれない。そこで我々は身近な他者を比較対象として、自らのことをより理解しようと試みるのである。サッカーが（幼なじみのA君よりも）うまい、英語が（クラスで1番を取ったので）得意だ、（管理職に選ばれたので）リーダーの適性はあるのだろうなど、客観的な情報がない状況においても我々は自己知識を得ることができるのである。この比較作業をフェスティンガー（Festinger, 1954）は社会的比較理論（social-comparison theory）として展開した。この理論を簡潔に述べると、①人は自分の能力や考えを正確に評価したいとの欲求をもち、②外的基準が存在しない場合、人は他者との比較によって自身を評価し、③一般的に、比較対象として自分と似たような人を選ぶ、の3要素が重要とされている。私は競争が苦手なので他者と比較など行なわないと思っている人でも、自分をより理解するために他者との比較を行なっていると思って間違いはない。もちろん社会的比較の目的はより正確に自分自身を理解することであるが、それ以外の動機も昨今の知見から見出されており、それらを次節にて紹介する。

2節　自己と動機づけ

前節で紹介したような手法を駆使して、我々は自分自身についての理解を深め、自分自身の概念を少しずつ形成していく。この自己概念（self-concept）とは、我々がどのように社会と接するか、他者に対してどのような行動をとるかなど、日ごろの対人

関係に影響を与えるものである。前節の社会的比較とも関連するが，我々が自分についての理解を深めたいとする過程において，さまざまな動機がかかわってくる (Sedikides & Strube, 1995)。第一に，正確な自己概念をもつ動機（自己査定：self-assessment）があげられる。自身の能力についての正確な評価ができれば，将来についてのある程度の予測がたつからである。トゥロープ（Trope, 1983）によると，人は実力を最も的確に診断ができるタスクを選ぶ傾向にあるという。例えば，ある大学生が自分のテニスの腕前を知りたい場合，児童用クラスやプロ用クラスを選択しても得る情報は少なく，大学生用クラスを選択することがその学生にとって最も的確な診断が可能といえる。

第二に，一貫した自己概念をもつ動機（自己確証：self-verification）がある。一般的に，人は状況によって変化しない一貫性のある自己像をもちたいと願うようである (Swann, 1983)。その結果，自己像を揺るがすような状況は避け，すでにある自己像を肯定してくれる状況や人物を探し，その自己像を再確認する傾向にあると考えられている。例えば，自分では明るい性格だと思っているのに，ちょうど悩み事があってふさぎ込んでいたら，知り合いから暗い性格だと言われてしまった場合，あなたは否定することで明るい性格であることを訴えることだろう。また，自己確証の方略として我々は自己像に適切な外見を装い，他者から一貫したフィードバックを得ようとする傾向にある (Swann, 1983)。私はお洒落であるとの自己像をもっていれば外見に気を配り，結果的に他者から自己確証につながるフィードバックを得ることになるわけである。

第三は，自己を向上させる動機（自己向上：self-improvement）である。わからないことを理解できるようになりたい，もっとうまくなりたいといった欲求は誰しもがもっているはずである。自己概念とは現在の自己についての知識だけでなく，将来的に可能な自己についての概念も含まれており，そのことを可能自己（possible self）という (Markus & Nurius, 1986)。我々が幼少期に語る将来の夢などがそれにあたり，明確な可能自己を描けていれば，その達成に向けてさまざまなゴールを自ら設定し，自己向上動機のもとに実行されるのである。また，自己向上の過程において影響を与える行動に上方比較（upward comparison）があげられる。これは，自分よりも能力が高い他者を比較対象とし，劣っている自分を奮い立たせる役割を担うと考えられている。もちろん比較対象にならないようなレベルの高い他者を選んでしまうと自信を失い，嫉妬や恥といった否定的要素が向上心を妨げる可能性もある (Wheeler & Miyake, 1992)が，おうおうにして高い目標を設定することは自己向上につながるといえる。

第四は，自己を肯定的にとらえる動機（自己高揚：self-enhancement）である。この動機は，日常における自己の自信を保つために必要とされ，特に恐怖を感じたり，失敗を犯した状況で重要になる (Beauregard & Dunning, 1998)。この動機を満たす

方略の1つとしてポジティブ幻想（positive illusion）があげられる（Taylor, 1983）。ポジティブ幻想とは，現実の情報を歪め，自分に都合よく認知する現象を意味する。この幻想は大きく3つの領域に分類されており，それらは①過剰なポジティブ知覚，②統制可能性の過剰知覚，③非現実的な楽観主義である。①のポジティブ知覚とは，大多数の人が他者よりも自己が優れていると錯覚をおこすのは論理的に矛盾があるにもかかわらず，そう信じてしまう現象を指す。例えば，肯定的と否定的な性格特性を用いて自己を説明させると，人は肯定的な特性をより自己の特性に近いと述べ（Alicke, 1985; Brown, 1986），平均的他者と自己を比較させた場合は自己の能力や特性を平均的他者よりも優れていると錯覚する（Alicke et al., 1995）。さらなる知見によれば，人は自己を一般他者と比較した場合，よりいっそう幸せで（Freedman, 1978），エリート大学の学生は「自身の学力」とはまったく関係のない領域（例：親切心，温かみ）においても，一般他者よりも優れていると自己を高揚する傾向にある（Taylor & Brown, 1994）。また慢性疾患を抱える者においても，同様の疾患を抱える他の者より自身の方が体力的に優れていると信じることから，学生に限った現象ではないといえる（Taylor & Brown, 1994）。

　②の統制可能性とは，自己の反応や行動がどんな環境でも影響を与えることができると知覚することであるが，一般的に人は自己の能力や行動とは随伴性をもたない状況や課題（例：運によって影響を受ける課題）に対しても，自分の能力で統制ができるという幻想を抱く傾向にある。一般的に人は過去よりも現在を，また現在よりも未来を肯定視する傾向にある（Brickman et al., 1978）。大学生に将来の可能性を尋ねると，否定的な可能性の4倍もの肯定的な可能性について触れ（Markus & Nurius, 1986），同様に他者よりも給料がよく，才能のある子を授かるといった将来を予測している（Weinstein, 1980）。他方，事故に遭遇したり，犯罪の犠牲者になるといった否定的な事象については，他者よりもその可能性が低いと認識をしている（Perloff & Fetzer, 1986）。こういった客観性を欠く楽観主義もポジティブ幻想の1つなのである具体例として図3-2に楽観性尺度を示した。中村（2000）の楽観性尺度は全12項目であり，それぞれの項目に「全くあてはまらない（1点）」から「非常にあてはまる（5点）」の間で回答をする。（楽観）項目と（悲観）項目の合計点をそれぞれ算出し，（フィラー）項目と項目11は分析に用いない。一般的に（楽観）項目において12点以上，あるいは（悲観）項目において9点以下ならば楽観的である（高い）といえるが，性別や文化によって得点傾向に違いがあると考えられる。

　ただし，抑うつ傾向のある人にはあまりあてはまらないと指摘されており，抑うつ傾向のある人は運がかかわるタスクや結果が想定可能なタスクの場合，より正確で妥当的な結果を予測することが知られている（Taylor & Brown, 1988）。

　自己高揚動機によって影響を受ける行動として下方比較（downward comparison）があげられる。これは，自分よりも恵まれていない，あるいはうまくいっていない他

〈教示〉
以下に,いろいろな行動や考え方を表した文章があります。
あなたの普段の生活や活動から考えて,それぞれの文章がどの程度あなたにあてはまるかを答えてください。あてはまると思う数字に○をつけてください。正しい答とか,良くない答というのはありません。あなた自身について正直に答えてください。あまり深く考えずに,思いついたままに記入してください。

〈項目〉

	全くあてはまらない	ややあてはまらない	どちらともいえない	ややあてはまる	非常にあてはまる
	1	2	3	4	5

1. 結果がどうなるかはっきりしない時は,いつも一番良い面を考える。(楽観)
2. たやすくリラックス出来る。(フィラー)
3. なにか自分にとってまずいことになりそうだと思うと,たいていそうなってしまう。(悲観)
4. いつもものごとの明るい面を考える。(楽観)
5. 自分の将来に対しては非常に楽観的である。(楽観)
6. 自分は多くの友人に恵まれている。(フィラー)
7. 忙しくしていることは私にとって重要である。(フィラー)
8. 自分に都合よくことが運ぶだろうなどとは期待しない。(悲観)
9. ものごとが自分の思い通りに運んだためしがない。(悲観)
10. 簡単には動揺しない。(フィラー)
11. 「憂いの影には喜びがある」ということを信じている。
12. 自分の身に思いがけない幸運が訪れるのを当てにすることは,めったにない。(悲観)

図 3-2　楽観性尺度（中村,2000)

者を対象とした比較であり,高揚的な自己像を維持する働きをする。落ち込んだり,自信がないときは,自分よりも能力的に劣る他者（例：幼い弟）と自己を比較することで平常心が保たれるわけである。

これらの自己関連動機について,それぞれの発生強度は状況や状態によって変容すると考えられている（Sedikides & Gregg, 2003）。例えば,ポジティブなムードのときは,自分についてのネガティブな情報を許容できるようになるため自己査定動機が強まり（Trope & Neter, 1994),一度ものごとの決断を下してしまった後は自己高揚動機が強まり,自分の下した決断を正当化するようになる（Aronson & Mills, 1959）。さらに,性格特性においては多様な知見が確認されている。例えば自分にとって変容が困難な特性に関しては,行動の結果（成功か失敗）によって発動動機が異なるが,自分にとって変容が可能な特性に関しては,行動結果にかかわらず,自己査定動機が

働く(しいてはネガティブなフィードバックも許容する)ことが明らかになっている(Dunning, 1995)。

　比較文化を扱う文脈においても,自己高揚動機は注目されている。従来,これら一連の高揚傾向は個人主義の名のもと,欧米の実験参加者(米国,白人,中流階級)において顕著に現われるとされてきた(Brown, 1986; Sedikides, 1993)。ハイネとリーマン(Heine & Lehman, 1999)は欧米人よりも日本人のほうが自己批判的であることを示し,高田(1987)は,日本人学生には自己高揚傾向が見受けられず,その代わりに自己卑下傾向が顕著であることを提唱している。一般的に日本人学生は自己の成功を運や状況により帰属し,他者の成功に対しては他者の能力に帰属する傾向にあるようだが,近年ポジティブ幻想の文化的普遍性を唱える知見が紹介されており(伊藤,1999;外山・桜井,2001; Brown & Kobayashi, 2002; Sedikides et al., 2003),今後の発展的議論が期待される。

　このように自己関連動機とは,その場の状況や自己の心理状態,文化的価値観からの影響を受けると考えらえる。そして,それら一連の知見において己を尊いと思う気持ち(自尊心)が強く関連することが確認されている。次節ではこの自尊心について紹介する。

3節　自己と自尊心

　自尊心とは,自己に関する全般的な感情,評価,ないしは態度としてとらえられており(伊藤,1995),人の適応性や精神的健康と関係する重要な概念として研究されてきた(長谷川,2007)。また,自己についての集大成といえ,自分に価値があると思うか,自分自身を好ましいと思うかの程度であり,自己を肯定的に把握することと自尊心が高いことは同義である。その自尊心には特性自尊心(trait self-esteem)と状況自尊心(state self-esteem)の存在が確認されている。前者は,より安定的な自尊心であり,後者は状況によって変容する自尊心である。特性自尊心は,質問紙に回答することでとらえることが比較的容易にできる(Rosenberg, 1965)。状況自尊心は,一般的に成功や失敗の経験後に生じる状況依存の自尊心であり,個人のもつ特性自尊心の変化の程度が測られる。具体例として図3-3に自尊心尺度を示した。ローゼンバーグ(1965)の自尊心尺度は山本ら(1982)によって邦訳され,全10項目からなる。それぞれの項目に「あてはまる(5点)」から「あてはまらない(1点)」の間で回答をし,10項目の合計点を算出する。しかし逆転項目はその点数を反転する必要がある(例:5点→1点,4点→2点)。一般的に30点以上ならば自尊心がある(高い)といえるが,性別や文化によって得点傾向に違いがあると考えられる。また,日本人の平均は欧米人に比べて低いとされている。

〈教示〉
　次の特徴のおのおのについて，あなた自身にどの程度あてはまるかをお答えください。他からどう見られているかではなく，あなたが，あなた自身をどのように思っているかを，ありのままにお答えください。

〈項目〉
1．少なくとも人並みには，価値のある人間である。
2．いろいろな良い素質をもっている。
●3．敗北者だと思うことがよくある。
4．ものごとを人並みには，うまくやれる。
●5．自分には，自慢できるところがあまりない。
6．自分に対して肯定的である。
7．だいたいにおいて，自分に満足している。
●8．もっと自分自身を尊敬できるようになりたい。
●9．自分は全くだめな人間だと思うことがある。
●10．何かにつけて，自分は役に立たない人間だと思う。

あてはまる　5
ややあてはまる　4
どちらともいえない　3
ややあてはまらない　2
あてはまらない　1

（実施時には，逆転項目を示す●マークを削除する。）

図3-3　自尊心尺度（Rosenberg, 1965）

　自尊心の扱いは広範囲におよび，予測要因（高自尊心者は低自尊心者と比べて，考え方や感じ方，行動が異なる），結果要因（経験によってどのように個人の自尊心が変わるか），そして媒介要因（自尊心を高めることがあらゆる心理的行動への動機づけに影響）として数多の研究に用いられている（Brown, 1998）。
　しかし，自記式の調査での問題点も報告されている。バウマイスターら（Baumeister et al., 1989）は，高自尊心者はより肯定的に自分を見せることができるとの解釈のもと，自記式の調査方法では自己呈示欲求によってその正確性に疑問が残ることを指摘している。また，防衛本能によって自分自身をだまし，高自尊心者は己の自尊心が高いことを誇張する傾向も指摘されている（Weinberger, 1990）。その欠点を克服するため，グリーンワルドとバナージ（Greenwald & Banaji, 1995）は，潜在的自尊心の計測手法を開発している（IAT: Implicit Association Test）。これは，間接的に自尊心をとらえようとする試みであり，自記式の質問項目よりも測られている内容の明解さが低いことが特徴である（回答時間などを得点化するため）。しかし，顕在的自尊心（例：自記式の質問紙）と潜在的自尊心はそれぞれの関連性が低く，双方が同じ対象を計測しているのかは引き続き検討されている。では，自尊心の本質と

はいったい何であろう。すでに自己の集大成であることは述べたが、いったいどこから湧いてくるものであろうか。いくつかの考えを紹介しよう。

自尊心の幼少期からの発達をうたう情動モデル（Brown, 1998）によると、①所属感情（feelings of belonging）と②マスタリー感情（feelings of mastery）が重要であると述べられている。所属感情とは、無条件に愛されることによって育まれる感情であり、その人自身が認められることを示す。この気持ちがあることで安心を得ることができ、どんなことが起ころうとも自分は価値のある人間であると気づけるようになるようだ（Rogers, 1951）。マスタリー感情とは、日常において何らかの影響を与えることができるという感覚である。これは、効力感（competence）とは異なり、例えば、成績がオール5でなくてもこの感覚を培うことができる（Deci & Ryan, 1995）。また、この感情は過程から生まれるもので、例えば、幼少期において砂場で山を作ったり、壊したり、穴を掘ったり、埋めたりする作業を単純に楽しいと感じたと思うが、そのように何かを作ったり操作したりする過程から生まれるのがこの感情である。その一方で効力感とは結果から生まれる感覚であり、良い結果やうまくいった結果から、その行動において自分は能力があるとの自信をもつことといえる。自尊心の形成には結果よりも過程が重視され、情動モデルではこのことを強く提唱する。

4節　自己とアイデンティティ

人は家族を含むあらゆる社会的集団に属し、その中で生活することが我々の自己概念の形成に多大なる影響を与えている。集団の一員として育まれる自己概念は社会的アイデンティティ（social identity）とよばれ、我々の行動様式だけでなく、価値観の形成や認知にも多大なる影響を及ぼしている（Tajfel & Turner, 1986）。ここでいう集団とは、家族、友人、地域、職場、宗教、政治、人種など広範囲におよび、社会化の過程において人はどこかに所属しているものである。所属集団によって規定される常識や価値観が内面化されることによって、人はその集団に適切なメンバーとなるのである。この分野の研究の多くは人種にまつわる集団を扱っており、特にマイノリティ（米国におけるアフリカ系移民やアジア系移民などの少数集団）に属する人々の社会的アイデンティティはその後の人生において重要な意味をもつとされる。

所属集団に対する思い入れの強さがそのまま個人の自尊心の強さに影響を与えるが、興味深いことに社会的アイデンティティは自己ステレオタイプ（self stereotype）につながる（Turner et al., 1987）。自己ステレオタイプとは、所属グループの一員であると意識することで、そのグループに特徴的な価値観や行動を自らにあてはめることである。例えば、関西出身の若者が関西人であることに誇りをもてば、社会的に共有されている典型的な関西人のふるまい（例：会話にボケやつっこみを加える）をあえ

〈教示〉
　つぎの1〜20についてあなた自身にどの程度あてはまるかをお答えください。例えば、「いつも相手の立場に立って物事を考える。」に「ややあてはまる」のであれば、例のように7つの選択肢のうち該当するところに○印をつけてください。

あ
て
は
ぴ
っ
た
り
ま
る
／
あ
て
は
ま
る
／
や
や
あ
て
は
ま
る
／
ど
ち
ら
と
も
い
え
な
い
／
あ
ま
り
あ
て
は
ま
ら
な
い
／
あ
て
は
ま
ら
な
い
／
全
く
あ
て
は
ま
ら
な
い

〈項目〉　　　　　　　　　　　　　　　　　　　　（例）├──┼──┼──┼──┼──⊕──┼──┤

1. 常に自分自身の意見を持つようにしている。
● 2. 人が自分をどう思っているかを気にする。
3. 一番最良の決断は、自分自身で考えたものであると思う。
4. 何か行動をするとき、結果を予測して不安になり、なかなか実行に移せないことがある。
● 5. 自分でいいと思うのならば、他の人が自分の考えを何と思おうと気にしない。
● 6. 相手は自分のことをどう評価しているかと、他人の視線が気になる。
● 7. 自分の周りの人が異なった考えを持っていても、自分の信じるところを守り通す。
8. 他人と接するとき、自分と相手との間の関係や地位が気になる。
9. たいていは自分一人で物事の決断をする。
10. 仲間の中での和を維持することは大切だと思う。
11. 良いか悪いかは、自分自身がそれをどう考えるかで決まると思う。
12. 人から好かれることは自分にとって大切である。
13. 自分が何をしたいのか常に分かっている。
● 14. 自分がどう感じるかは、自分が一緒にいる人や、自分のいる状況によって決まる。
15. 自分の考えや行動が他人と違っていても気にならない。
● 16. 自分の所属集団の仲間と意見が対立することを避ける。
● 17. 自分の意見をいつもはっきりと言う。
● 18. 人と意見が対立したとき、相手の意見を受け入れることが多い。
● 19. いつも自信をもって発言し、行動している。
● 20. 相手やその場の状況によって、自分の態度や行動を変えることがある。

●印の項目は、短縮版尺度として用いる場合の採用項目である。
「個の認識・主張」は、項目番号1,13,17,19　「独断性」は、項目番号3,5,7,9,11,15　「他者への親和・順応」は、項目番号10,12,14,16,18,20　「価値懸念」は、項目番号2,4,6,8

図3-4　相互独立的―相互協調的自己観尺度（高田, 2000）

て行なうことで，既存のステレオタイプと自己が結びつけられ，社会的アイデンティティが保たれるのである。一般的に高い社会的アイデンティティをもつことは，高い自尊心を意味し，しいては安定的な自己概念の形成につながるのである。

　文化比較を取り扱った知見からは，自己のとらえ方が文化ごとに異なるとの指摘がなされている（Triandis et al., 1990）。マーカスと北山（Markus & Kitayama, 1991）は，米国文化と日本文化を比較する過程から，西洋と東洋では自己概念の構成基盤が異なる可能性を示唆している。米国では，個人主義が台頭しており，自己を他者から異ならせる上で，どのような特徴をもっているかに着目する傾向にある。この傾向は相互独立的自己観（independent construal of self）とよばれ，他者や社会から独立した個人であることが文化において優勢である場合に習得される。そのような文化では，人は独立的であることで認められ，社会からも賞賛される。また子どもは独立的であることを親からしつけられ，そのような考え方が土台となって自己が発達するとされる。その一方で，南欧やラテン諸国，東洋においては，相互協調的自己観（interdependent construal of self）が優勢であり，これを保持する文化圏では人はさまざまな社会的関係性によってつながっており，自己の行動が他者の考えや行動によって決定づけられる特徴をもつ。この文化での自己とは，自律的な考えや行動によってではなく，社会的関係性の文脈によってその意味付けがなされる。つまり，さまざまな状況において最適な行動を求められ，しいては行動の一貫性を欠くことも止むなしとされるのである。具体例として，図 3-4 に文化的自己観尺度を示した。高田（2000）の相互独立的―相互協調的自己観尺度は全 20 項目であり，それぞれの項目に

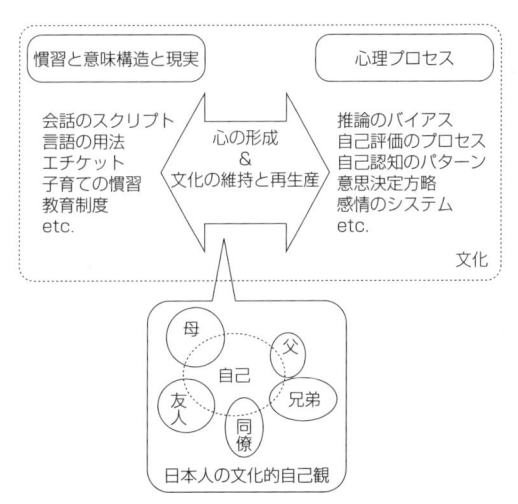

図 3-5　文化の形成と文化に共有される文化的自己観の図（北山，1997 を改変）

「ぴったりあてはまる（7点）」から「全くあてはまらない（1点）」の間で回答をする。「個の認識・主張」と「独断性」の10項目,「他者への親和・順応」と「評価懸念」の10項目の合計点をそれぞれ算出する。一般的に，前者が40点以上ならば相互独立的自己観の傾向があり（高く），後者が40点以上ならば相互協調的自己観の傾向にある（高い）といえるが，性別や文化によって得点傾向に違いがあると考えられる。

　相互独立的自己観において他者との差別化を測る上で重要とさせる個性（自己にとって特徴的な行動や態度）は，相互協調的自己観においては自己の基盤とはなりがたいのである。例えば，自分は音楽での才能があると認識することにおいて，相互独立的自己観では，他者のもつ類似の才能についてはまったく関係がなく，自己に才能があると思えばそれですむのであるが，相互協調的自己観の場合，類似の才能を他者ももっていることが前提であり，「私は○○さんと同じくらい音楽の才能がある」と理解することで自己が認識されると考えられる。つまり，自己の在り方が前者は他者から独立しているが，後者は他者とつながっているといえるだろう（図3-5）。近年の日本における個性をうたう教育理念において，相互独立的自己観と同様に自己は他者と異なることを強調するが，このことが自己の発達過程において葛藤を生んでいるのかもしれない。なぜなら文化において求められている自己とは在り方が異なる上に，親きょうだいとも異なる可能性があるからである。

　文化的自己観が異なると，認知的方略においても差異が生じる（Brown, 1998）。例えば，相互独立的自己観の持ち主は，自分を独特の存在と理解し，他者と似たような存在であるとは思いたくないだろう。しかし，相互協調的自己観の持ち主は，他者を同じ社会的文脈を共有する存在であると理解し，似た者どうしであると思うであろう。また，動機づけ要因も異なると考えられる。例えば，米国人は個々の達成のために，日本人は集団での達成のために，力を尽くすだろう。感情においても同様で，米国人は個人に焦点をおいたもの（例：プライド）を，日本人は他者に焦点をおいたもの（例：甘え）を感じやすいといわれる。甘えとは日本人にとってあたり前の感情であるが，対応する英語訳が存在しないくらい日本独特のものである。甘え-甘えられることによってその対象者との相互依存関係を作り出し，心のおちつきや安寧が保障されることは日本人なら理解できるだろう。極端に言えば，それが相互協調的自己観のあらわれともいえる。ダイナーとダイナー（Diener & Diener, 1995）が31ヵ国において調査を行なった結果，自尊心と生活満足度との関連性は相互独立的自己観の旺盛な国々においては強く，自尊心が高い人が高い生活満足度を示していた。これは，自尊心を測る項目が相互協調的自己観の在り方とうまく適合しないことが原因としてあげられる。従来から自尊心とは個人の価値を社会的文脈から独立したものとして扱われており，どうしても他者との協調をうたう相互依存的な文化ではその意味合いが価値のあるものとして理解され難い。つまり，そのような文化圏では，個人的価値よりも，例えば社会的規範や集団の凝集性などのほうが生活満足度と強い関連性を示すだ

ろう。しかし，相互協調的自己観が優勢な文化圏であっても，個人によってはその強弱に違いがあり，個人的価値を集団的価値よりも重視する人は，より相互独立的自己観を保有している可能性は高い。戦後復興を掲げる時代は，誰しもが右肩上がりの成長を目指し，一丸となって労働力を提供してきた。その結果が現代の日本であり，先人の計り知れない努力のおかげで先進国の仲間入りが果たせ，贅沢にも生活に不自由はない。しかし，時代は流れ，生活様式が欧米化し，集団利益のための滅私奉公を良しとする考え方からより個人利益を重視した価値観が浸透し，その傾向は若い世代においてより顕著なのかもしれない。つまり，世代によって生きてきた時代観が異なり，しいては自己の在り方も異なるのが現代の日本である。自己の適正さが文化や時代によって影響を受けるのだとしたら，我々は常に日々変化する時代に翻弄されなければならない。受動的に変化に適応するのが日本人らしさではあるが，どんな自己であれ，それとともに生きていく覚悟が必要なのであろう。

◆さらなる勉強のために
◇デカルト，R（著）　谷川多佳子（訳）　1997　方法序説　岩波文庫
　近代哲学の原点といえ，入門書である。6章からなり文章が比較的平易なのが一般向きといえる。
◇柏木惠子・北山忍・東洋（編）　1997　文化心理学―理論と実証　東京大学出版会
　読み応えがあるので，何度も読んでほしい。また，章により著者が異なり，扱う分野も異なるので，興味のある章だけを拾い読みしても面白い。
◇高野陽太郎（著）　2008　「集団主義」という錯覚―日本人論の思い違いとその由来　新曜社
　国際比較研究の結果をみると，「日本人は集団主義的で，アメリカ人は個人主義的」という通説が支持されない。そのデータの提示と通説が流布した理由が考察されている。

4章 態度と態度変容

夏の休日に家族や友人と出かける計画を立てるとき，意見が合わない場合にはどのようなことが起こるであろうか。例えば，自分は海で泳ぎたいが，他の人は涼しい高原でのんびり過ごしたいという場合である。両方に行くことができない場合には，「海の方がなぜよいか」を説明して説得したり，反対に「高原がなぜよいか」について説明されて説得されるであろう。この章では，説得に影響している要因や自分の態度（考え・意見）と行動が矛盾した場合の対処方法など，態度変容について考える。

1節 態度と行動

1. 態度とは

我々は，他者や対象物に対して「好き―嫌い」という判断をしたり，ある事柄に対して「賛成―反対」などの判断をすることがある。このように，ある対象に対する考え方を「態度」とよぶ。

態度は図4-1のように認知的成分，感情的成分，行動的成分からなる（Rosenberg & Hovland, 1960）。認知的成分は，「賛成―反対」「良い―悪い」など対象をどのように評価するかという側面であり，感情的成分は，「好き―嫌い」「快―不快」など対象に抱く感情的な印象の側面であり，行動的成分は，「接近―回避」「援助―攻撃」など

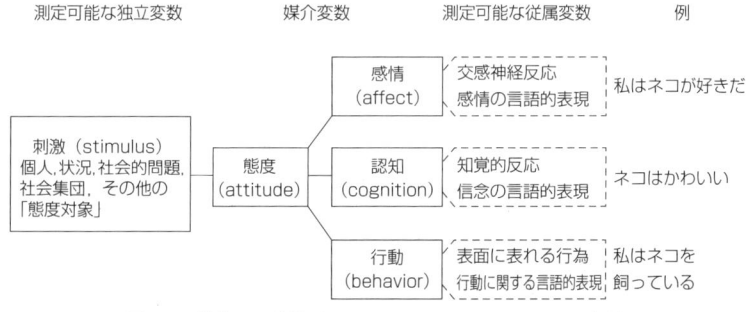

図4-1 態度の3成分（Rosenberg & Hovland, 1960を改変）

対象についてどのように行動するかの側面である。

2. 認知的不協和

(1) 認知的不協和とは

フェスティンガー（Festinger, 1957）は，自己や自己をとりまく環境における認知の間に発生する矛盾やズレを「認知的不協和」とよび，認知的不協和が発生した後に我々に生じる過程を「認知的不協和理論（cognitive dissonance theory）」として理論化した。なお，この理論における「認知」とは，環境や自分に関する知識や意見・信念のことである。

フェスティンガー（1957）によれば，さまざまな認知の間には，図4-2のような関係がある。特に問題になるのが不協和の関係であり，不協和は不快な状態を生じさせるため，不協和を解消しようと動機づけられる。例えば，「このカメラは良い」という態度（認知）をもった人が新発売のカメラAを買った後，そのカメラに関する悪い評判を聞いた場合には不協和が生じる。その場合，①「評判の悪い部分は重要ではない」と，関連する認知要素の重要性を低減させたり，②「評判の良い部分も多い」と情報に新たな認知要素を加えたり，③「評判の良いカメラBに買い換える」と行動を変化させたり，④「実際に使ってみると評判ほど悪いと思えない」と認知を変化させるなど，不協和な要素の一方を変えることになる。

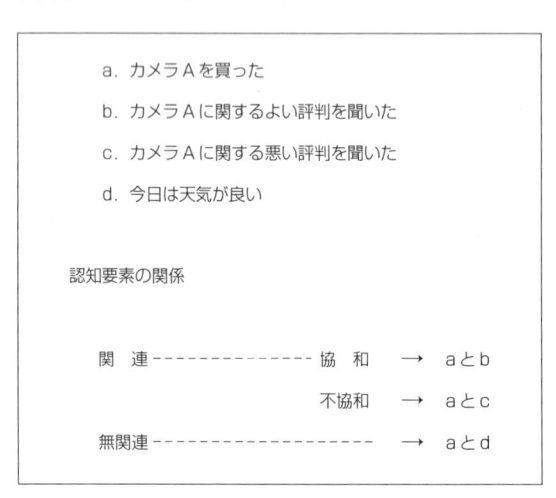

```
    a. カメラAを買った
    b. カメラAに関するよい評判を聞いた
    c. カメラAに関する悪い評判を聞いた
    d. 今日は天気が良い

認知要素の関係

    関 連 -------------- 協 和  →  aとb
                        不協和 →  aとc
    無関連 --------------------- →  aとd
```

図4-2 認知的不協和と認知要素間の関係

また，自分の態度（認知）と一致しない行動をとってしまった場合，その行動を正当化できる要因がある場合には行動を訂正できなくても不協和は生じないが，正当化できる要因がないか不十分な場合には，行動に合うように態度（認知）の方を変化さ

（2）不十分な正当化

フェスティンガーとカールスミス（Festinger & Carlsmith, 1959）は，態度変容と関連する不協和の解消方法を実験的に検討した。実験参加者は，非常に退屈な課題を1時間行なった後，実験者から，「この実験に参加する他の学生に，『この実験はとてもおもしろかった』と言って欲しい」と依頼され，他の学生に「実験は非常におもしろかった」と伝えた。実験終了時に，実験参加の謝礼として1ドルか20ドルのどちらかを提示された後，実験の印象を尋ねられた。なお，実験課題の実施直後に実験の印象のみを尋ねられる統制条件も設定された。結果は表4-1のように，1ドル条件の実験参加者の方が20ドル条件の実験参加者よりも実験がおもしろかったと評定した。

表4-1 実験に対する評価（Festinger & Carlsmith, 1959を改変）

	統制条件 (n=20)	1ドル条件 (n=20)	20ドル条件 (n=20)
課題の面白さ	−0.45	+1.35	−0.05
実験への再参加希望	−0.62	+1.20	−0.25
科学的重要性	5.60	6.45	5.18
実験から学んだもの	3.08	2.80	3.15

注）数値が大きいほど各評価項目の程度が大きいことを表わす。
　　数値の範囲：上2段は−5〜0〜+5，下2段は0〜10。

実験は，実際には退屈なものだったため，実験参加者は「実験は非常におもしろかった」と話してしまったことで認知的不協和が生じた。20ドル条件の参加者は，「20ドルという高額の謝礼のために嘘をついた」と自分の行動を正当化できたため，不協和は小さくできたが，1ドル条件の参加者には行動を正当化できる十分な材料がなかったうえ，「実験は非常におもしろかった」と話したことを取り消せなかった。そのため，「実験は退屈なものだった」という認知の方を「実験はおもしろかった」という方向に変化させて不協和を解消させた。つまり，本心（真の認知）とは異なる内容を他者に話してしまい（真の認知と対応しない行動），それを取り消すことができない場合，その内容を話すことに影響したと考えられる外的要因（報酬など行動を正当化させる材料）がないと，本心（真の認知）の方が話した内容（真の認知と対応しない内容）の方向に変化してしまうと考えられるのである。

3．潜在的態度

（1）潜在連合テスト

質問紙調査でとらえられる顕在的な態度ではなく，潜在的な態度の研究も進められている。例えば，偏見や差別など，社会的に望ましくない事柄への態度に関する質問を質問紙調査により実施した場合，回答が社会的に望ましい方向に歪む可能性がある。

しかし，意図的に回答を歪めることができなければ，真の態度を測定することが可能となる。

ファジオら（Fazio et al., 1986）は，大学生にさまざまな単語に対する「良いか悪いか」の評価判断をさせ，判断までの反応潜時（反応までの時間の長さ：アクセシビリティの高さ）を測定した。この測定結果に基づき，単語を評価の良し悪しとアクセシビリティの高低を組み合わせた4種類に分けた。つぎに，これらの単語をプライム刺激として提示した直後にターゲットとなる単語を提示し，できるだけ早く「良いか悪いか」の評価判断をするように求めた。そして，プライム刺激の単語とターゲット刺激の単語の評価が一致している場合の方が不一致の場合より反応潜時が短いというプライミング効果の存在を明らかにし，この現象が意識により統制できない自動的な過程によるものであると説明した。後に，グリーンワルドら（Greenwald et al., 1998）は，本人の意図による回答の歪みを生じさせることなく，潜在的な態度を測定できる，潜在連合テスト（IAT: implicit association test）とよばれる手法を開発した。

また，グリーンワルドら（Greenwald et al., 2002）は，質問紙など，顕在的指標で得た結果とIATによる潜在的指標で得られた結果の関連性を分析している。結果として，商品に対する態度を測定した場合には，質問紙とIATの結果の間に高い相関がみとめられた一方，偏見・差別にかかわることや，自身のプライバシーにかかわる態度を測定した場合には，質問紙とIATの結果の間には低い相関しかみとめられなかった。この理由としてグリーンワルドらは，商品に対する態度など，他者に対してそのままの態度を正直に表明できる場合には，質問紙への回答は歪められにくいが，偏見・差別にかかわることや自身のプライバシーにかかわることなど，他者に対してそのままの態度を正直に表明しにくい場合には，質問紙への回答が（社会的に望ましい方向の回答に）歪められるため，潜在的指標であるIATとの相関が低くなるとしている。

（2）感情誤帰属手続き

ある対象に対してどのような潜在的態度をもっているのかを測定する別の手法として，「感情誤帰属手続き（AMP: affect misattribution procedure）」も，ペインら（Payne et al., 2005）により開発された。パーソナルコンピュータを用い，肯定的か否定的かの態度を調べたい概念（文字や写真）を提示した直後に感情価をもたない象形文字などを提示し，その文字が肯定的か否定的かを判断させる。この場合，感情価をもたない象形文字であっても，直前に提示された刺激が喚起する感情を誤帰属して，肯定的・否定的などの判断をしてしまうのである。この判断により，直前に提示した刺激の潜在的態度を測定することができる。

なお，潜在的態度を測定することは，調査対象者が隠しておきたいことも顕在化させてしまうことになるため，事前にインフォームドコンセントを行ない，測定の許可を得ておくなど，十分な配慮が必要である。

【コラム】4-1：潜在連合テスト

　グリーンワルドら（Greenwald et al., 1998）は，以下の方法で潜在的態度の測定を行なった（図4-3参照）。実験参加者に，パーソナルコンピュータの画面中央に提示される刺激（単語や写真など）の分類課題を行なわせた。その際，提示刺激をなるべく速く2つのカテゴリーのどちらかに分類することを求めた。分類カテゴリーは，概念（例えば，「花」と「虫」）と属性（例えば，「良い」か「悪い」）を組み合わせたものからなり，実験参加者が提示刺激を「花」か「良い」のカテゴリーか「虫」か「悪い」のカテゴリーのどちらかに分類する一致ブロック課題と，「花」か「悪い」のカテゴリーか「虫」か「良い」のカテゴリーのどちらかに分類する不一致ブロック課題を行なわせた。分類カテゴリーは画面の右上か左上に提示され，実験参加者は提示刺激が左側のカテゴリーにあてはまれば，左側のボタンを，右側のカテゴリーにあてはまれば右側のボタンを押す。一般的に，「花」と「良い」の連合（結びつき）および「虫」と「悪い」の連合（結びつき）は強いため，一致ブロック課題は容易で，速く反応できるが，「花」と「悪い」および「虫」と「良い」の連合は弱いため，不一致ブロック課題は困難で，反応は遅くなる。「花」と「良い」，「虫」と「悪い」の連合の程度が強いほど，一致ブロックと不一致ブロックとの反応時間差が大きくなると考えられる。このように，概念と属性間の潜在的な連合強度を測定できるとされている。

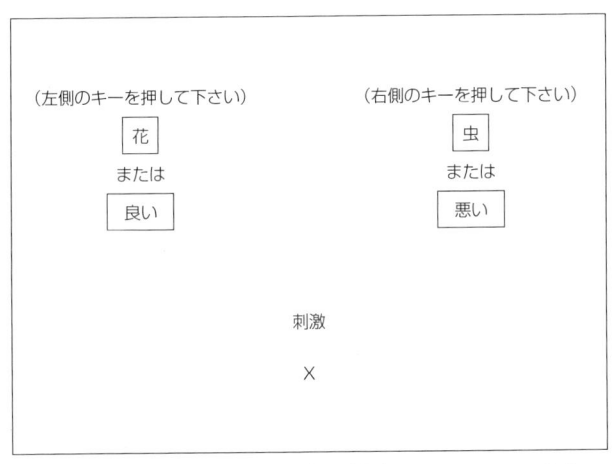

図4-3　IAT画面（一致ブロック）の例（Greenwald et al., 1998）

注）刺激部分に，刺激語（または図）が試行ごとに提示される。
　　X部分には，反応が誤りだった場合にXがフィードバックされる。
　　不一致ブロックでは「良い」と「悪い」の位置が入れ替わる。

2節　説得と態度変化

1．説得に関する理論

(1) 精緻化見込みモデル

　ペティとカシオッポ（Petty & Cacioppo, 1986）は，他者から説得的コミュニケーションを受けた後，態度変化にいたるまでの過程に関して，精緻化見込みモデル（ELM：elaboration likelihood model）を発表した（図4-4）。なお，精緻化見込みモデルは，精査可能性モデルや精緻化可能性モデルとよばれる場合もある。

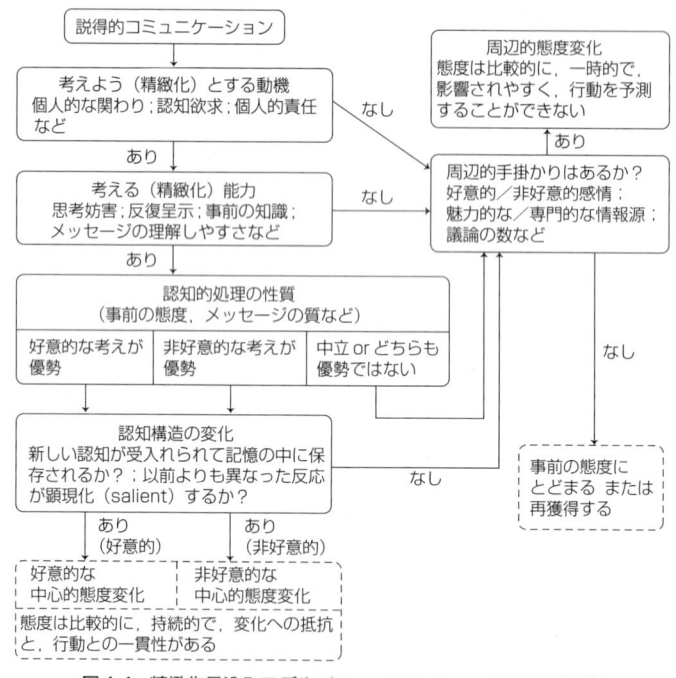

図4-4　精緻化見込みモデル（Petty & Cacioppo, 1986 を改変）

　態度変化にいたる過程には，中心ルートと周辺ルートの2つのルートがあり，説得的コミュニケーションの内容を自分で考える（精緻化する）動機と能力がある場合には中心ルートを通過し，好意的または非好意的な考えが優勢で，認知構造が変化した場合には，好意的な中心的態度変化または非好意的な態度変化が生じる。一方，説得的コミュニケーションの内容を自分で考える（精緻化する）動機や能力がなかったり，

説得的コミュニケーションの内容に対して好意的でも非好意的でもなかったり、認知構造が変化しない場合には周辺ルートに向かい、説得内容の本質ではない、そのときの感情や情報源の専門性などの周辺的手がかりがある場合には、周辺的態度変化が生じる。また、周辺的手がかりがない場合には、態度が変化しなかったり、事前の態度を再獲得する。

中心的態度変化により生じた態度は、自らが説得内容を吟味して決めた態度であるため、再説得されても態度変化が起こりにくいうえ、態度と行動が一貫しやすい。それに対し、周辺的態度変化により生じた態度は一時的で変化しやすく、態度と行動の一貫性も低い。

（2）心理的リアクタンス理論

我々は、他者から説得されたときに、説得者の意図とは反対に、説得内容に対して反発してしまう場合がある。ブレームとブレーム（Brehm & Brehm, 1981）は、説得に対する抵抗を研究し、心理的リアクタンス理論を発表した（図4-5）。

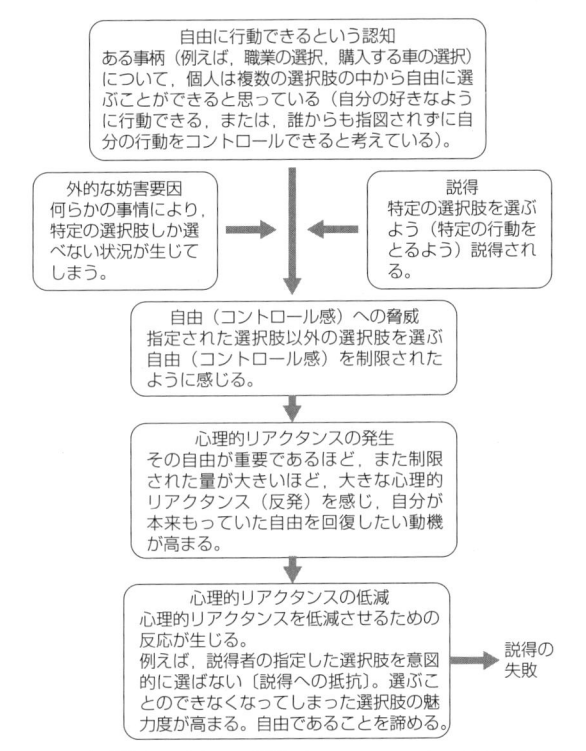

```
┌─────────────────────────────────┐
│ 自由に行動できるという認知          │
│ ある事柄（例えば、職業の選択、購入する車の選択） │
│ について、個人は複数の選択肢の中から自由に選ぶ │
│ ことができると思っている（自分の好きなよう │
│ に行動できる、または、誰からも指図されずに自 │
│ 分の行動をコントロールできると考えている）。 │
└─────────────────────────────────┘

┌──────────────┐           ┌──────────────┐
│ 外的な妨害要因   │           │ 説得           │
│ 何らかの事情により、│           │ 特定の選択肢を選ぶ │
│ 特定の選択肢しか選 │           │ よう（特定の行動を │
│ べない状況が生じて │           │ とるよう）説得され │
│ しまう。        │           │ る。           │
└──────────────┘           └──────────────┘

┌─────────────────────────┐
│ 自由（コントロール感）への脅威     │
│ 指定された選択肢以外の選択肢を選ぶ │
│ 自由（コントロール感）を制限された │
│ ように感じる。              │
└─────────────────────────┘

┌─────────────────────────┐
│ 心理的リアクタンスの発生        │
│ その自由が重要であるほど、また制限 │
│ された量が大きいほど、大きな心理的 │
│ リアクタンス（反発）を感じ、自分が │
│ 本来もっていた自由を回復したい動機 │
│ が高まる。                 │
└─────────────────────────┘

┌─────────────────────────┐
│ 心理的リアクタンスの低減         │
│ 心理的リアクタンスを低減させるための │
│ 反応が生じる。               │→ 説得の
│ 例えば、説得者の指定した選択肢を意図 │  失敗
│ 的に選ばない〔説得への抵抗〕。選ぶこ │
│ とのできなくなってしまった選択肢の魅 │
│ 力度が高まる。自由であることを諦める。│
└─────────────────────────┘
```

図4-5 心理的リアクタンス理論（Brehm & Brehm, 1981を改変）

例えば，家族から「たまには部屋の掃除をしたら」と言われた場合，掃除のことを考えていなかったときに比べ，掃除をしようかと考えているときの方が家族に反発したくなるはずである。つまり，もともと説得内容と同じ方向の態度をもっている相手に対して，さらにその態度を強めるような説得をしてしまうと，相手は説得に反発し，説得が失敗に終わる可能性が高まるのである。また，説得とは反対の方向に態度を変えてしまうことも起こり得る。

ブレームとブレーム（1981）は，このような現象が起こる理由を被説得者が「自由が奪われた」と認知したためと考えた。そして，ヒトは自由を奪われると，相手の説得に反発・抵抗することで奪われた自由を回復しようと動機づけられることを明らかにした。

したがって，自分の意思で自由に掃除をしようとしているときに，「掃除をしたら」と言われると自由が奪われてしまったと感じてしまうため，心理的リアクタンスが起き，態度を「掃除をしたくない」という反対方向に変化させてしまう場合も生じる。このように態度が反対方向に変化することは，「ブーメラン効果」とよばれている。

説得に限らず，我々が自由を奪われたと感じる場合には心理的リアクタンスが生じる。例えば，欲しい商品が「数量限定」「期間限定」として売り出されたり，「売り切れが迫っている」などと言われたりすると，手に入れる自由が制限されたと感じるため，手に入れる自由を回復したい動機が高まり，その商品がますます欲しくなるのである。希少なものほど価値が高いのは，入手しがたいために心理的リアクタンスが生じて皆が欲しがった結果と考えられる。

2．説得メッセージの送り手側の要因

説得メッセージの送り手側の要因として，信憑性（credibility），魅力（attractiveness），勢力（power）などが説得に対して影響を及ぼす。このうち信憑性は，専門性と信頼性から成り立っている。専門性とは説得内容に関して専門的知識をもっているとみなされることであり，信頼性とは嘘をつかず，真実を話しているかという信頼度である。また，勢力は自分に報酬や罰を与える役割をもっているなど，自分への影響力をもっていることである。

ペティとカシオッポ（1986）によれば，説得メッセージの内容が受け手にとって重要で関心が高い場合には，説得メッセージの中身を自ら吟味（精緻化）しようとする。しかし，説得メッセージの内容が受け手にとって重要でなく，関心が低い場合には，送り手の信憑性，魅力，影響力などの周辺的手がかりの影響が相対的に大きくなるとされている。つまり，説得メッセージの内容が重要でなく関心が低い場合には，送り手の信憑性，魅力，影響力が高いと説得されやすくなり，信憑性，魅力，影響力が低いと説得されにくくなるのである。しかしながら，当初は低かった説得効果が時間とともに高まってくる「スリーパー効果」の存在も明らかになっている。大学生を対象

に実験を行なったホブランドとウァイス（Hovland & Weiss, 1951）は，「抗ヒスタミン剤」「原子力潜水艦」「鉄鋼の不足」「映画館の将来」に関する説得メッセージを用意した。そして，半数の大学生には，それらのメッセージが専門の文献に載っていたり，公的機関が発行した報告書に載っているとして，情報源の信憑性を高く操作して提示し，残りの半数の大学生には説得メッセージが一般の雑誌や新聞に載っていたり，専門家ではない人が書いた記事であるとして，情報源の信憑性を低く操作して提示した。説得から4週間後に態度変化の程度を調べたところ，説得直後の信憑性の高い情報源による説得効果は減少し，信憑性の低い情報源による説得効果が増加していた。

なお，説得に関する送り手（与え手）側の要因について，今井（2006）は図4-6のように分類している。

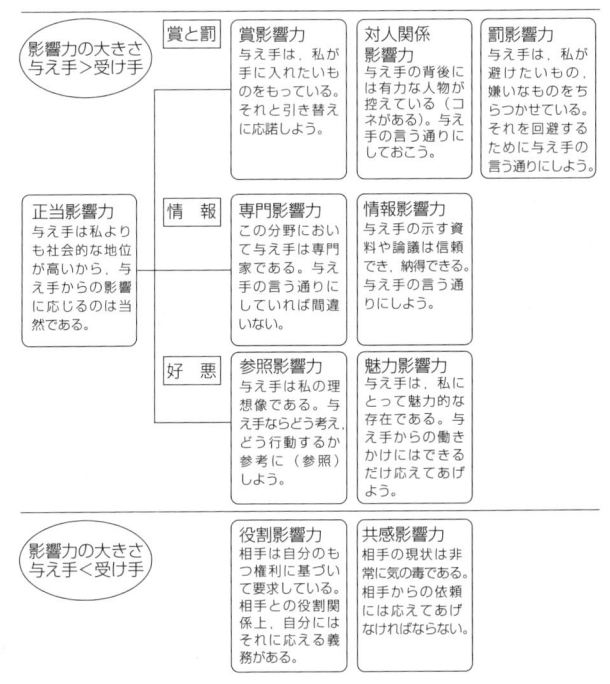

影響力の大きさ 与え手＞受け手	賞と罰	賞影響力 与え手は，私が手に入れたいものをもっている。それと引き替えに応諾しよう。	対人関係影響力 与え手の背後に有力な人物が控えている（コネがある）。与え手の言う通りにしておこう。	罰影響力 与え手は，私が避けたいもの，嫌いなものをちらつかせている。それを回避するために与え手の言う通りにしよう。
正当影響力 与え手は私よりも社会的な地位が高いから，与え手からの影響に応じるのは当然である。	情報	専門影響力 この分野において与え手は専門家である。与え手の言う通りにしていれば間違いない。	情報影響力 与え手の示す資料や論議は信頼でき，納得できる。与え手の言う通りにしよう。	
	好悪	参照影響力 与え手は私の理想像である。与え手ならどう考え，どう行動するか参考に（参照）しよう。	魅力影響力 与え手は，私にとって魅力的な存在である。与え手からの働きかけにはできるだけ応えてあげよう。	
影響力の大きさ 与え手＜受け手		役割影響力 相手は自分のもつ権利に基づいて要求している。相手との役割関係上，自分にはそれに応える義務がある。	共感影響力 相手の現状は非常に気の毒である。相手からの依頼には応えてあげなければならない。	

図4-6 受け手から見た送り手（与え手）の社会的影響力（勢力）の種類（今井，2006を改変）

3. メッセージの要因

(1) 一面提示と両面提示

説得的メッセージの内容に関してホブランドら（Hovland et al., 1949）は，説得す

る方向の内容のみからなるメッセージを用いる「一面提示」と，説得する方向とは反対の内容も含めたメッセージを用いる「両面提示」の説得効果を比較した。例えば，「このジュースは，天然果汁100％なので健康のためにたいへん優れています」というメッセージ（説得方向の肯定的な内容のみ）が一面提示であり，「このジュースの値段は高いのですが，天然果汁100％なので健康のためにたいへん優れています」というメッセージ（説得と反対方向の否定的な内容も含む）が両面提示である。ホブランドらの実験結果では，教育水準の高い人に対しては両面提示のほうが一面提示よりも優れた説得効果を示した。これは，教育程度の高い人の方が説得的メッセージの内容を自分で吟味することができ，両面提示のメッセージを受けて「説得に不利な情報にも目を向けているから説得者を信用できる」と考えるためと推測される。なお，否定的な情報は，致命的な内容でないことが重要である。

（2）恐怖喚起

「大地震が発生したときのための対策をしておかないと命にかかわる状況が起こる」と話すなど，一般的に受け手に恐怖心を喚起させると説得効果が高まるように思えるが，実際はどうなのであろうか。高校生を対象に実験を実施したジャニスとフェッシュバック（Janis & Feshbach, 1953）は，恐怖を強く喚起させる条件，中程度に喚起させる条件，弱く喚起させる条件と統制条件（口腔衛生とは無関係な講義を受けさせる）を設定し，統制条件以外では，間違った歯の手入れがもたらす結果と口腔衛生の重要性に関して20枚のスライドを使った15分間の講義をした。例えば，恐怖を強く喚起させる条件では間違った手入れが，癌・麻痺・失明などの2次的疾患を招いたり，歯痛による苦痛があるなどの内容を話し，恐怖を弱く喚起させる条件では不快な話はせず，歯の機能や成長についての話をした。講義後の測定結果は，表4-2のように，事前の態度から講義の内容の方向に態度を変化させた生徒の割合は，恐怖を強く喚起させた条件よりも恐怖を弱く喚起させた条件で多かった。さらに，1週間後に「歯ブラシの種類は関係ない」という，最初の講義とは反対の内容が書かれた文章を読ませた後に態度を測定したところ，表4-3のように，この内容に対する抵抗の割合は，恐怖を弱く喚起した条件で最も高かった。つまり，相手に恐怖感を与えない方が説得効果は高くなった。ジャニスとフェッシュバックは，恐怖感を与えると内容を無視したり過小評価をしてしまうからであると解釈している。

表4-2 歯科衛生に対する勧告に関する講義の効果（Hovland et al., 1949を改変）

変化の様態	恐怖強条件 (n=50)	恐怖中条件 (n=50)	恐怖弱条件 (n=50)	統制条件 (n=50)
講義の方向へ変化①	28%	44%	50%	22%
講義と反対の方向へ変化②	20%	22%	14%	22%
変化なし	52%	34%	36%	56%
同調についての正味の変化（①-②）	＋8%	＋22%	＋36%	0%

表4-3 "歯みがきに使う歯ブラシの種類を問題にする必要はない"という逆宣伝に賛成した者の割合（Hovland et al., 1949 を改変）

変化の様態	恐怖強条件 (n=50)	恐怖中条件 (n=50)	恐怖弱条件 (n=50)	統制条件 (n=50)
宣伝の方向に変化①	30%	28%	14%	44%
逆宣伝とは反対の方向へ変化②	38%	42%	54%	24%
変化なし③	32%	30%	32%	32%
正味の変化（①－②）	－8%	－14%	－40%	＋20%

　グレイチャーとペティ（Gleicher & Petty, 1992）も与える恐怖感の強さを変えた説得の実験を行なっている。グレイチャーらは，大学構内で発生している犯罪への対策として，バス停に夜間警備員を配置する必要があるという説得メッセージを実験参加者に聞かせた。その際，論拠の強さと対策の有効性に言及するか否かも操作した。実験の結果は図4-7のように，犯罪の発生に関してやや強い恐怖感を喚起させ，対策の有効性に言及した場合には，論拠が弱い場合であっても説得される方向に態度が変化した。

　やや強い恐怖感を喚起させ，対策の有効性に言及した場合には，受け手はヒューリスティックによる表面的（周辺的）な手がかりに基づく判断をしてしまい，説得的メッセージの内容を詳細に吟味せず，恐怖感から逃れられる説得の方向に態度を変えるとしている。

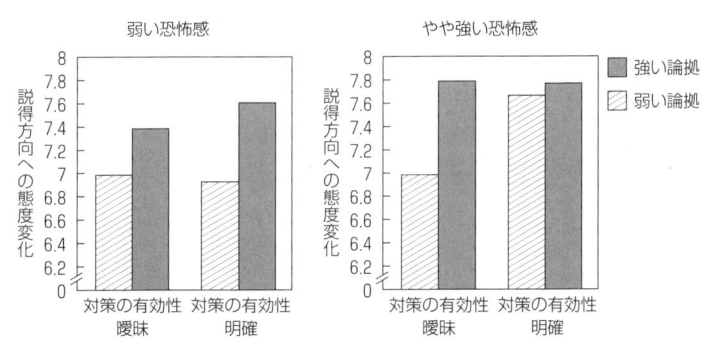

図4-7 恐怖感の強さ，対策の有効性の明確さ，論拠の強さの組み合わせによる説得効果（Gleicher & Petty, 1992 を改変）

　なお，パーロフ（Perloff, 2003）は，受け手の望ましくない行動を変容させるために説得効果を高める条件として，以下の4つを指摘している。①説得的メッセージの送り手は受け手に恐怖感を与える必要がある。②送り手は，恐怖感を生じさせた問題とともに，その解決のための対応方法に関しても言及する必要がある。③対応方法の効果について，対応しなかったときに受ける損害と対応したときに受ける利益につい

て言及する必要がある。④恐怖や対応方法は受け手と関連づけて言及する必要がある。

4．状況要因

(1) 思考妨害

　説得をしているときに受け手の思考を妨害するような状況があると，説得効果が低下することが明らかになっている（Petty et al., 1976）。例えば，騒音がある状況で説得されたり，注意が説得的メッセージ以外の対象に向いている場合などは説得効果が低下する。また，この現象は説得に限らず，意思決定をする場合に広くみられる。マシューズとキャノン（Mathews & Canon, 1975）は，屋外で実験を行ない，目の前を通り過ぎた人が抱えていた本・雑誌や書類を落としたとき，実験参加者が拾うか否かを観察した。その際，周囲に騒音が発生している状況と騒音がない状況を設定したが，騒音が発生している状況では援助が抑制された。また，騒音のない状況では腕にギプスをしていない人よりもギプスをしている人の方が援助されやすかったが，騒音のある状況ではギプスの有無による差はなくなったうえ，援助が抑制された。

(2) 説得の予告

　説得をする前に説得を予告してから行なうと，予告しなかったときと比べて説得効果が低下する現象が明らかになっている（McGuire & Papageorgis, 1962）。これは，事前に説得される内容を知ることで反論する準備ができ，説得への抵抗が増加するためと考えられている（Petty & Cacioppo, 1977）。なお，マクガイアーとパパジョージス（McGuire & Papageorgis, 1962）は，事前に自分が支持する意見を意識化させておくよりも，支持する意見への反論や反論を論破する意見を意識化させておいた方が，自分が支持する意見への反論に抵抗できることを明らかにした。この理論は，予防注射のイメージから，「接種理論」とよばれている。

5．説得メッセージの受け手側の要因

　説得の受け手の自尊心に関しては，自尊心の高い人と低い人は説得されにくく，中程度の人が最も説得されやすい（Rhodes & Wood, 1992）。これは，自尊心の高い人は説得的メッセージの内容は理解しつつも影響を受けにくく，自尊心の低い人は説得的メッセージの内容を理解しようとはしないためと解釈されている。また，受け手の知能に関しては，知能の高い人ほど反論を思いつきやすいために説得されにくく，知能の低い人ほど説得されやすい（Rhodes & Wood, 1992）。ただし，受け手の内的特性に関しては，まだ説得との関係が明確でない事柄も多い。

◆さらなる勉強のために
◇今井芳昭（著）　2006　依頼と説得の心理学―人は他者にどう影響を与えるか　サイエンス社

説得をはじめとした対人的影響について，日常的によく起こりがちな現象を中心に書かれている。初学者にもわかりやすい。

◇深田博己（編著）　2002　説得心理学ハンドブック―説得コミュニケーション研究の最前線　北大路書房

説得研究の基礎から展開までを取り上げており，高度な内容であるが重要な知見が解説されている。

5章 対人行動

　我々は社会生活を営む上で，他者に会わない日などないだろう。家庭で，学校で，職場で，地域でと，自分以外の他人を見かけないときなどあるのだろうか。知り合いの人以外にも，我々は他者に働きかけ，何かしらのニーズを満たそうとする（例：買い物をする，道を尋ねる）。そこには対人行動の法則が存在し，我々はそれを習得することで適切な対人行動を遂行しているといえる。そこで，本章では対人行動にかかわる対人関係とルール，自己呈示，攻撃行動と援助行動，囚人のジレンマ，および電子メディアと対人関係について考えていく。

1節　対人関係とルール

　自分に自信のない若者にとって，人から嫌われないことは好かれることよりも大切なのかもしれない。嫌われないために周囲を観察し，謙虚にふるまったり，初対面の人には（空気を読んで）大人しくしていたりと，まず周りのようすをうかがう行動に出るのは，対人関係に不安な若者の専売特許ではなく，誰にでもあてはまることであろう。ある意味，これは一種のゲームと似ている（Argyle & Henderson, 1985）。自分がプレイしているゲームのルールを理解して，適応的にふるまうことでさまざまなリスクを低減していると考えられるのである。この人間関係攻略というゲームにおける基本的要素には，①目標と満足の源，②行動範囲の理解，③役割の設定，④環境設定，⑤ルールの設定，の5つがある（Argyle & Henderson, 1985）。

　順に見ていこう。まず，目標と満足の源として人間関係をとらえると，報酬と損失のバランスにおいて損失の方が大きい関係は長続きしない。どんな報酬を求めるかは関係性の種類によって異なるが，やはり損失が大きい関係では，そこに価値は認めにくいだろう（6章の社会的交換理論も参照）。次に，それぞれの関係においては，行動範囲があらかじめ決まっていることが多い。許容範囲を超えた行動をされると，関係を維持する目標を達成するうえで支障となる。さらに，どんな関係においても役割はつきもので，教師と学生や上司と部下といったものから，聞き役と喋り役，リーダーとフォロワーといったものまで，あらゆる関係において知らず知らずのうちに役割は付随しているものである。また，家族内においても役割は存在し，いつも怒られる役

目の弟がいれば，責任を引き受ける役の姉，母親不在の家庭では父親が母親役も兼任することだろう。その意味で，我々は関係性という場で，与えられた役目を演じている演者なのである。さらに，役割を遂行する場所の理解として，環境を設定する必要がある。友人との関係と職場の同僚との関係は異なった場所で関係が維持され，それぞれの場所で特有の規則や規範が存在するといえる。最後にルールである。どんなゲームにもルールが存在するように，人間関係を営む上でもルールは必然である。そのルールが単純であれば攻略は難しくないが，人間関係のルールは複雑で，相対する他者によってそのルールが異なり，上記の役割や環境といった要因が複合的に絡み合い，変容し，その関係性にあったルールが形成されるのである。

　このようなルールに合わせて行動することによって，我々は他者の行動を予測でき，状況の平穏が保たれているのである。アーガイルとヘンダーソン（Argyle & Henderson, 1985）があげている友人関係における重要なルールを表5-1に示した。さらに，表5-2には，友人関係崩壊にいたるルール違反とされる内容をあげた。これらの表を見ると，友人関係のルールのうち，崩壊の原因と見なされるルール違反は2つにわけられる（Argyle & Henderson, 1985）。1つは，返報行動に関するルール（積極的関心を示すべきである，必要に応じて自発的に援助すべきである，など）違反である。もう1つは，第三者との関係に関するルール（他者との関係に嫉妬しない，秘密を守るべき，など）違反である。

表5-1　友人関係のルール（Argyle & Henderson, 1985：吉森, 1992より）

① 必要に応じて自発的な援助をする
② 友人のプライバシーを尊重する
③ 秘密を守る
④ お互いに信頼する
⑤ 相手がいないとき，相手を弁護する
⑥ 人前でお互いに非難しない
⑦ 情緒的支えを与える
⑧ 話しているときは相手の目を見る
⑨ 一緒にいるときに相手を楽しませるように努力する
⑩ 相手の人間関係に嫉妬したり，批判しない
⑪ お互いの友人を受け入れる
⑫ よい知らせを共有する
⑬ 個人的助言を求める
⑭ 小言を言わない
⑮ 冗談を言いあう
⑯ 借りを返すように努める
⑰ 個人的な感情や個人的な問題を友人に開示する

表 5-2　友人関係のルールと友人関係の崩壊（Argyle & Henderson, 1985：吉森, 1992 より）

ルール	友人関係の崩壊にある程度または非常に重要	友人関係の崩壊にほとんど重要でない
相手の人間関係に嫉妬したり批判する	57%	22%
相手の秘密をほかの人に話す	56	19
必要に応じて自発的な援助をしない	44	23
相手を信用しない	44	22
相手を人前で非難する	44	21
相手に積極的関心を示さない	42	34
相手がいないとき相手の立場に立って話をしない	39	28
情緒的支えにならない	37	25
小言を言う	30	25

　これらのルールにはもちろん文化差が存在するが，普遍的なルールも存在する。4カ国で調査をしたアーガイルとヘンダーソン（1985）によると，普遍的なルールは①相手のプライバシーを尊重する，②話をするときには相手の目を見る，③他者と秘密に話したことを漏らさない，④相手を人前で批判しない，の4つである。また，人間関係のルールにおける類似度を調査したところ，日本では親密な関係（親と青年期の子ども，親友，きょうだいなど），疎遠な関係（同僚，上司と部下，隣人など），夫婦関係（夫と妻）の3つが類似度の高い関係として抽出され，夫婦関係のみが感情や愛情の表出が許される特別なルールをもつ関係として認識されていた。イギリスでは親密な関係と疎遠な関係，イタリアでは非常に親密な関係，職業上の関係，やや親密な関係にわかれ，ルールの類似度による分類には文化差が認められた。

　これらのルールは，ある関係では適用され，またある関係では適用されない。生まれ育った文化圏内においても，世代，または性別によってそのルールは異なると考えられる。つまり，我々は相手によって適用するルールが異なることを知らず知らずのうちに学習し，さまざまな関係性を構築しているのである。そして，これらのルールには2つの大きな機能が存在するといわれている。1つは，人間関係を壊す原因となる行動を最小限に留めるための機能であり，2つ目は，報酬の交換についての機能である。前者は関係維持を目的とするのに対し，後者は関係維持への動機を促進する機能をもつ。

　上述の4カ国における共通ルールには，争いを起こさないための機能が含まれると推測され，これらの行動を規定し，規制することによって人間関係を維持できるのだろう。ここに，親密な関係どうしでの報酬を交換するルールが適用されれば，人はその関係性を維持したいと望むはずである。例えば，友人から悩みを打ち明けられれば，相手から信用されていると感じることで自尊心が高まり，そして自らも自己開示を行なうのである。このやり取りは自己開示の返報性とよばれ，友人間で報酬の交換を行なっていることを示す（6章の自己開示も参照）。しかし，これらの人間関係のルー

ルは特に記述されているわけではない。そのため，青年期までに習得しておかないと，その後，人間関係に疲弊してしまいかねない。家族内で培ったルールが，そのまま家庭外での他者にあてはまるとはいい難いからである。

以上のことから，人間関係を構築・維持していく上でルールを十分理解することが必要である。その場や関係性に応じたルールに則り，適切な行動をとることで，争いを避け，報酬を得ることができるのである。

2節 自己呈示

人との社会的相互作用において，我々は他者にどのような印象をもってもらいたいのかに注意を払うものである。就職面接では服装と髪型を整えて真面目で社会性があることを示し，自分が興味をもつ他者にはその人に好まれそうな自分の長所を知ってもらいたいだろう。自室に引きこもる若者も社会や家族との触れ合いを避けることによって，間接的にではあるが自分の抱える不安や不満を他者に知ってもらいたいのだろう。このように人から特定の印象をもってもらうための手がかり（行動，言動，態度など）をあらわにし，相手を誘導する手法を自己呈示（self-presentation）という。これは，自分が望ましいと思う印象を他者に抱いてもらうために意図的に呈示情報を調整する行為ともいえる（小口，1990）。この調整機能は，すでにある印象を修正したり，維持したりするためにも用いられる。私はいつも「素の自分」を出しているので自己呈示のような意図的な行為は行なっていないと思う人でも，その「素の自分」ととらえる人物像で人とかかわることで，「私は隠し事のない人間である」ことを伝え，そのような印象をもってもらいたいと考えていると理解できる。また，初対面の相手にはとりあえず謙虚におとなしくするといった自己呈示は，日本文化において社会性があることを示し，状況にうまく対応できるため最適な呈示スタイルといえる。

安藤（1994）によると，自己呈示には3つの機能があるという。それらは①報酬の獲得と損失の回避，②自尊心の高揚と維持，③アイデンティティの確立である。特に①報酬の獲得と損失の回避については，人間関係のルールにおける機能としてすでに取りあげたが，自己呈示においても同様に重要なキーワードと考えられる。新しいクラスでの初登校日や異動先での初出社日など，今後一定期間をともに過ごす初対面の他者に適切な印象をもってもらえれば，その後あらゆる報酬を獲得することができる可能性が生まれる。例えば，自分の趣味（映画鑑賞）や過去の経験（運動部所属など）を伝えることで自らの嗜好性を周知させることができ，しいては同じ嗜好をもった人が興味をもってくれる可能性が高まる。また，その場に適切な態度で自己呈示ができれば，他者から軽く見られたり，ぞんざいに扱われたりすることを避けることができ，損失の回避につながるのである。つまり，最初に効果的な自己呈示を行なうことが，

おのずと自分と興味・関心が類似した友人・知人を見つけ出すことができ，クラス内や部署内でのヒエラルキーにおいて安定した位置を獲得することに寄与するのである。

また，タイス（Tice, 1992）は，我々がプライベートで行なう行動よりも人目につく形での行動の方が自己概念に与える影響が大きいと述べている。自己呈示によって行なう行為は，他者に特定の印象をもたせる意図があるにもかかわらず，自己知識として取り込まれるからである。さらに，行動によっては若者には共感をもたれても年長者からは呆れられる可能性があり，自己呈示の対象となる他者によってもたれる印象が異なることを理解しておく必要がある。つまり，相手の立場や状況によって行動内容を柔軟に調整することが求められるのである。

では，具体的に自己呈示とはどういった行動を指すのであろうか。テダスキーとノーマン（Tedeschi & Norman, 1985）は自己呈示を戦略的か戦術的か，防衛的か主張的かという2次元に分類した（図5-1）。戦術的自己呈示は，特定の対人場面における一時的な行為であり，戦略的自己呈示は多くの場面においてこうした戦術を組み合わせ，長期にわたって特定の印象を与えようとする方略である。また，防衛的自己呈示は他者からの否定的印象を避けたり，これ以上自分のイメージを傷つけないようにしたりするための行為であり，主張的自己呈示は特定の印象を他者に与えることを目的にして積極的に自らの行動を組み立てる行為である。ここでは，いくつかの主要な手法を取りあげてみていこう。

	〈戦術的〉	〈戦略的〉
〈防衛的〉	弁解 正当化 セルフ・ハンディキャッピング 謝罪 社会志向的行動	アルコール依存症 薬物乱用 恐怖症 心気症 精神病 学習性無力感
〈主張的〉	取り入り 威嚇 自己宣伝 示範 哀願 称賛付与 価値高揚	魅力 尊敬 威信 地位 信憑性 信頼性

図5-1　自己呈示行動の分類（Tedeschi & Norman, 1985：安藤，1994より）

① 「弁解」と「正当化」：弁解は「自分」と「自分が行なった悪い行為」との結びつきを弱めようとする試み（偶然や事故として責任を回避）である。正当化は，少なくとも部分的には自分に責任があることを認めた上で，失敗を正当化し，その行為が自分の統制範囲を超えていたことを主張する試みである。

② 「取り入り」：主張的戦術の中でもっとも重要度が高く，相手から行為を引き出すための行動であり，具体的にはお世辞，同調，親切行為などが含まれる（安藤，1991）。取り入り行動がわざとらしすぎる場合には失敗に終わる危険性があるが，一般的に人は好かれたい欲求があるため，成功しやすい行為といえる（Brown, 1998）。

③ 「哀願」：相手に自己の否定的な印象（弱い，劣っているなど）をもってもらい，相手からの情けや同情，期待値の低下を求める行動である。典型的には弱さを示す女性とその弱さをかわいいと思い，手助けをする男性の関係性においてみられる援助の授受が該当する。また，男性の場合，上司や先輩などへの哀願行為によって職場でかわいがられる傾向もあることから女性特有の行為でもない。また，自分は「人見知り」や「シャイ」であると呈示することによって，積極的に会話しなくてもよい，受け身でいられるといった呈示行動は特に日本人にとっては一般的なのかもしれない。昨今の若者にみられる挑戦をする前に「(したことがないので) できない」と主張する傾向は，そう呈示することによって己が失敗する可能性を避けることが期待できるからだと考えられる。しかし，その代償として，哀願行動が繰り返されるとその内容が自己概念に刷り込まれ，自尊心が低下する可能性も示唆されている（安藤，1991）。また，哀願することが基本姿勢である他者に対しては，誰かが継続して援助を与える役割を担うため，両者の関係が対等にはなり難く，他者の一方的な負担増により関係継続が困難になることが考えられる。短期的な報酬のための自己呈示では，中・長期的な報酬を逃してしまうリスクが付きまとうことを理解しておく必要があるだろう。

3節　攻　撃

1. 攻撃とは

攻撃は，「他者に危害を加えようとする意図的行動」（大渕，1993）と定義されている。重要なのは，意図された行動という点であり，身体的苦痛が与えられた場合でも，医師による治療であれば，故意に危害を加えようとしたわけではないため，攻撃とはみなされない。また，実際には危害が生じなくても，危害を加えようとした場合には攻撃とみなされる。

2. 攻撃に関する3つの視点

攻撃性の本質については，これまでの先行研究により3つの考え方からとらえることができる（図5-2）。

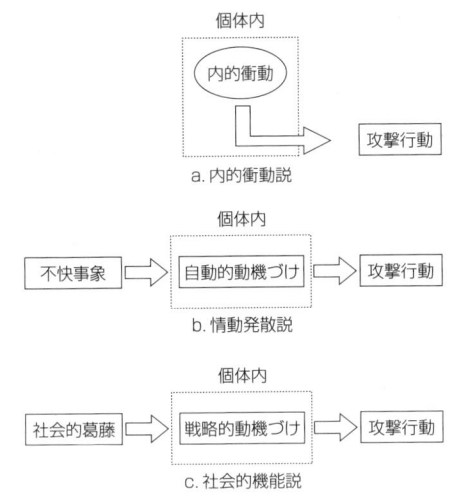

図5-2 攻撃性に関する3つの考え方（大渕，2000を改変）

（1）内的衝動説

内的衝動説の特徴は，攻撃のための心的エネルギーが個体の中に存在していると考えることであり，本能論とよばれている。精神分析の創始者であるフロイト（Freud, 1933）と動物行動学者のローレンツ（Lorenz, 1963）がこの立場をとっている。

フロイトは，ヒトには死の本能（タナトス）があるため，その破壊衝動が自己に向かわないように，外部に向かって発散し続けなければならず，そのために攻撃行動が存在し，戦争や抗争をなくすことができないと述べている。

動物行動学者のローレンツも，攻撃衝動が個体の内部に存在していると考えた。ローレンツは，食欲や性欲と同様に，攻撃が抑えられているとしだいに内的衝動が高まっていくと考えた。ただし，ローレンツはフロイトが攻撃を破壊的衝動ととらえたのとは異なり，攻撃が種の維持と進化のために機能していると主張し，外的刺激によって攻撃が誘発されたり抑制されたりするとも述べている。

（2）情動発散説

情動発散説は，欲求不満―攻撃説（Dollardら，1939）に代表されるように，攻撃が不快な感情の発散であるとみなすものである。行動の遂行を妨害されるなど，外部からの影響で欲求不満状態になると攻撃的な動機づけが喚起されると考える。ただし，欲求不満を攻撃行動で解決させるわけではなく，欲求不満により生じた不快感情を発散させることが目的であるため，欲求不満の発生とは関連のない第三者への八つ当たりも発生するとしている。

また，バーコウイッツ（Berkowitz, 1998）は，認知的新連合モデルを考案した（図

5-3)。不快な感情が生じると，それに結びついている攻撃的な記憶や自動的な反応スクリプトが活性化される。そのため，否定的な出来事が発生し，不快な感情が生起すると，記憶や反応スクリプトに沿った攻撃行動がとられやすくなると考えている。

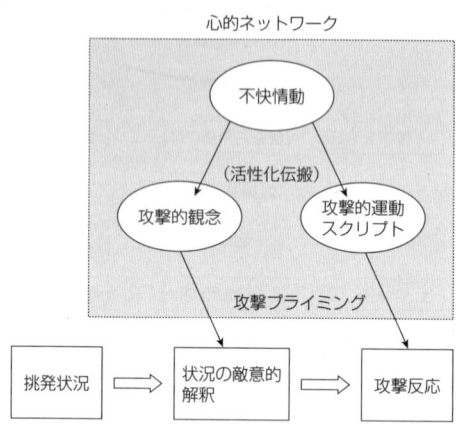

図5-3 バーコウイッツの認知的新連合モデル
(Berkowitz, 1998; 大渕, 2000)

（3）社会的機能説

　社会的機能説は，攻撃行動が目的達成の手段として用いられることを強調する見方である。バンデューラ（Bandura, 1973）は，攻撃行動を規定するのは外的な事象であり，攻撃行動が有効であるという経験をすると，類似した状況で攻撃しやすくなると考えている。また，ファーガソンとルール（Ferguson & Rule, 1983）およびテダスキー（Tedeschi, 1983）は，攻撃行動が葛藤状況に対する対処行動の1つであると考えており，不公平な状態が生じた場合には，攻撃により不公平を解消しようとしたり，相手をコントロールしようとする場合があるとしている。さらに，この場合の攻撃には「怒り」などの不快な情動は必ずしも必要なく，冷静な攻撃も存在するとしている。

3．攻撃の学習

　学習理論の研究者は，攻撃行動の発生に内的な衝動は仮定せず，環境中の誘発刺激や強化因子により，攻撃行動が生じるとして研究している。つまり，攻撃により自分の要求をかなえることができた成功経験をすることで，ますます攻撃的になると考えている。パターソンら（Patterson et al., 1967）は，特に幼児の場合には，攻撃的な方法をとると高い割合で成果が得られるため，攻撃的な子どもはより攻撃的になる傾向があるとしている。

　バンデューラら（Bandura et al., 1963）は，攻撃行動をとる大人のモデル人物を3

～6歳の幼児に見せた後で欲求不満状態にすると，モデルの行動を模倣して攻撃的になるかどうかを実験的に検討した。実験では，空気の入った1.5メートルほどの身長のビニール製人形を大人（モデル）が殴ったり蹴ったりするようすを直接見せる条件，同じ状況を映像で見せる条件，アニメーションの主人公のネコが攻撃している映像を見せる条件，何も見せない統制条件の4つの条件を設定した。そして，いずれか1つの状況を幼児に経験させた後，遊びたい玩具で遊ばせないことで欲求不満状態にさせ，ビニール製人形のある部屋へ連れて行った。そうしたところ，統制条件と比べて他の3条件の攻撃行動の出現頻度が約2倍高くなった。また，8～9割の幼児が攻撃行動を模倣するようになったため，幼児の性格にほぼかかわりなく模倣学習が起きると解釈されている。

4．社会的状況と攻撃

ジンバルド（Zimbardo, 1970）は，「個人の匿名性が保たれ，名前や身分が他者に確認されない，没個性化状態では通常抑圧されている反社会的行動が起こりやすくなるのではないか」という仮説を設定し，実験を行なった。女子大学生が4人1組で「見知らぬ人への共感的反応」を名目とした実験に参加した。没個性化条件の学生は，「表情が反応に影響を与えないように」という名目で大きめの実験着を着て，フードをかぶった。確認可能条件の学生は，名前を呼ばれ，大きな名札を付け，実験者からは「自分で独自に反応するように」と教示された。参加者は他の女子学生のインタビューを聞いた後，その学生（学習者）の学習に関する実験で教師役をするように依頼された。最初のインタビューにおいて，学習者が「あたたかい望ましい人」か「偏見をもつ望ましくない人」かのいずれかの印象を教師役の参加者にもたせるように操作した。教師役は2人1組で，学習者が課題を間違えたときに罰の電気ショックを与えなければならなかった。じつは学習者の学生は実験者の協力者で，課題を20回，間違えることになっていた。また，実際には電気ショックは与えられなかったが，参加者が電気ショックのボタンを押したことがわかるようになっており，電気ショックを受けているふりをした。

結果として，女子学生たちは，20回中平均17回電気ショックボタンを押した。また，没個性化条件と確認可能条件の間で，電気ショックボタンを押した回数に差はなかった。しかし，電気ショックボタンを押している時間に関しては，没個性化条件の学生は確認可能条件の学生より2倍近くの長さで押していた（図5-4）。しかも，没個性化状態で匿名性が高くなると，偏見をもつ望ましくない人のみならず，あたたかい望ましい人にも攻撃を行なってしまうことが明らかにされた。

5．暴力映像と攻撃

ヒュースマンら（Huesmann et al., 2003）は，6～10歳の子どもを対象にして暴

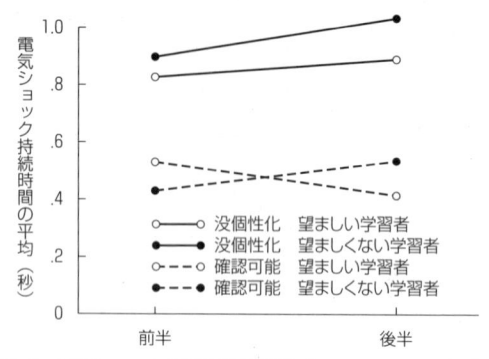

図5-4 電気ショックの平均持続時間（Zimbardo, 1970を改変）

力的なテレビ番組の視聴時間を調査し，15年後の攻撃性の高さとの関連性を分析した。表5-3は，現在の「一般的攻撃性」「激しい身体的攻撃性」「弱めの身体的攻撃性」「言語的攻撃性」「間接的攻撃性」「MMPI性格検査の攻撃的性格」の自己評定ならびにMMPI性格検査以外の攻撃性に関する他者評定と子ども時代の「暴力的テレビ番組の視聴量」「テレビ番組の暴力に関する知覚された現実感」「攻撃的な女性キャラクターとの同一視の程度」「攻撃的な男性キャラクターとの同一視の程度」の間で関連性を検討した結果である。子ども時代の暴力的なテレビ番組の視聴量と15年後の攻撃性の総合得点，身体的攻撃性，間接的攻撃性（女性のみ）との間には有意な正の相関関係があった。また，子ども時代の他の測定指標との間にも15年後の攻撃性との間に正の相関関係がある部分がみられた。つまり，子ども時代に暴力的なテレビ番組を見る機会が多いほど大人になっても攻撃性が高く，攻撃性が低下することはなかったといえる。

表5-3 子ども時代の暴力的TV番組の見方と15年後（大人時代）の攻撃性との関連性（相関係数）（Huesmann et al., 2003を改変）

子ども時代のTV	大人時代の攻撃性全体		大人時代の身体的攻撃性		大人時代の間接的攻撃性	
	男性	女性	男性	女性	男性	女性
暴力的TV番組の視聴量	.22**	.19**	.17**	.15**	.03	.20**
知覚されたTVの暴力のリアリティー	.22*	.25**	.14†	.14†	.05	.28**
攻撃的な女性キャラクターとの同一視	.15†	.23**	.05	.09	.01	.19**
攻撃的な男性キャラクターとの同一視	.29***	.22**	.14†	.12	.05	.22**

注）男性：$n=153$　女性：$n=176$.　†$p<.10$.　*$p<.05$.　**$p<.01$.　***$p<.001$.

4節 援助行動

1．援助行動とは

　援助行動とは，自らの力では克服できそうもないような困難な状態（さまざまな危険とか欠乏の状態も含めて）に陥ったり，あるいは，そのまま放っておけばそのような状態に陥ってしまいそうな人に対して，その状態を避けたり，そこから抜け出したりすることができるように，多少の損失（経済的負担，身体的苦痛や損傷，社会的非難や冷笑など）を蒙ることは覚悟の上で力を貸す行為（中村，1987）と定義されている。つまり，結果として相手を助けることができなかったとしても，助けることを意図した行動であれば「援助行動」と定義されている。

　援助行動に関する研究が盛んに行なわれるようになったきっかけは，1964年3月の深夜にニューヨークで発生した殺人事件であった。この事件では，深夜に帰宅途中の女性，キャサリン・ジェノヴィーズ（通称：キティー）が刃物で殺害された。後の調査で，このとき異変に気づいていた周囲の住民は38人おり，キティの最初の悲鳴を聞いてすぐに警察への通報をした人もいたことが判明している（Manning et al., 2007）。しかし，マスコミは，住民による警察への通報が遅れたためにキティが殺されてしまったとして，住民の冷淡さを記事にした。社会心理学者のラタネ（Latané, B.）とダーリー（Darley, J.M.）は，警察への通報をしなかった住民たちが本当に冷淡だったのかを調べるために，援助行動に関する一連の実験的研究を始めたのである。なお，マニングら（Manning et al., 2007）は，キティ殺人事件に関する当初のマスコミ報道に複数の事実誤認が存在したことを明らかにしている。

2．援助行動の生起に影響する要因

（1）援助行動に及ぼす援助者側の要因

　性別では，援助コストが小さければ女性の方が援助しやすく（松井，1981），居住地域に関しては，都市部に住んでいる人は，郊外に住んでいる人よりも積極的には援助しない（松井，1991）。また，年齢により援助にかかわる規範意識が異なる（箱井・高木，1987）ことが判明している。

　性格に関しては，他者の気持ちに共感しやすい人は一般的に援助しやすい（松井，1981; Mehrabian & Epstein, 1972）。ただし，男子非行少年の場合，情緒的共感性は親しい人への援助には結びつくが，親しくない人への援助には結びつきにくい（清水ら，2002）ことが明らかにされている。

　気分に関しては，気分がよくなると他者に親切になる（松井・堀，1976）ことが明らかにされており，香りのない場所よりもパンの焼ける心地よい香りのする店の前で

【コラム】5-1：ラタネとダーリーの実験

図5-5は，他の部屋で病気の発作を起こした人に対する援助を分析するためにダーリーとラタネが行なった実験（Darley & Latané, 1968）の手続きである。グループの大きさ別に3条件が設定された。この実験に参加した大学生は，実験者から「ストレスの多い都市環境で暮らす大学生がどのような個人的問題を経験しているのかを話し合ってください」と言われた。また，個人的な問題を話し合う気まずさがあるため，討論には実験者が立ち会わないうえ，実験参加者は対面せずに個室に入り，2分ごとに1人だけが話せるように切り替わるマイクを通して順番に話し，他の参加者の発言はヘッドホンから聞くように説明された。

じつは，最後に順番が回ってくる真の実験参加者以外の参加者の発言は，テープレコーダーにあらかじめ録音されていたものであった。しかし，真の実験参加者は，他の個室に実際に参加者がいて発言をしていると思わされていた。

最初に参加者Aの発言が聞こえてきた。Aは，ニューヨーク市と勉学への適応に苦労していることや，勉強中や試験を受けているときに発作を起こしやすいことを発言した。真の参加者の順番は他の参加者の発言の最後で，2分間の発言が終わると再び最初の参加者Aが発言する番になった。Aは平静に話してから声を大きくして以下のように話した。「僕は，僕は…ううう…ちょっと誰か…えええ…困ったことが…ちょっと…誰か…ここから…あああ…ここから出して…えええ…出してくれたら…あああ…ほ，発作なんだ…誰か…ここから…本当に助かる…誰か…ううう…死ぬ…死にそうだ…助け…えええ…発作…」。この発作が起きているときにはA以外のマイクのスイッチは切れているため，参加者どうしで話し合うことができず（実際には他の参加者はいない），実験者もこの状況を知らない

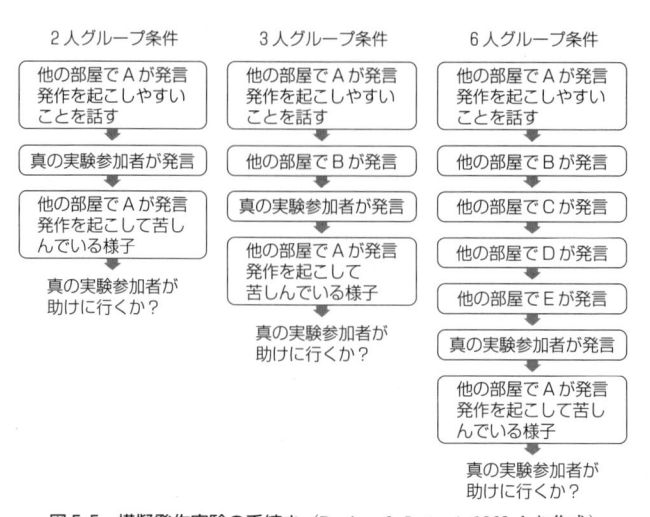

2人グループ条件	3人グループ条件	6人グループ条件
他の部屋でAが発言 発作を起こしやすいことを話す	他の部屋でAが発言 発作を起こしやすいことを話す	他の部屋でAが発言 発作を起こしやすいことを話す
真の実験参加者が発言	他の部屋でBが発言	他の部屋でBが発言
他の部屋でAが発言 発作を起こして苦しんでいる様子	真の実験参加者が発言	他の部屋でCが発言
真の実験参加者が助けに行くか？	他の部屋でAが発言 発作を起こして苦しんでいる様子	他の部屋でDが発言
	真の実験参加者が助けに行くか？	他の部屋でEが発言
		真の実験参加者が発言
		他の部屋でAが発言 発作を起こして苦しんでいる様子
		真の実験参加者が助けに行くか？

図5-5 模擬発作実験の手続き（Darley & Latané, 1968 より作成）

ことになっていた（実験者に援助する責任が集中しないように）。しかし，実験者は実際にはこの状況をモニターしていて，Aが話し始めてから真の参加者が個室を出る（報告する）までの時間を測定した。実験助手は，真の参加者が部屋を出たときか，部屋を出ることなく6分が経過したときに実験の真の目的を説明し，参加者の情緒反応をなだめた。

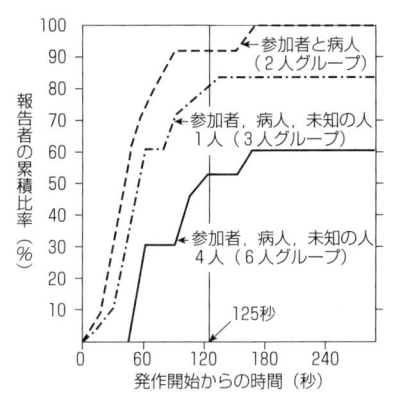

図5-6 報告者の累積比率（Latané & Darley, 1970を改変）

注）自分だけ，自分以外に1人，自分以外に4人が発作の声を聞いたと思った場合の報告者の累積比率（125秒でマイクのスイッチが切れた）

　結果は図5-6のように，2人グループ条件で報告までの時間が最も短く，報告率も高かった。反対に6人グループ条件で報告までの時間が最も長く，報告率は少なかった。つまり，自分以外にも緊急事態に気づいていて援助できる人がいると思うと，自分が援助しなければならない責任を軽く判断し，援助が抑制されやすいが，自分以外に援助できる人がいないと考えられる場合には，援助が抑制されにくいのである。

援助が促進されている（Baron, 1997）。しかし，否定的な気分の影響に関しては明確な知見が得られていない（清水，1994）。

　時間の余裕に関しては，時間的余裕がない場合は，援助行動が生じにくい。例えば，学生の教室移動に時間的余裕がない場合には，余裕がある場合よりも，移動途中の建物の玄関に倒れている人に声をかける人の割合が減少した（Darley & Batson, 1973）。

（2）援助行動に及ぼす被援助者側の要因

　性別に関しては，男性よりも女性の方が援助されやすく，図書館で離席中に本を持って行かれた場合，犯人を教えてもらえる割合が多かった（Howard & Crono, 1974）。

　外見に関しては，きちんとした服装の人の方がだらしない服装の人よりも援助されやすい（Graf & Riddell, 1972）。また，地下鉄車内で倒れた人を援助する場合，血を吐いているとき（実際には演劇用の血糊で実験した）には吐いていないときよりも援助されにくかった（Piliavin & Piliavin, 1972）。これは，生理的覚醒（驚きや興奮）が

高まりすぎたために援助が抑制されたと解釈されている。
（3）援助行動に及ぼす状況要因
　援助を必要とする事態であるか否かが曖昧な場合には，周囲に傍観者が存在することにより，緊急事態ではないと解釈されて（傍観者効果）援助が抑制されやすい（Latané & Darley, 1968）。また，援助が必要な緊急事態に自分以外の他者も存在すると，自分しかいない場合よりも援助が抑制されやすい（Darley & Latané, 1968）。
　周囲の騒音に関しては，騒音が大きくなると，腕にギプスをしている人が本を落としてもギプスに気づきにくくなり，本を拾ってもらえなくなる（Mathews & Canon, 1975）。また，交差点で待っている人に時間を尋ねたときに相手が「時計を持っていない」と言った場合，交通量の多い交差点ほど近くの人が時間を教えてくれにくくなる（中村, 1982）。

3．援助行動の生起過程に関するモデル

　ラタネとダーリー（Latané & Darley, 1975）は，一連の実験結果から，図 5-7 の認知的判断モデルを考案した。このモデルでは，①異変に気づき，注意を向けること（大きな騒音があったり，周囲に多くの人がいるような場合に，異変に気づかないと援助できない），②異変が緊急事態であると判断されること（病人が倒れていても，「酔っ払いが寝ているだけ」と判断してしまうと援助できない），③自分に助ける責任があると判断すること（周囲に他の人がいると，「自分だけが助けなければならないわけではない」というように援助に関する責任分散が起きて，援助できない），④援助方法の決定（自分に危険がある場合には直接的介入ではなく，警察や消防に援助を依頼するなど，間接的な介入方法になる）の 4 段階を経て援助行動が実行されると考えられている。ただし，緊急事態においては，恐怖や不安などに基づく強い情動反応

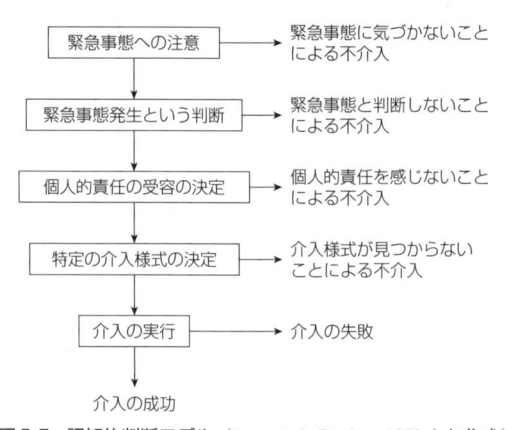

図 5-7　認知的判断モデル（Latané & Darley, 1970 より作成）

が生じ，常に冷静な意思決定ができるとは限らないため，感情による影響を組み入れる必要性がある（Piliavin et al., 1981; 竹村・高木，1988）と指摘されている。その後の多数の援助行動研究の結果を踏まえて，わが国においても，松井（1989）や高木（1997）など，詳細な検討に基づく意思決定モデルが発表されている。

5節 囚人のジレンマ

ある日，2人のこそ泥が逮捕された。この2人の囚人（正確には容疑者）は共犯関係にある。しかも，この2人は他にも強盗事件を起こしている。しかし，物証がなくこのままでは起訴ができない状態である。この例のように，もし2人で罪を犯し，逮捕されて検察官から自白を強要された場合，あなたならどうするだろうか。コミュニケーションがとれない場合，相手に対する信頼がなくなりやすく，やがては，2人の関係が埋没してしまうことが実験で明らかにされている。これが囚人のジレンマ（prisoner's dilemma）である。以下に詳細に見ていこう。

ジレンマ状態とは次のようなものである。2人とも黙秘すれば重要犯罪が立件できず，別件の軽い刑ですむ（懲役3年）。2人とも自白すれば重要犯罪の重い刑になる（10年）。しかし1人だけが黙秘すると，自白した者は軽い刑ですむが（1年），黙秘した者はもっと重い刑となる（15年）。自分にとって最もよいのは，自分が自白し相手が黙秘する場合で，1年の刑ですむ。しかし相手は黙秘するだろうか。もし相手も自白すれば10年の刑である。

2人の囚人の観点に立って上記の囚人が陥るジレンマを簡略化したものが，図5-8である。図のプレイヤーA，プレイヤーBとは，2人の囚人を意味する。自分で方法

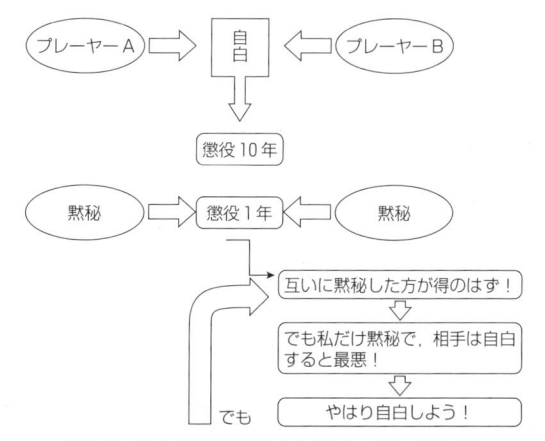

図5-8　囚人が陥るジレンマ（清水，2007を改変）

を選択することができる主体であり，これをプレイヤーという。そして，その行動，目的実現の一連の行動計画を戦略，さらにその結果を評価をしたものを利得という。

お互いの選択肢を考慮に入れつつ，どう戦略を立てればよいのだろうか。相手がいる場合，自分自身の意思決定だけではなく，お互いの戦略の影響を考える必要がある。こうした場合，支配戦略を探すとよいだろう。支配戦略を探すときには，自分の戦略どうしの利得を比較すればよい。

まず，Aの立場に身を置き，取り得る戦略を考えてみよう。Bが黙秘したとき，Aも黙秘する場合と自白する場合とで利得を比較すれば，自白をしたほうが利得は大きくなる。次に，Bが自白した場合を考えてみよう。この場合，Bの利得は大きいことがわかる。すなわち，自白戦略が黙秘戦略を支配していることになり，プレイヤーAは自白戦略を取るべきことがわかる。

一方，Bの立場から見てみると，状況はAと同じである。つまり，囚人のジレンマでは，A，Bとも自白戦略を取るだろうと推察できる。これが囚人ジレンマの解となる。

もし，両者が黙秘戦略をとれば，その利得は，両者が自白したより大きくなることになる。なぜ，合理的に判断したほうが，利得が少ないのだろう。あるいはまた，自白より黙秘を選ぶべきだろうか。黙秘の場合，相手が裏切って自白してしまったら，自分は最悪の利得になってしまう。この黙秘と自白の板挟み（ジレンマ）が囚人を苦しめるのである。

囚人のジレンマ・ゲームでは，2人のプレイヤーが協力して報酬を得る共栄関係を形成することも可能である。また，一方が相手を裏切る，または出し抜こうとする競争的選択をすることによって格差関係に陥ったり，両者がそうすることによって共貧関係にも陥ることになる。こうした状況の中で，我々はどのように行動を交換していくのであろうか。より具体的には，協力的な関係が形成可能な状況で，なぜ競争的な行動を選択するのかといったことが問題となってくる。

また，こうしたジレンマ状況は，対人関係に限らずみることができる。たとえば，有力2社の価格設定状況などにもあてはまる。「両社が適切な価格を設定している」ということを両社が裏切ってしまうと経営の行き詰まりという状況に陥る。価格カルテルを結んだほうが得であるが，それは違法であり，お互いに相談はできない。協力すればお互いに得をし，裏切ればお互いに損をする。一方が協力して他方が裏切れば，裏切り者は大きな得をして，お人よしは大きな損をする。企業と囚人と異なるのは，企業は，毎日繰り返して同じ相手とこのジレンマに直面しているという点である。

また，協調を継続させることで両者の関係を維持させ，お互いの利得を守っていく，すなわち長期の協調関係を保とうとする事例もある。たとえば，公共工事において違法な談合という協調行動が後を絶たない。談合により自分たちの利益を確保できる。また，談合破りには仲間からの制裁があるから談合はなくならないのだとわかる。近

い地域を通っているJRと私鉄は，競争と協調をバランスよくといったインセンティブが働く。両者が裏切りの価格競争に走れば，お互いの利潤を圧迫してしまうだろう。

以上のような事例の観察から，長期の関係づくりができるかどうかが協調戦略をとらせるかどうかの鍵になることがわかる。同様に，長い間継続して交流したいと願う友人関係，長い間の婚姻生活を協力して継続しようとする夫婦もいかに相手と協調していくかが問われるだろう。また，我々の周りの対人関係をそのような協調をしていくべき相手なのかそうでないのかについて自らの対人関係を再検討してみるのもよいかもしれない。

6節 電子メディアと対人関係

情報化や通信機器の進展は加速度を増し，パソコンや携帯電話本体の小型軽量化，性能の向上が進んでいる。かつては女子高校生に人気のあったポケベルは姿を消し，その後，携帯電話・PHSへと移行した。総務省報道資料（平成22年5月28日付）によると，平成22年度3月末時点での携帯電話・PHSの人口普及率は91%に達しており，今や人々が携帯電話を使っている姿は日常的な光景となっている。

1．対人ネットワークの変化

このような社会では，いったいどのような対人ネットワークが形成されているのであろうか。従来の対人ネットワークは，面と向かって行なうコミュニケーション形態（FtF: Face to Face）が中心であった。しかし，情報化が進む今日では，従来型ネットワークに加えて，インターネット，電子メールによる電子的な対人ネットワークも形成されている。このようなネットワークは，対面式ではなくコンピュータや携帯電話などを介したコミュニケーションという意味でCMC（Computer-Mediated Communication）とよばれている。

2．CMCによる対人関係の特徴

では，対人関係のコミュニケーション過程で果たす情報機器の役割が大きくなったことにより，対人関係にどのような影響が生じているのであろうか。CMCを用いる対人関係には，いつでも，どこでも好きな時に連絡ができるといった利便性，携帯性，時間・空間の共有性や，匿名性，対人関係の親密化と希薄化，疎外感，管理・拘束性，平等性，依存障害などといったポジティブな側面とネガティブな側面の両方が見出されている。

ネット上では匿名性が高く，無責任な発言も少なくない。中には自らの情報を偽る人もいる。個人情報を自らが操作して嘘をついたり，他人になりすましたりすること

も容易にでき，ネット犯罪にいたるケースもある。どれくらいの人が，自分自身に関する何を偽って伝えた経験をもっているのだろうか。例えば，ある調査では，チャットルームの利用者80名を対象にサイバースペースと現実スペース上で，関心，年齢，経歴，身体的特徴，その他において，嘘をついたことがあるかを調べている（Cornwell & Lundgren, 2001）。その研究結果からは，嘘自体の出現割合は低いのであるが，年齢と身体的特徴に関する内容に有意な差異が認められている（図5-9）。自分をよく見せたいという自己呈示のあらわれであり，匿名性の高いサイバースペースにおける方が嘘をつきやすいようである。

電子メールやインターネット上への書き込みなどは，FtFコミュニケーションでは表出できないような本心，抑制されていた自己の側面を表出しやすいという側面が指摘されている（Mckenna et al., 2002）。このような自己呈示がポジティブな効果として作用すれば対人関係の親密化が増すことになろう。

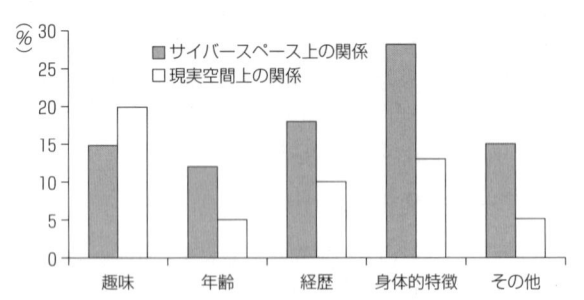

図5-9 サイバースペース上の関係と現実空間関係における嘘の差異（Cornwell & Lundgren, 2001 より作成）

また，高校生を対象に携帯メールの利用効果を調べた調査結果では，メールを活用するようになって，「親しい友人との関係が強くなった」「友人を身近に感じるようになった」と感じる高校生が7割以上を占め，「親しい友人だけで集まることが増えた」と感じる高校生は6割以上を占めていた（小林ら, 2005）。このように，携帯メールの利用は，親しい関係が強化され，あまり親しくない関係は縮小されていくという選択的対人関係が進む可能性も指摘されている。

3．CMCを介した対人関係の維持・発展

CMCにおける対人関係構築過程では，各段階で活用される電子メディアなどが異なっていることが想定できよう。確かにネット上のみの関係や電子メールのみの関係もあるが，最初はインターネット上への書き込みや他者からの電子メールを通した紹介などCMCによる間接的な接触段階から始まり，直接電話で通話し，直接対面による相互作用へと発展していくパターンも多いと考えられる。このような過程において，

特にメールによる文字情報のみを中心にしている場合には，意思疎通がうまくいかず誤解を招くことも少なくない。携帯メールにおける特に短い表現でのやりとりは，その速度ともあいまってこちらの意図どおりに伝わらないこともある。クルーガーら（Kruger et al., 2005）は，FtFよりも電子メールによるコミュニケーションでは送信者の感情が正確に受信者に受け取られるとは限らないことを示唆している。FtFコミュニケーション時のように表情，声のトーンなど非言語的な情報があれば，それをもとに文脈を総合的に解釈できよう。しかし，それらの情報がなければ，メール本文から判断するため，ネガティブな表現はいっそうネガティブに，ポジティブな表現はいっそうポジティブに受け止めやすくなる可能性がある。今日では，電子メールに絵文字やイラスト，動画などを使って自己表現している若者も多い。自分と相手に非言語情報の伝達・解読スキルがあり，絵文字が両者に共通情報として伝えられているのであれば，このようなメールの文字情報から受ける誤解を回避して，対人関係の維持・発展を促す有効な方法の1つと考えられる。

◆さらなる勉強のために
◇土田昭司（編） 2001 対人行動の社会心理学 北大路書房
　対人行動や対人関係における心理全般の概説書である。本章だけでなく，3章で取りあげた自己や5章で取りあげた対人魅力についても述べられている。
◇高木修（著） 1998 人を助ける心 援助行動の社会心理学 サイエンス社
◇大渕憲一（著） 1993 人を傷つける心—攻撃性の社会心理学 サイエンス社
　それぞれ，援助と攻撃に関する重要で基本的な内容が包括的にわかりやすく書かれている。

6章 対人関係の心理

　我々は日々人と接して生きている。どうしてある人のことは好きになるけど，ある人のことは好きにならないのであろうか。どういう人と知り合い，友達になり，また恋人になるのであろうか。また，せっかく形成された友人関係・恋愛関係はどのように終わっていくのであろうか。本章では，対人関係の始まりからその深まり，維持および崩壊にいたるまでの諸特徴について考えていく。

1節　関係が始まる

　初めて会った人（見た人）をどのように認知するのであろうか。他者の情動を正確に認知できているのであろうか。まずは，この点を考え，その後，どのような人に魅力を感じ，関係が始まるのかを記す。我々が見ず知らずの他者と出会ってまず注目するのは，表情や見た目である。表情から読み取れる情動（明らかに嫌がられていないかどうか）および見た目の良さが重要となる。

1．情動認知の正確さ

　情動の認知がどれだけ正確になされるかは重要である。というのは，他者が怒っているときに近づいていっても，その人に相手にしてもらえる可能性は低いからである。実際，マンダルとメイトラ（Mandal & Maitra, 1985）は，女性は幸せあるいは悲しみの表情を浮かべた人を見ると近づき，男性は悲しそうな人よりも幸せそうな人により近づくことを明らかにしている。また，男女ともに恐れの表情をした人を見ると距離を保つことも明らかにしている。

　他者の情動認知に関する心理学的研究の端緒を与えたのは，『人及び動物の情動について』を著わしたダーウィン（Darwin, 1872）である。ただし，ダーウィンは，ヒトという種と他の生物種の進化論的な連続性を示す証拠として表情の近似性に注目している。その後，情動の認知がどれだけ正確になされるかを問題とする研究が数多くなされた。

　ここで，シュロスバーグ（Schlosberg, 1952）の研究を紹介しておこう。彼は，演劇をしている人に頼んで，いろいろな情動を表出した顔面表情を写真にとり，大学生に

判断させた。その結果を図6-1に示した。顔面から認知される情動は快―不快，拒否―注目の2次元上に並べることができ，1つ以上隔たったカテゴリー間ではほとんど間違うことはなかったが，隣接するカテゴリー間ではしばしば取り違いが生じ，さらに，愛・喜び・幸福といった同一カテゴリー内の区別となると，偶然的にしかできないことが明らかとなった。ただし，日常的には，スナップ写真のような固定した顔面表情だけを手がかりにすることはめったになく，場面の全体的状況や時間的経過の文脈の中で行なわれるので，顔写真による研究結果よりも正確になされる傾向がある。

図6-1 写真による顔面表情の判断の関連性 (Schlosberg, 1952)

なお，エクマン（Ekman, P.）はパプアニューギニアの部族民などを調査し，孤立し石器時代の文化で暮らす人々も，他の異なる文化の人の表情を写した写真から情動を正しく読み取れることを明らかにした。このことにより，全人類に普遍的であり，生物学的基盤をもつ基本的情動として，怒り，嫌悪，恐れ，幸福感，悲しみ，驚きの6つがあると結論づけている（例えば，Ekman & Friesen, 1975 参照）。

2．印象形成

我々は初めて会った他者に対して，あるいは実際に会わなくてもその人物の風評を耳にするだけで，かなりはっきりしたパーソナリティの認知をすることがある。このような比較的限られた情報に基づくパーソナリティの認知を印象形成という。

(1) ステレオタイプ化

他者はさまざまである。こうした複雑な他者に接して，戸惑いなく安定した認知を得るために，人は何らかの形で他者を類型的に把握しようとする認知様式を発展させている。つまり，外見的特徴（容貌，体型，服装など），デモグラフィックな情報（年齢，性別，職業，階層など）によって他者を分類し，あるカテゴリーに属する人々に共通のパーソナリティ特性を帰属させようとするのである。このことをステレオタイ

プ化という。例えば、「太っている人は鈍感である」などと結びつけるのである。

ステレオタイプは能率的な対人認知を可能にしてくれる。しかし、個人差を無視して人びとをカテゴリー化することになるので、認知に誤りがつきまとうことにならざるを得ない。さらに、他の人びとのもつステレオタイプを無批判に受け入れたりして、事実に根ざさない要素をもつ危険性があるので注意を要する。また、あるステレオタイプをいったん身につけると、それはなかなか消滅しない。ステレオタイプに基づく期待（予期）が立証されること自体、心理的に快であるために、期待に合致するような事実のみに注意が集中し、その他の事実は無視されるか、ゆがめられるかして受け取られやすいからである。

(2) 自己達成的予言

対面的な状況での対人認知では、認知者は相手からみれば被認知者となる。互いに相手に対して印象を形成する場合、客観的にみて、はじめは間違った印象を形成したとしても、それがやがて的中するようになってくることがある。このような現象を自己達成的予言という。自己達成的予言はさまざまな対人関係において生じ得る。例えば、教師の児童・生徒に対する期待効果はピグマリオン効果（Pygmalion effect）として知られている。また、心理学実験においても見られ、実験者効果と言われる。実験者が「こういう結果になって欲しい」といった願望を抱いて実験を行なうことにより、知らず知らずのうちに実験参加者の行動（あるいは反応）に影響を及ぼしてしまうのである。

3．対人魅力

我々はどういう人を好きになるのであろうか。これまでに、対人魅力についての研究が多くのことを明らかにしてきた。例えば、他者を好きになる要因として、空間的近接性、身体的魅力、態度の類似性、他者からの評価などである。これらの規定要因の中で、最初に大きな影響をもちうるのは、空間的近接性と身体的魅力である。空間的近接性の要因がなければそもそも出会わないし、出会った際にもっと話したいと思うかどうかは、見た目が良いかどうか（身体的魅力）だからである。ともかく話してみないと（話そうと思わないと）態度の類似性などの要因は役に立たないのである。そこで、空間的近接性と身体的魅力の要因について以下に記す。

(1) 空間的近接性

幼稚園・保育園や小学校の低学年のころ、どういう人と仲が良かったであろうか。おそらく、家が近所とかクラスが同じとか、席が隣どうしの人であったろう。また、大きくなってからでも、例えば高校に入学し、ほとんど知り合いのいないクラスに入ったとき、どういう人と仲良くなったであろうか。おそらく、席が近い人であっただろう。このように、空間的近接性の要因は、発達段階の低いときや集団形成の初期段階において有効である。発達段階が低いときには、空間的近接性がなくなったとき、

すなわちクラスがかわったとか，家が引っ越したときには関係そのものがなくなる場合も多い。では，発達段階が進むとどうであろうか。空間的近接性の要因は知り合うきっかけとして重要なままであるが，関係が深くなるかどうかは，空間的近接性の要因よりもその後の相互作用によって明らかになる態度の類似性や人格的な共鳴などの要因の方が大きな影響を及ぼすようになる。

ここで，物理的距離の要因が関係形成に大きな影響を及ぼすことを明らかにしたフェスティンガーら（Festinger et al., 1950）の研究をみておこう。彼らは，既婚学生用のアパートに住む主婦を対象に研究を行なった。そのアパートの部屋は，専攻やクラスに関係なく，大学当局によって割り当てられている。アパートは各階が5戸で2階建てのものが17棟からなっている。入居後約6か月経過した段階でソシオメトリック調査が実施された。

結果を表6-1に示した。各階5戸なので，隣どうしの物理的距離を1とすると，最大距離は4となる。明らかに，物理的距離が遠い部屋の住人よりも近い住人の方が多く選択されていることがわかる。

表6-1　物理的距離と友人としての選択の関係
(Festinger et al., 1950)

物理的距離の近さの単位	選択実数(A)	可能な選択数（理論数）(B)	(A)/(B)
1	112	8×2×17	0.412
2	46	6×2×17	0.225
3	22	4×2×17	0.162
4	7	2×2×17	0.103

注）各階の可能な選択数は，例えば，物理的距離の近さが1（隣同士）の場合は，1－2－2－2－1の8となる。そして，各棟2階建てで17棟あるので，表のような理論値となる。

この結果は，ティボーとケリー（Thibaut & Kelley, 1959）の社会的交換理論から説明される。彼らの理論では，対人関係を報酬，コスト，アウトカム（成果）で説明する。報酬（reward）とは，その関係において何らかの意味で欲求の充足や価値の実現をもたらすものをいい，コスト（cost）とは関係をもつために失われる時間，労力，精神的エネルギーをいう。アウトカム（outcome）は，「報酬－コスト」と計算される。そして，相互作用は，アウトカムを最大にするように，すなわちお互いに報酬を大きくし，コストを小さくする方向に展開するというのである。単純な引き算であるので，同じ報酬が得られるのであればコストが小さい方がアウトカムが大きくなるし，コストが同じであれば報酬が大きい方がアウトカムが大きくなるという関係にある。

フェスティンガーらの研究結果に当てはめてみると，友人関係というものから同じ報酬が得られるのであれば，物理的距離が近い方がコストがかからずアウトカムが結果的に大きくなるというわけである（なお，日本のアパートを想像して，たいした距離ではないと思ってしまってはいけない）。

この理論でいけば，恋愛関係から同じ報酬が得られるのであれば，会うのに時間や金銭のコストがかかる遠距離恋愛は近くに恋愛対象がいる者よりもアウトカムが小さくなってしまうので続かないと予測されることになる。ただし，何をどれくらいの報酬と評価し，何をどれくらいのコストと評価するのかには個人差があるので，すぐに関係が終わるというわけではないのも事実である。客観的に見れば明らかにコストと思われるものであっても，当事者（惚れた者）から見れば報酬ともなることもあるからである。

　フェスティンガーらの研究は，ザイアンス（Zajonc, 1968）のいう単純接触説（mere exposure effect）からも説明が可能である。単純接触説とは，接触して単に見慣れるだけで，親しみをおぼえ，魅力が増すという説である。アパートの部屋が近いと言うことは，それだけ顔を合わせる機会が多いので，見慣れて親しみを覚えるというわけである。

（2）身体的魅力

　我々は見た目の良い人に惹かれる。ここで，ウォルスターら（Walster et al., 1966）の研究を紹介しておこう。この研究では，新入生歓迎のイベントとして，2時間半にわたるダンス・パーティーが開催された。事前にパーティー参加券を販売する際に，年齢，身長，人種，宗教，学力検査やいろいろな問題に対する態度調査を実施した。さらに，参加券を購入しにやって来た大学生が上述の質問項目に回答している間に，4人の大学生がそれぞれの学生の「見た目」を評定した。パーティー当日，参加者には「先日回答してもらった内容をコンピュータで相性診断をしたところ，あなたとあなたは相性が良いという結果になりました」といってペアにするのである。実際は，男性の方が身長が高くなるようにしてランダムに組み合わせただけである。

　パーティー終了後，相手ともう一度会いたいか（デートしたいか）をたずねた。結果によると，知能や性格ではなく，身体的魅力度（見た目の良さ）だけが好意（もう一度デートしたい）と関係していた。身体的魅力度と好意の関係の結果を表6-2に示した。表から明らかなように，自分の身体的魅力がどのレベルにあっても，身体的に魅力のある相手とペアにされると，もう一度デートしたいと答える割合が高いのである。

表6-2　相手と再びデートしたいと答えた学生の割合（％）
（Walster et al., 1966）

			相手の身体的魅力度		
			低	中	高
本人の身体的魅力度	男	低	41	53	80
		中	30	50	78
		高	4	37	58
	女	低	53	56	92
		中	35	69	71
		低	27	27	68

身体的に魅力的な人はどうして好かれるのであろうか。第一に，見た目の良い人こそ愛すべきであるということを学習しているからである。映画でもテレビでも愛される人は見た目の良い人である。見た目の良い人が好かれるというのは，4～6歳児においても見出されることが明らかにされている（Dion & Berscheid, 1974）。また，身体的魅力によって子どもの同じいたずらでも大人の対応が異なる（Dion, 1972）ことや大学生のレポートの評価が異なる（Landy & Sigall, 1974）ことが明らかにされている。

　第二に，身体的魅力の高い人と一緒にいることは，他者に対する威光となるからである。見た目の良い人と知り合いである（一緒にいる）というだけで，その人が好意的に判断されるのである。あなたもかっこいい人，きれいな人といる相手のことを良いように思ったことがあるだろう。これをシゴールとランディ（Sigall & Landy, 1973）は，放散効果（radiating effect）と命名している。

　第三に，身体的魅力の高い人は，その他にも良い属性（例えば，明るい性格等）をもっているというステレオタイプがあるからである。他者がある側面で望ましい（もしくは望ましくない）特徴をもっていると，その評価を当該人物に対する全体的評価にまで広げてしまう傾向があるという後光効果（ハロー効果）ともいえる。好きな人はすべて良いように見えるというのである。あばたがえくぼに見えるわけである。

　なお，ウォルスターらの研究結果は，相手の意向をまったく考慮していないからとも言える。相手から拒否される可能性を考慮すると，自分と身体的魅力度の似た人を好きになる，つりい合い仮説（matching hypothesis）が成り立つということが明らかにされている（Murstein, 1972）。実際のところ，街中を歩いていて出会うカップルを観察してもうなずけるであろう。

2節　関係を深め，維持する

　関係を深め，維持するには，どうすればよいのだろうか。何が必要なのであろうか。この点については，ソーシャルスキルの研究が有用である。また，関係を深めるためのソーシャルスキルに含まれると考えて良いが，関係を深めるには，自己開示が重要となる。そこで，これらについて記していく。

1．ソーシャルスキル

　ソーシャルスキルとは，「相手から肯定的な反応をもらうことができ，相手の否定的な反応を避けることのできるようなスキル」（菊池, 1988）をいう。ただし，ある特定のスキルに限定し，例えば主張性，EQ（emotional intelligence quotient），および恋愛関係に限った異性関係スキル（堀毛, 1994）などもある。

　表6-3に，菊池（1988）によるソーシャルスキル尺度（KISS-18）を示した。それ

それの項目に,「いつもそうだ」と思う場合は5点,「たいていそうだ」と思う場合は4点,「どちらともいえない」と思う場合は3点,「たいていそうでない」と思う場合は2点,「いつもそうでない」と思う場合は1点とし,18項目の合計得点を出してもらいたい。

表6-3 ソーシャルスキル尺度（KISS-18）（菊池, 1988）

1. 他人と話していて, あまり会話が途切れないほうですか。
2. 他人にしてもらいたいことを, うまく指示することができますか。
3. 他人を助けることを, 上手にやれますか。
4. 相手が怒っているときに, うまくなだめることができますか。
5. 知らない人とでも, すぐに会話が始められますか。
6. まわりの人たちとの間でトラブルが起きても, それを上手に処理できますか。
7. こわさや恐ろしさを感じたときに, それをうまく処理できますか。
8. 気まずいことがあった相手と, 上手に和解できますか。
9. 仕事をするときに, 何をどうやったらよいか決められますか。
10. 他人が話しているところに, 気軽に参加できますか。
11. 相手から非難されたときにも, それをうまく片付けることができますか。
12. 仕事の上で, どこに問題があるかすぐに見つけることができますか。
13. 自分の感情や気持ちを, 素直に表現できますか。
14. あちこちから矛盾した話が伝わってきても, うまく処理できますか。
15. 初対面の人に, 自己紹介が上手にできますか。
16. 何か失敗したときに, すぐに謝ることができますか。
17. まわりの人たちが自分とは違った考えをしていても, うまくやっていけますか。
18. 仕事の目標を立てるのに, あまり困難を感じないほうですか。

注）回答の仕方および得点の算出方法は, 本文中を参照。

あなたの得点はどうであったろうか。菊池（1988）による大学生の結果は, 男性の平均が56.40点, 標準偏差が9.64, 女性の平均が58.35点, 標準偏差が9.02であった。したがって, 男性の場合, 37～75点, 女性の場合, 40～76点の間にほとんどの人（95％）が入ることになる。この範囲を越えた高得点者は, かなりソーシャルスキルにすぐれる一方, この範囲を下回った低得点者は, かなりソーシャルスキルに劣るといえる。

　対人関係においては, 不一致とか対立とかが生ずることは避けられない。そうした問題が発生したときに, それをうまく処理できるかどうかが, 関係を維持できるかどうかに大きくかかわる。対人関係には, 不一致への耐性, 一致・和解への問題処理能力（妥協, 交渉）, 対人関係を促進させる方略（自己開示, 迎合反応）などが必要となる。こういったスキルにすぐれている者は, 円滑な対人関係を持続・発展させることができる。ここで, こういったソーシャルスキルの観点から説明できるミラーとマルヤマ（Miller & Maruyama, 1976）の研究を紹介しておこう。彼らは, きょうだい内での出生順位と仲間内での人気度を調べている。結果によると（図6-2）, 出生順位が下の子ほど仲間からの人気が高かった。これは, 出生順位が下の子ほど（この年代では数年違うだけで, 体格などが大きく異なるため）, 上の子からの強圧的な支配を受

けがちである。下の子は，そういった中で，忍耐，妥協，和解等の友人関係でも必要なソーシャルスキルを身につけてきたために，仲間内でも人気者となっていると考えられる。青年心理学の父といわれるホール（Hall, S.）が「ひとりっ子というだけで，それは1つの病気である」と言ったのも，きょうだい関係において有用なソーシャルスキルが獲得されないからであろう。関係維持のためにソーシャルスキルは重要なのである。

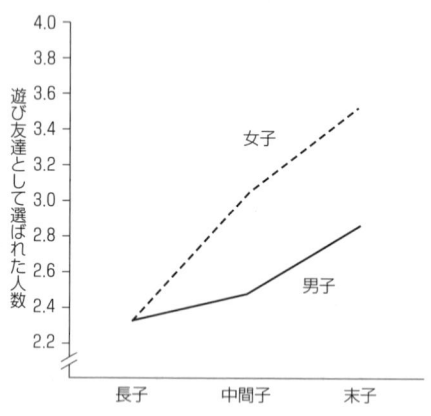

図6-2　性別の出生順位による仲間からの人気度
(Miller & Maruyama, 1976)

2. 自己開示

　対人関係が親密になるには，お互いに自分がどのようなことを考えているのか，自分自身をどう思っているのかを他者に伝える必要がある。相手がどのような人間かがわからなくては，今以上に近づいて良いのかどうかの判断ができないからである。このように，自己を他者に開示することを自己開示という。自己開示を初めて体系的に扱ったのはジュラード（Jourard, 1971）である。彼は，自己開示を「他者が知覚しうるように自分自身を露わにする行為」と定義している。

　この自己開示には，対人関係の発展・持続に重要な意義をもっている。アルトマンとテイラー（Altman & Taylor, 1973）は，対人関係は徐々に深くなっていくという親密化のプロセスを説明する社会的浸透理論（social penetration theory）を提出している（図6-3）。社会的浸透プロセスは，自己開示の交換，非言語的コミュニケーション，物理的環境の利用，対人認知を含んでおり，それらが異なる親密性のレベルにおいて同時に進行していく過程であるという。

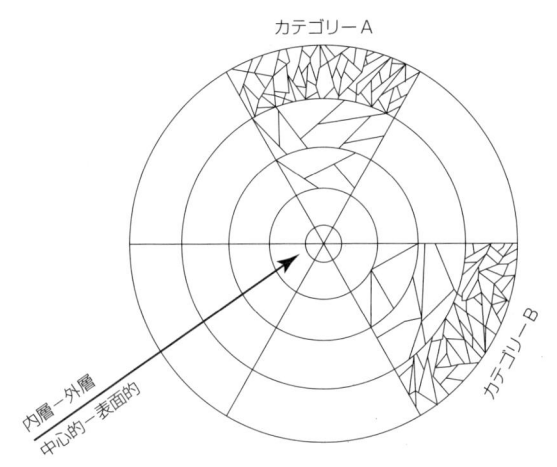

図 6-3 社会的浸透理論において想定される人格構造（Altman & Taylor, 1973）

　対人関係の発展プロセスは，ふだんは他者の目に触れにくいパーソナリティ内層の情報が「浸透圧」によって露呈されていくプロセスだというわけである。したがって，人々が対人的相互作用を持続させたり関係を維持させるにつれて，彼らは互いのパーソナリティの深層領域へと移行していくことになる。この際に，自己開示が重要な役割を果たしている。開示しない限り，内層の情報を得られないからである。

　また，関係を深めるために一方的に深い（内面の）自己開示をするだけでは関係が深くなることはない。むしろ，「何でそこまで話すの？　おかしいんじゃない」と思われるのが落ちである。自己開示には返報性（reciprocity）が大事なのである。つまり，自己開示の受け手が同じ程度の「親密性」をもった自己開示情報を送り手に返す必要がある。それらが繰り返されて，徐々に深い内面的な内容を交換できる（共有できる）ようになるのである。

　ただし，自己開示の返報性は対人関係の親密性の段階によって，異なる様相をみせることも明らかとなっている（Altman, 1973）。表面的な話題に関しては，対人関係の初期の段階で自己開示の返報性が生じやすいが，その後はこの傾向は弱まる。一方，内面的な話題に関しては，関係発展の過渡期において自己開示の返報性が生じやすく，その前後にはこの傾向が弱まる（図6-4）。対人関係が発展する過渡期ではお互いの信頼を高め合う必要があるので内面的な自己開示を返報する傾向が強くなるが，非常に親密になった段階では，すでに信頼が確立されているため，特殊な場合を除いて自己開示が返報されることは少なくなるのである。

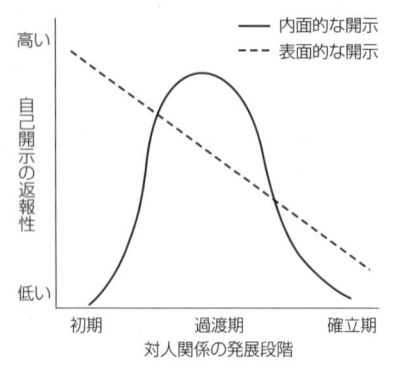

図 6-4　自己開示の返報性に関するモデル
（Altman, 1973）

　自己開示の返報性が生じる理由には，いくつかの説がある。例えば，相手からの自己開示を受けたとき，それは自分に対する信頼感や好意の表われとみなされ，その結果，相手に対しても信頼感や好意が増し，同じ程度の自己開示を返報するという好意性仮説がある。この説でいくと，同じレベルの自己開示をしないと「あなたと仲良くなりたいと思っていない」ということを伝えることにもなる。他には返報性の規範（我々の社会には相手から受けた恩恵や親愛の情に対して，それと同等の価値をもったものを「お返し」すべきであるという規範が存在し，この規範が自己開示にも適用されるというもの），モデリング仮説（人はどのようにふるまうべきかが曖昧な状況に置かれると，その手がかりを相手の行動の仕方に求めるので，相手の行動を模倣することで自己開示の返報性が生じるというもの）などがある。
　なお，好意性仮説や返報性規範を逆手にとって，たとえ他者が我々に個人的なことをあからさまにしたとしても，我々が（望めば）他者に個人的なことをあからさまにしないことによって関係を進展させることなく留めておくことができるし，さらにはあまりにも親密にならないようにタブー話題に触れたりして戦略的に用いられることもある。戦略的自己開示（Duck, 1998）である。なお，タブー話題とは，明らかにするには危険なものをいい，例えば相手の過去の関係，現在の我々の関係状態などが該当する（Baxter & Wilmot, 1985）。
　これまで述べてきたのは徐々に関係が深くなるという考えであった。一方で，ある2人が親しくなるかどうかは，その人たちが出会った直後に決定されてしまうという現象も明らかにされている。これを関係性の初期分化現象という。

3節　関係が終わる

　ここでは，関係が崩壊するプロセスについて考えていこう。対人関係において問題が生じ，その後の関係解消にいたるプロセスのモデルは，恋人どうしや結婚した夫婦の別れの研究で主に検討されてきた。しかし，恋愛関係以外の対人関係にも参考となるであろう。

1．関係崩壊の徴候

　親しい関係が崩壊する前には，さまざまな徴候がある。例えば，ヴォーン（Vaughan, 1986）は，離別もしくは離婚した人からデータを収集し，関係解消に予測可能な段階が存在するという証拠を見いだしている。「カップルでなくなること」には，次の段階を含むという。

①関係の少なくとも1つの領域において「秘密」ができる，もしくは率直なコミュニケーションが崩壊する。
②不満の表示。関係を終わらせようとする人が，以前にはポジティブな関係であった1つ，もしくはそれ以上の側面についてネガティブに定義し始めるようになる。
③関係を終わらせようとする人が「パートナー」としての役割から，「独立した人間」という，より曖昧な役割へと移行するようになる。ここでは，彼／彼女が見捨てようとしていることは隠そうと試みる。

　また，離婚過程に関する調査結果をもとに，親密な関係において不満が生じる主要な過程を3つの段階に分けたケイザー（Kayser, 1994）の研究がある（表6-4）。第一の段階が「期待はずれ」である。関係修復のための問題や行動についての責任を考えるのと同時に，怒りや傷つきを伴う。続く第二の段階が「期待はずれと愛想尽かし」である。ここでは，第一段階での考え，気持ち，行動が強まる。最後の段階がカップルの両方，もしくは片方が完全に愛想を尽かした状態になり，望みもなく，関係終結を計画し，それを実行する段階である。なお，被調査者が関係の中で直面した重大な問題の最上位には，パートナーによる支配，親密な行動の不足，他のネガティブな特性（不忠），過剰な依存，何かを与えることができないことがあげられている（Kayser, 1994）。

表6-4 親しい関係の愛想尽かしの段階(Kayser, 1994)

段階1：期待はずれ（disappointment）
感情：怒り，傷つき，前提となるものが粉々に壊れた（shattered assumptions）
思考：相手の誤りについての認識を深める；誰に問題の責任があるのか？
行動：一方的な問題解決の試み，相手を喜ばせようとすることも含むことがある；回避的で受動的な対処（例えば，沈黙）が用いられることがある

段階2：期待はずれ（disappointment）と愛想尽かし
感情：激しい怒りや痛み（pain）
思考：相手のネガティブな特性を相手のパターンとみなす；留まるのか去るのかのジレンマに直面する
行動：引き続き問題解決への試みを行う；相手との対峙（confrontation of partner）；物理的，感情的に引き下がる

段階3：完全な愛想尽かしにいたる（reaching disaffection）
感情：怒り，無関心，無気力
思考：関係終結の計画をたてる；相手のネガティブな性質に焦点をあてる
行動：関係解消への行動；関わりを断つのを助けるよう助言することもありうる

出典：Harvey, 2002；和田・増田，2003，p.71.

このように，関係崩壊が始まると，同じものがまったく違うものにみえてくるのである。これまではポジティブにみえていたものがネガティブにみえてくるというわけである。例えば，友達もしくは恋人の動作が遅いとしよう。同じ行動にもかかわらず，以前は「おちついている」「慎重」とみえていたのが，「のろま」「にぶい」とみえてくるのである。こうなったら，もうおしまいである。「あばたはえくぼではなく，やはり，あばただった」と思うようになったわけである。

2．関係崩壊のプロセス・モデル

関係のきわめて初期から終結までの一連の相互作用の段階と，それらの段階に応じた典型的な会話パターンを仮定したナップ（Knapp, 1984）のモデルや，関係解消をもたらす要因を「黙示録における4人の騎士」になぞらえてモデル化したゴットマン（Gottman, 1994）などがある。ここでは，ダック（Duck, 2007）のモデルを紹介しておこう（図6-5）。ダックのモデルは，1982年にはじめて提示され，その後何度か改訂されてきた。

第1の段階は「関係衰退の段階」である。この段階では，関係に不満をもち始め，どうしたら関係がうまくいくのだろうかと思い悩み始める。

第2の段階が「内的取り組みの段階」である。この段階では，関係やパートナーについてじっくり考える。パートナーの欠点であったり，関係を維持していくためのコストや代替関係の可能性などを考える。ただし，この段階ではパートナーには何も話さない。不満を日記に書いたり，自分がパートナーに不満を抱いているということを伝えることはないだろうと思う比較的匿名の他者（バーの給仕人，美容師，バスで隣り合わせた見ず知らずの乗客）に話したりする。まだ，この段階では，パートナーや

3節 関係が終わる

```
┌─────────────────────────────────────────┐
│ 関係衰退：関係への不満                  │
└─────────────────────────────────────────┘
     ↓ もうこれ以上耐えられない。
┌─────────────────────────────────────────┐
│ 内的取り組み段階                        │
│ ・対人的に引きこもる；思い巡らす；憤る  │
│ ・パートナーの'欠点'及び関係コストについて考え込む。│
│ ・現在の関係以外のあり得る選択肢を再評価する。│
└─────────────────────────────────────────┘
     ↓ 関係をやめるのはもっともなことだと正当化する。
┌─────────────────────────────────────────┐
│ 関係的段階                              │
│ ・不満についての話し合い，パートナーと費やした多くの時間，'ふるまい'についての話し合い │
│ ・'自分たちの関係'つまり，関係における成果の衡平性，役割について話し合う │
│ ・目標達成の可能性と関係へのコミットメントの再査定 │
└─────────────────────────────────────────┘
     ↓ 本気だ。
┌─────────────────────────────────────────┐
│ 社会的段階                              │
│ ・公にする；アドバイザー／サポートを求める；第三者と話す │
│   パートナーを侮辱する；アカウントを与える；スケープゴート；連合形成 │
│ ・'社会的コミットメント'，結合を強める二者関係外の力 │
└─────────────────────────────────────────┘
     ↓ もう避けられない。
┌─────────────────────────────────────────┐
│ 思い出の埋葬段階                        │
│ ・思い出を整理する；関係史を作成する。  │
│ ・別の聞き手のために物語を準備する。    │
│ ・面子を保つ。                          │
└─────────────────────────────────────────┘
     ↓ 新しい生活を始める時だ。
┌─────────────────────────────────────────┐
│ 復活の段階                              │
│ ・自身の社会的価値の意味を回復させる。  │
│ ・将来の関係から何を逃れさせ／何を避けるべきかを限定する。│
│ ・様々な種類の将来の関係準備をする。    │
│ ・過去の関係生活を再構成する：'私は何を学んだか，そして物事はどのように異なるだろうか' │
└─────────────────────────────────────────┘
```

図6-5　パーソナル関係崩壊の主要段階のスケッチ（Duck, 2007）

関係に対する満足度を高めようとしたり，パートナーの行動を調整することも目指している。

　人はしばしばパートナーに話すことなく，あるいは関係からの退場についてまともに取り組むことなく，関係から去ってしまうこともある。しかし，結婚のようなフォーマルなパートナーの場合は，パートナーに立ち向かうこととなる。この段階が，「関係的段階」である。現在の自分たちの関係についてどう思っているのかについて話し合い，今後どうするのかについて決定する段階である。お互いの不平，不満をぶつけ合う段階である。

　2人で話し合った結果，別れは避けられないと判断した場合，「社会的段階」へと移る。自分たちの決定について，他者にも伝えることとなる。この段階では，自分たちの決定について同意する，あるいは我々がしてきたことを支持し，支えてくれる人

を求める。第三者が重要な役割を果たすことになる。

その後,「思い出の埋葬段階」へと移行する。関係終結は「良かったんだ,好ましかったんだ」と思い,葬り去らなければならない段階である。この段階では,人はパートナーについての見方を戦略的に再解釈する。例えば,「わくわくした」を「とても予測できない」に,「非常に信頼できる」から「うんざりさせる」へとである。同じ特徴なのに,現在の自分の気持ちに合うように異なったラベルが与えられるのである。

関係から抜け出す際には,我々は面子を失わないようにし,将来の関係が妨害されないようにしなければならない。つまり,将来の関係形成のために,損なわれていない「社会的信用」をもって関係から離れなければならない。また,新しい関係を始めるためには,関係崩壊を完全に終結させるために,忘れるための(あきらめるための)アカウント(account)も必要となる。

こうして,最終段階の「再生の段階」にいたる。新しい関係を準備し,再び歩み出すのである。

3. 関係崩壊からの立ち直り

我々は,関係崩壊にどのように反応し,そしてどのように立ち直るのであろうか。ここでは,ハーベイ(Harvey, 1995)のモデルを紹介しておこう。ちょうど,ダックのモデルの「思い出の埋葬段階」と「再生の段階」に相当する(ただし,ハーベイのモデルは死別などによる関係喪失も含む)。

重大な関係崩壊(喪失)への典型的な初期反応は,ショック,麻痺の感覚,嘆き,喪失を否定したり,喪失のことばかり考えることである。この初期反応の期間は何日か,何週間か,あるいは何か月間か続く。次に,イメージと思考の侵入段階がやってくる。ふとしたことで,喪失した関係が思い出されるのである。

その次の段階は,喪失と向き合う段階である。重大な喪失についてのアカウントをふくらませることと,喪失について親しい他者に打ち明ける(告白)ことの2つが効果的である。アカウントとは人々の人生の重要な側面(大きな喪失や成功など)について人々が作る物語である。我々はみな理解を必要とする大きな出来事があればその数だけアカウントを抱えている。長年にわたってそうしたアカウントを続けていても,その理解が完全になるわけではない。しかし,重要なのは,問題(例えば,なぜ愛する人があなたと別れることを決めたか)に立ち向かうという行動をとっていることである。すなわち,反省,分析,イメージの中の移動など,この過程によって情緒的な変化をもたらすことが可能になるのである。

もう1つが告白である。人々は自分の見方を確保するために一番親しい友人に自分のアカウントの一部を伝えたり,ある見方で自分を示したり,単純に経験を分かち合ったりする。告白を含む社会的相互作用過程は話された内容が何であれ癒しの過程になり得る。もし生涯にわたって秘密を打ち明けられる親友がいなければ,人々の心は

大きな喪失があったときに非常にもろくなる。

アカウントが終わり，悲嘆の終焉が訪れたとき，新しい自己の感覚が湧き起こる。ハーベイのモデルでは，これをアイデンティティ変容の段階としている。我々は悲嘆を完全に終わりにすることはできない。我々は再び問題に対処しなければならないことを知りながら，やっとの思いで進むことのできる実際的な，しかし非常に貴重な地点へたどり着くのである。

なお，すべての人が提示された各段階を経るわけでも，提示された順序に必ず従うわけでもない。また，見捨てた人と見捨てられた人で異なるのも明らかであろう。

4. 恋愛関係崩壊とその後の反応

最後に，わが国における親密な関係の崩壊に着目した研究を紹介しておこう。研究対象は，恋愛関係である。

(1) 恋愛関係崩壊時の対処行動

恋愛関係が崩壊しそうなときにどのような行動をとるのだろうか。和田 (2000) は，恋愛関係崩壊時の行動には3種類あることを明らかにしている。それらは，説得・話し合い行動（「相手を説得してみた」「納得のゆくまで話し合った」など），消極的受容行動（「自分の考えには反するが，相手の要求を受け入れた」「相手の気持ちを察して，それに沿うようにふるまった」など），回避・逃避行動（「問題を無視しようとした」「相手と会わないようにした」など）である。

どのくらい関係が進展した段階で関係が終わってしまったのかによって対処行動は異なる。和田 (2000) は，松井 (1990) が開発した尺度により崩壊時の恋愛関係進展度を測定して検討している。結果によると，恋愛がより進展した後で崩壊した方が説得・話し合い行動が多く（図6-6），女性のみであったが，回避・逃避行動をとらなか

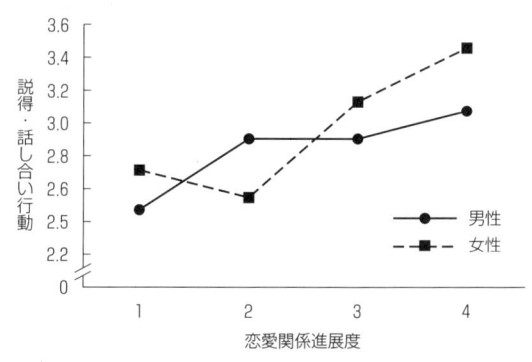

図6-6 恋愛関係崩壊時における説得・話し合い行動と性および関係進展度の関連（和田，2000）

った。これまで深くかかわったがゆえに，元の関係に戻そうとするのであろう。なお，消極的受容行動は，関係進展度による差はなく，性差のみがみられている。女性よりも男性の方が，自分が納得していなくても相手の考えを尊重して，別れを受け入れていたのである。これは，別れの主導権は女性が握っている（大坊，1988）ことによるのであろう。

また，恋愛関係崩壊の主導権がどちらにあったかによっても対処行動は異なる。和田ら（2008）がこの点を調べている。結果によると，話し合いの有無にかかわらず「ふった」場合よりも，「合意」もしくは話し合いの有無にかかわらず「ふられた」場合の方が消極的受容行動が多かった。また，「話し合いなしでふった」場合よりも「合意」もしくは「話し合い後ふられた」場合の方が回避・逃避行動が多かった。

（2）恋愛関係崩壊時の情動

恋愛関係が崩壊したとき，すなわち別れが訪れたとき，どのような情動反応が生じるのであろうか。別れが訪れたときの心理的反応を鳴島（1993）が調べている（飛田，1997による。以下も同様）。それによると，「相手がいなくなって悲しかった」（54.7％），「胸が締めつけられるようだった」（42.1％）といったネガティブな情動を強く引き起こすという。また，「今の自分では仕方がないと思った」（45.3％），「強く反省した」（44.3％）といった反省や自責の念ももたらされた（括弧内の％は「あった」と答えた者の割合）。

また，飛田（1997）は，鳴島（1993）のデータを再分析し，交際中の相手への愛情の程度と別れたときの心理的反応の関連を調べている。結果によると，別れが訪れたときに相手を愛していた者ほど，男性は「ネガティブな強い情動」や「否認」といった心理的反応が多く行なわれるのに対し，女性は「罪悪感」のような心理的反応が強く現われたという。

和田（2000）も恋愛関係がより進展した後で崩壊した方が崩壊後の苦悩が高いことを明らかにしている。また，関係崩壊の主導権との関連（和田ら，2008）によると，「話し合いなしでふった」場合よりも，「合意」もしくは話し合いの有無にかかわらず「ふられた」場合の方が苦悩が大きいことを見出している。

関係崩壊は，特にふられた方にとって非常に苦しいものだと言えよう。そこから，いかにうまく立ち直るかが重要となろう。

（3）関係崩壊後の心理的変化

最後に，恋愛関係崩壊がその後の心理にどのような影響を及ぼすのかをみておこう。和田ら（2008）は，宮下ら（1991）の尺度を用いて恋愛関係が解消した後にどのような気持ちになったかについてたずねている。「相手の気持ちや置かれている状況を考えるようになった」などの肯定的変化と「もう人を好きになれない」などの否定的変化からなる。

交際期間の長短による差異はなかったが，関係進展度がより高い段階で崩壊した場

合の方が肯定的変化が大きかった（図6-7）。否定的変化は，いずれの関係親密度指標による相違はなかった。

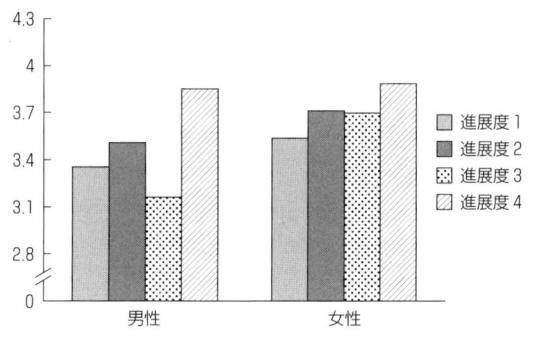

図6-7　性，関係進度別の肯定的変化（和田ら，2008）

　関係崩壊の主導権との関連によると，「話し合い後ふられた」場合の方が肯定的にしろ，否定的にしろ，変化得点が高くなっていた。おそらく，2人で話し合うことにより崩壊の原因を明確にすることができ，そのことが恋愛関係・対人関係の見方を肯定的であれ，否定的であれ，変化・成長させると言うことであろう。しかも，肯定的変化と否定的変化の間には有意な相関関係がみられないので，肯定的に変化する者と否定的に変化する者がいるということである。

　以上見てきたように，恋愛関係進展度，恋愛関係崩壊の主導権によって，恋愛関係崩壊時の対処行動，崩壊時の情動，および崩壊後の心理的変化が異なると言えよう。なお，紙幅の関係でここでは触れなかったが，(1)～(3)について，和田ら(2008)では関係崩壊の原因との関係も調べているので，興味をもたれた人は見て欲しい。

　恋愛関係の崩壊研究は，どうしても回想研究となってしまう。つまり，ふられた方はネガティブに歪めて認知・記憶している可能性が高い。こういった点を考慮しても，親密な関係の崩壊に着目した社会心理学的研究は重要である。シュプレッカーとフェー（Sprecher & Fehr, 1998）は，親密な関係の崩壊研究の注目点として，3つあげている。第一に何が関係を崩壊にいたらすのか（すなわち，なぜある関係は存続し，ある関係は終結を迎えるのか），第二に関係が崩壊にいたるプロセスはいかなるものか，第三に関係崩壊後，人はどのように反応し，対処するのか，である。今後のさらなる研究が必要である。

【コラム】6-1：関係の崩壊

関係が崩壊にいたるには崩壊について懸念することが媒介する。

関係崩壊懸念は，「コミットメント」と「別れ行動の決行」間の関連を媒介してより直接的な行動を起こす。しかも，コミットメントだけの影響以上に別れ行動の決行をより説明することが明らかとなっている（図6-8）。

なお，対象は大学生410名（男性175名，女性235名）であった。2回目の調査は約4か月後に実施された。その段階で関係が崩壊していたのは117名であった。

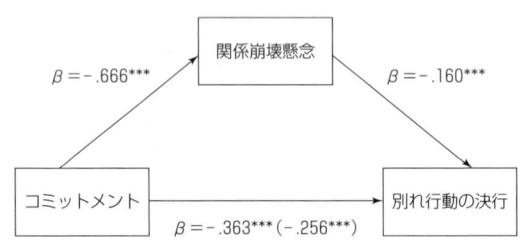

```
                        関係崩壊懸念
            β=-.666***           β=-.160***

         コミットメント  ─────────→  別れ行動の決行
                    β=-.363***(-.256***)
```

図6-8　関係崩壊懸念を媒介変数としたコミットメントと別れ行動決行の関連
（Vander Drift et al., 2009）

注）実験参加者の年齢，性，性指向，関係維持期間，同棲中か否か，そして，パートナーと100マイル（約160 km）以上離れているかどうかの影響をコントロールした結果である。

関係崩壊懸念（dissolution consideration）とは，自身の関係は損なわれていないのに，自身の関係が終結するのはどれくらい自分にとって明白に思える（salient）かを査定するものである。ヴァンダードリフトら（VanderDrift et al., 2009）が開発した関係崩壊懸念尺度と関係コミットメント項目を以下に示した。

◆関係崩壊懸念項目
1．我々の恋愛関係が終わることについて，ここのところ考え続けている。
2．私のパートナーと別れるべきという気持ちがますます思い浮かぶ。
3．私と私のパートナーは，これまでロマンチックにかかわっていたいと思っていなかったと思う。
4．私は我々の恋愛関係を終わりにしたいと，私のパートナーにほとんど話してきたようなものである。
5．私はパートナーとの関係を終わりにする，とパートナー以外の人に話したことがある。

◆関係コミットメント項目
1．私はパートナーとの関係を維持することに打ち込んでいる。
2．私は我々の関係が非常に長く続いて欲しいと思っている。
3．私はこの関係にとどまり続けようと思う。

4．私は私の関係の長期にわたる将来を見定めている（例えば，パートナーと今から何年も一緒にいることを想像している）。
5．私は我々の関係に愛情の絆で結びついている，すなわちパートナーと強くつながっていると感じる。

　ここでの別れ行動とは，決心（恋愛関係を終結させようと最初に決心したのはどちらか），示唆（恋愛関係を終結させることを最初に示唆したのはどちらか），開始（恋愛関係を終結させ始める何かをはじめに言った，もしくは何かをはじめに行なったのはどちらか）の3つの行動の有無の合計である。

◆さらなる勉強のために
◇スターンバーグ，R.J. & ヴァイス，K.　和田実・増田匡裕（訳）　2009　愛の心理学　北大路書房
　本章ではほとんど扱っていない愛（恋愛）を社会心理学がどのように研究しているかがわかる最新の本である。
◇ダック，S.　和田実（訳）　2000　コミュニケーションと人間関係　ナカニシヤ出版
　対人関係を網羅した本である。本書では扱っていない裁判における対人的影響も取りあげられている。本書は第3版の訳であるが，2007年に第4版が出版さている（訳本はない）。

7章 対人関係と健康・幸福

　もし，仲のよい友人からのメールの返事がこないとき，みなさんはどんな気持ちになるだろうか。「忙しいのだろうか？」「体調を崩したのだろうか？」あるいは，「何か不快にさせてしまったのだろうか？」などいろいろ思ってしまうだろう。一方，苦手な人からのメールが一日に何通も来たらどうだろうか。どちらもストレスであろう。

　本章では，「健康・幸福」の１つの重要な源泉として対人関係をとらえ，より良く生きるために意識すべきこと，またそれを阻害する数多の要因の理解とそれへの対応法を示したい。そのことを通じて，みなさんが今後の人生そして人間関係を築いていく上でのヒントをつかむことができるならば幸いである。

　まず，1節では，ストレスがもたらすものについて，2節では，ソーシャル・サポート，そして，ソーシャル・サポートはなぜ健康によいのかについて考えてみよう

1節　ストレスがもたらすもの

1．ストレスとは何か

　ストレス（stress）とは，セリエ（Selye, 1936）によれば，外から力を加えられたときに受ける身体の歪みを意味する。図7-1のように，柱が我々の身体（心も含めて）であるとしよう。その柱が歪んだ状態がストレスである。歪んだ柱の状態は「生体内に生じた歪み」を象徴している。

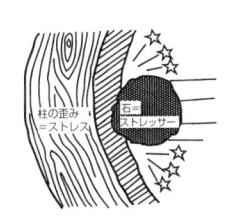

図7-1　ストレスとストレッサー
（河野・田中，1990）

ストレス (stress) とストレスの原因となるストレッサー (stressor) とは異なる概念である。例えば，いじめや人間関係など，ストレスとなる原因を「ストレッサー」とよび，外部からの刺激で動悸や胃の調子を悪くするなどの心身の反応を「ストレス反応」とよぶ。これを前図にあてはめると，柱にぶつかった石がストレッサーであり，歪んだ柱の状態がストレスである。そして具体的な反応がストレス反応である。ストレスに対する対処をコーピング (coping) という。嫌なことがあるとおいしいものを食べたり，買い物をしたり，カラオケで歌ったり，友人に悩みを聞いてもらったりする。これがコーピングである。ストレスへのコーピングが身体的健康の維持に寄与する。

また，ストレスと上手につき合うことをストレスマネジメントとよぶ。このストレスマネジメントにはさまざまな方法がある。リラクゼーション技法として自律訓練法と漸進的筋弛緩法などがある。つまり，我々は単に楽しいときだけでなく，緊張が解けたときあるいは緊張を紛らわそうとするときに笑う。緊張時のこわばった表情と笑っているときの弛緩状態とを繰り返し経験することによって，心身の緊張が解け，身体（自律神経系やホルモン，免疫など）が正常に機能するようになると考えられる（山田，2010）。

具体的なストレス反応を見てみよう。ストレスによる心身の変化には，上記に示した動悸，胃痛の他に，次のようなものがある。まず，身体症状としては，頭痛，下痢，便秘，吐き気，歯ぎしり，不眠，肩こり，じんましん，アトピー，ぜんそく，生理不順などがある。心の症状としては，イライラ，短気，不安，落ち込み，やる気がでない，集中できない，涙もろい，怒りなどがある。行動の症状として，けんか，さぼり，遅刻・早退，いじめ，不登校，乱暴，うそつき，びんぼうゆすり，チック，過食，などがある。

そして，何がストレスになるかは人によって違う。ストレスに対する耐性があるかどうかによっても，また，同じ人でもそのときの身体や心の状態によってストレスと評価するかどうかが異なる。外部から加わるストレスがその人にとって耐えられる限度を超えてしまうと，心や身体にサインが現われる。心と身体とは，密接につながりがある。ストレスに対処するためには，そのサインを早めに発見することが大切である。

ストレスという言葉は，もともとは工学用語として用いられていた。それを医学・生理学用語にしたのが，医師であり，生理学者であったセリエであった。セリエは，ウイーン生まれで，米国に留学し，その後カナダのマックギル大学で研究を始めた。プラハ大学の医学生であった18歳のときにストレスの概念がひらめいたという。

セリエが発表した学説は「ストレス学説」とよばれている。発表されたのは1936年なので，「ストレス」という言葉が使われ始めてから，70年以上になる。現在，セリエは，偉大な科学者として知られている。しかし，そのセリエが「ストレス学説」

を発表したとき，彼はまだ若き研究者であり，「ストレス学説」の着想のヒントを得たのは，もっと若く彼が医学生になったばかりのときのことだった。医学も心理学も知らない18歳の青年の素朴な疑問が，ストレス学説を生みだしたのである。それでは，セリエが抱いた素朴な疑問とはどのようなものだったのだろうか。セリエは，医学生としての初めての臨床講座で，教授について患者を見て回っているときに「どの病気の患者を見ても，みな同じような症状をしている」と感じたのである。患者はみな元気がなさそうで，顔色が悪く，熱があり，食欲のなさを訴えていた。当時の考え方は，それぞれの病気には特有の症状があり，その違いを見分けて，病気を特定するのが立派な医者であるという考え方であった。しかし，セリエが注目したのは患者のそのような違いではなく共通点であった。「そんなこと，病人ならあたり前じゃないか」と思われるかもしれない。このようなあたり前と思われることに「なぜそうなるのだろうか」と疑問をもったことが，後のストレス学説につながっていった。

　研究を重ねた末，セリエは，1936年7月4日のアメリカの独立記念日に発売されたイギリスの『ネイチャー』誌に，「各種の有害要因によって引き起こされる症候群」という論文を発表した。これが，「ストレス学説」である。有害要因というのが，いわゆる「ストレス」である。つまり，ストレスがかかると，体にある一連の症候群が生じるということをセリエは発見したのである。

2．ストレスとホメオスタシス

　多少嫌なことがあったとしても，我々は学校や職場に出向いているならば，それは適応的な生活を送っているからだといえよう。もし，不適応な状態ならば，毎日の生活を送ることが困難になってしまうだろう。これをストレスの観点からみれば，たとえ，心身に歪みをもたらすものがあったとしても，それを跳ね返し，元通りに戻す力が働いたならば適応的な生活を送ることが可能となる。この元通りに戻す力を図7-1からイメージしてみよう。柱への圧迫が強すぎたり，長時間にわたる場合，元に戻らなくなってしまうことがある。我々の身体も同じように，ストレスが強すぎたり，長期間ストレス状態にさらされていると健康が損なわれる可能性が高まる。なぜなら，ホメオスタシス（homeostasis）が働かなくなってしまうからである。

　ホメオスタシスとは，環境に適応するためのバランスを維持するために，人間の身体が一定の基準を保つような最適化を行なうメカニズムである。例えば，体温が上がったときに発汗して体温を下げるなど，環境の変化に対して諸器官を変化させる働きがある。このような，内的な平衡状態を維持しようとする自動的な機構や過程をホメオスタシスという。

　生理学者ウォルター・B・キャノンがこのメカニズムを「ホメオスタシス」と命名した。同一の（homeo）という意味を示すギリシア語と，状態（stasis）を意味するギリシア語からの造語であり，別名，生体恒常性ともいわれる。生物のもつ重要な性質

の1つで生体の内部や外部の環境因子の変化にかかわらず生体の状態が一定に保たれるという性質，あるいはその状態を指す。

恒常性の保たれる範囲は体温や血圧，体液の浸透圧やpHなどをはじめ病原微生物やウイルスといった異物（非自己）の排除，創傷の修復など生体機能全般におよぶ。恒常性が保たれるためにはこれらが変化したとき，それを元に戻そうとする作用，すなわち生じた変化を打ち消す向きの変化を生む働きが存在しなければならない。これは，負のフィードバック作用とよばれる。この作用を主に司っているのが間脳視床下部であり，その指令の伝達網の役割を自律神経系や内分泌系（ホルモン分泌）が担っている。

このホメオスタシスの観点からみると，病気であるとは，均衡が何らかの理由で崩れた状態と定義することができるだろう。

3．ストレッサーとライフ・イベント

外部からのあらゆる刺激がストレッサーになる。つまり，ストレッサーは，我々の身のまわりのどこにでもあるといえよう。それでは，どのようなことが我々の日常生活においてストレッサーになるのだろうか。また，ストレス反応には個人差があるといわれるが，具体的にはどのようなものがあるのだろうか。

ホームズとラーエ（Holms & Rahe, 1967）の社会的再適応評価尺度を紹介しよう。彼らは，人生や日常生活を大きく変えるイベントや出来事を43項目抽出し，「このような経験をしたあとで，元気を取り戻して，再び社会に適応できようになるまでには，つまり再適応するには，どのくらいの時間とエネルギーがかかりますか？」という質問を対象者にテストし，その結果を元に，配偶者の死を「100」と設定し，ストレス値の大きいものから，順番に並べた（表7-1）。

過去1年間で，表7-1にある項目のうち，あなたに該当する項目のストレス値の合計得点を算出し，その値によって，向こう1年間にどのぐらいの確率で病気になるのかが算出される。ホームズとラーエは，日常生活における変化と健康状態との相関関係を調査し，LCU（Life Change Unit）得点が300点以上の人の8割，あるいは200点以上の5割の人は何らかの疾患を抱えていることを見いだした。つまり，普段の生活でストレス反応の基礎は作られているということである。

ホームズとラーエによると，150点以下の場合は37％の確率で，151～300点の場合は53％の確率で，301点以上の場合には80％の確率で，今後1年間に病気になる可能性が高いという。ホームズとラーエが示した社会的再適応評価尺度は過去の患者に関する研究から生まれたものである。ここ1年間くらいのみなさん自身の日常生活の出来事をふりかえってみてほしい。

表7-1が示しているように，この中には親戚とのトラブル，上司とのトラブルなど対人関係に関連するものがストレッサーになっている。また，親友や家族がどのよ

表7-1 社会的再適応評価尺度（SRRS）（Holms & Rahe, 1967）

順位	出来事	LCU得点	順位	出来事	LCU得点
1	配偶者の死	100	23	息子や娘が家を離れる	29
2	離婚	73	24	親戚とのトラブル	29
3	夫婦別居生活	65	25	個人的な輝かしい業績	28
4	拘留	63	26	妻の就職や離職	26
5	親族の死	63	27	就学・卒業	26
6	個人のけがや病気	53	28	生活状況の大きな変化	25
7	結婚	50	29	個人的習慣の修正	24
8	解雇・失業	47	30	上司とのトラブル	23
9	夫婦の和解・調停	45	31	労働状況の大きな変化	20
10	退職	45	32	住居の変更	20
11	家族の健康上の大きな変化	44	33	転校	20
12	妊娠	40	34	レクリエーションの大きな変化	19
13	性的障害	39	35	宗教活動の大きな変化	19
14	新たな家族構成員の増加	39	36	社会活動の大きな変化	18
15	仕事の再調整（合併,再編,倒産など）	39	37	低額の抵当や借金（車やテレビ等のため）	17
16	経済状態の大きな変化	38	38	睡眠習慣の大きな変化	16
17	親友の死	37	39	家族団らんの回数の大きな変化	15
18	転職	36	40	食習慣の大きな変化	15
19	配偶者との口論の回数の大きな変化	35	41	休暇	13
20	高額の抵当や借金（家や仕事のため）	31	42	クリスマス	12
21	担保,貸付金の損失	30	43	些細な違法行為	11
22	仕事上の責任の大きな変化	29			

な状態であるのか（生死）にも強い影響を受けることがわかる。

さらに，ここにあげられている出来事は当人にとってつらい事やいやな事ばかりではなく，個人の輝かしい業績・休暇・クリスマスといった楽しいことも含まれている。このように，よい出来事もまた心身に緊張を与えるという意味においては，ストレッサーになる点で興味深い。

ホームズとラーエの研究の主な特徴は次の2点である。第1に，疾病の予測因としてのストレスに注目した点である。第2に，我々が日常生活において経験したであろう，あるいは経験しうるであろう出来事，すなわち，ライフ・イベント（life event）をストレスの強度によって得点化している点である。

人生の節目となる出来事は，形は違えども誰の身の上にも必ず起こる。代表的なものとしては，入学や，結婚，出産，就職，退職，離婚などがある。このように人生にはいくつもの節目があり，本人とその家族はその度に，過去の役割から新しい役割への変化を経験しなければならない。それゆえ，ライフ・イベントは，本人ばかりでなく家族にも影響がおよぶ。

4．発達課題からみたストレス

個々人の人生における発達のライフサイクルの観点に立つならば，それぞれの発達

段階における発達課題から見えてくるストレスは異なるだろう。

例えば、青年期の発達課題を考えてみよう。青年期の発達課題はエリクソン（Erikson, E. H.）によればアイデンティティ、自我同一性（ego identity）の確立である。レヴィン（Lewin, 1980）は、子どもでも大人でもないという青年の立場こそが、ストレッサーだと指摘した。「自分とは何か」を明確にするための難しい時期が青年期であるといえよう。この時期には多くの若者が職業を選択したり、親からの自立などの重要な課題に直面する。絶望や混乱、そして自己不信など、大多数の若者たちはこれらの感情に対処し、それを引き起こす不都合な状況を修正しようとする。

クライバーとリッカーズ（Kleiber & Rickards, 1985）は、青年にとってもっとも重要な課題は、社会により大きな影響を及ぼすことができるまでに自らを鍛えることによって、自己の感覚と正当性をもつ個人として確立することであると述べている。この点について、ヌルミ（Nurmi, 1997）もまた、自己を定義することは心の健康と関係があると指摘している。さらに、外的な要因も役割を果たしており、たくさんの異なる文脈、特に家族と学校の文脈が発達に影響を与え、しかもそれらが個人の特徴とともに健康や行動上のリスクと関連していることがわかってきた（Resnick et al., 1997）。社会的および心理的により傷つきやすい青年は、青年期に困難を抱えがちである。種々のストレッサー要因が青年期の感受性に影響を及ぼし、心の健康を引き起こすリスクを高めると推察できるだろう。

次に中年期を考えておこう。中年期の発達課題は世代性である。「世代性」が発達するこの時期は、同時にこれまでのさまざまなものを得る時期からさまざまなものを失う時期でもある。そして「世代性」の充実に失敗すると、擬似的な親密性への退行がおこり、停滞や対人的な貧困の感覚が広がってゆく。

例えば、箱井・高木（1987）の援助規範に関する研究によれば、社会的に困った人々、経済的に困っている人々に対して援助的であるべきだという規範を中年期の人々がより強く支持していることが見出されている。そこでは、この世代の人々が、青年期の人々よりも見返りを期待せずに他者を援助し、自分が他者から助けられたときには感謝の念をもち続けることが多いという。このことからも、親として次の世代を世話し導いてゆくことへの興味・関心の強さが窺える。

他方、白井（1997）によれば、中年期は将来展望も青年期と比べ狭くなる時期であり、それぞれが時間の限界受容にせまられる時期でもあるという。それゆえ、中年期には自己を確認するものがゆらぐ時期である。特に、子育てを終えて、夫婦の関係をどのように再構成するのか、定年後の将来展望と心理的、身体的、社会的ないわば複合喪失をどのように受容するのかに関連した問題を孕む（服部、2000）。家族のなかでは、子どもたちは思春期・青年期に達し、親からの自立の試みを始める。それに伴い母親の、親役割を失うことからくるさまざまな心身の不調は、「空の巣症候群」とよばれる。夫婦関係においてもまた、危機を孕んだ時期である。子育てに追われてい

た時期の夫婦は，お互いにその父親／母親役割によって結びつき，いわゆる性別役割分業により安定していた側面が強かった。しかし，子どもの自立期を迎えた夫婦においては，夫婦間の精神的交流そのものが求められてくる。心理的にかけがえのないパートナーとしての夫婦の親密な関係性を育ててこなかった夫婦は，子育てが一段落着いた中年期に至って夫婦共通の目標を失うことになる。

職業人としての中年期危機としては，現代社会における先端技術や情報化の急速な変化，さらに終身雇用制，年功序列制の揺らぎなど，職場環境の急激な変化は，中年世代を中心とした職業人にさまざまなストレスと職場不適応をもたらしている。中年世代の職場不適応の背景には，青年期から努力を重ねることで社会的地位や収入も上がり，それが自分の家族の幸福につながると考えてがんばってきた人々が中年期に何らかの挫折を体験することによる破綻がある。その挫折体験の多くは，体力の衰え，職業の上での出世や能力の限界の認識など，中年期のアイデンティティ危機が大きなストレッサーとなるだろう。

5．ストレスへの評価

「ストレッサーが先にあって，ストレス反応をみせる」というセリエの考え，そしてホームズらが，ストレスの原因（ストレッサー）と疾患との直接的な関係に注目しているのに対し，ラザラスとフォークマン（Lazarus & Folkman, 1984）が提唱した心理学的ストレスモデルは，認知的評価や対処行動（coping：コーピング）といったストレッサーとそれによって引き起こされる反応の媒介要因を想定している。

同じ出来事がすべての人に同じようなストレスを生じさせるものではない。そこにはそれぞれの人の認知や行動パターンが深くかかわっている。そこで，ラザルスらは個人の認知的な要因をストレス理論に組み込んだ。つまり，ストレッサーが直接ストレス反応を引き起こすのではなく，ストレッサーを認知し，それに対処しようと心理的に努力したにもかかわらず，うまくいかなかったときに，ストレス反応が生じるのであると考えたのである。

ラザラスとフォークマン（Lazarus & Folkman, 1984）によれば，ストレスは日常生活で遭遇する外的な刺激であるストレッサー（stressor）に対して，そのストレッサーが自分にとってどの程度脅威であるかについての認知的評価（一次評価）やそれへの対処行動（二次評価）のプロセスに注目することが重要であるという。こうした認知評価（appraisal）のプロセスを経て，ストレスに対する対処行動であるコーピングが発動されるのである（図7-2）。

このモデルによれば，一次的評価はストレスの多い出来事による情動的な影響と関係しており，他方，二次的評価は脅威とそれに対処する個人の有能感の適合性についての認知的な評価と強く関連している。

情動とは感情を含む概念であり，何かの刺激や何らかの行動に対して生じるこころ

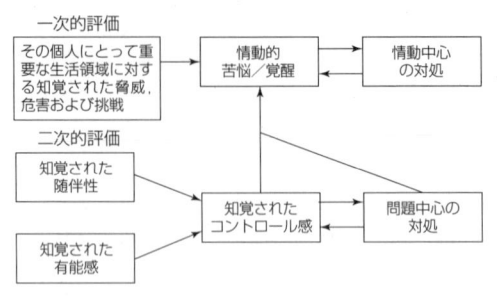

図7-2 コントロールに関連する信念，対処，情動的苦悩に関するモデル（Compas, 1995）

の結果である。ストレスと関係する情動には，不安，恐怖，怒り，抑うつなどネガティブな情動がかかわっている。これらの情動が生じているときは，主に交感神経系の活動が活発になっており，生体はいつでも逃避行動や攻撃行動を行なう準備ができている。ラザルスのストレス理論では，ネガティブな情動はストレッサーの認知の一次的評価と二次的評価の間に生じると考えられている。

　このように，ストレスへの対処がうまくいくかどうかはそのストレスを人がどう評価するのかという評価過程と密接に結びついている。例えば，2人が同じようなストレス状態にいるとしよう。同じストレッサーであってもまったく異なってみる可能性があるだろう。また，同じ人間でも同じストレッサーであっても2つの状況によって違うとらえ方をする場合もある。それは，おそらくその日の気分とかその日に経験したストレスとか，その時点で利用できるコーピング資源の認知などの違いによって影響を受けるだろう。このように，個人がストレッサーに対処し続けられるかどうかは，何よりもまずストレッサーに対峙する個々人の評価の過程に依存している。また，それらの認知的評価に基づいて，ストレス・コーピング（対処）方略が実行され，コーピングがうまくいけばストレスは解消もしくは緩和されるが，そうでなければストレスは蓄積し，やがてストレス反応（身体的・心理的・社会的不適応）が現われることとなる。そして，ソーシャル・サポート（本章2節を参照）はこのような心理社会的ストレス・プロセスのなかで，さまざまな生理的メカニズムを経て（Cohen, 1988; Uchino et al., 1996），ストレスを抑制すると考えられている。

　ラザラスとフォークマンは心理社会的ストレスの認知的評価・対処理論を提唱し，今日の心理学的ストレス研究の理論的基礎を構築したといえよう（橋本，2005a, 2005b）。こうした評価に関する示唆的な研究にビアズリーとポドフレスキー（Beardslee & Podorefsky, 1988）の研究がある。彼らは，親のうつ病に直面した青年の回復について観察した。回復した青年は，親のうつ病にまつわるストレスを現実的に評価し，この評価に合致したやり方で行動した人たちだったのである。彼らは，親のうつ病を変化させたり治したりしたいと望んだが，時間の経過とともにこれが現実

的な目標でないとわかるようになった。それから若者は，自分のできる限りの方法でうつ病の親や他の家族をサポートすることに注意を向けなおした。青年たちが親の状況を自分たちではコントロールできないことを認めた場合，ストレスからの回復は早く，反対に，コントロールできると思う若者は，家族のストレスからの回復は遅かったのである。

　もう1つのうまくいくコーピングと関連するのは，個人のコントロールである。図7-2に示されたように，個人のコントロールは二次的評価と結びついていて，知覚された随伴性と知覚された有能感との組み合わせから生じている。フライデンバーグ（Frydenberg, 1997）は，「ストレッサーがコントロール可能であるかどうかが，人がどのように対処するかを規定するようだ」と述べている。ストレスを引き起こす出来事や状況の変化可能性は出来事の性質のみならず，ストレスの多い出来事に直面した個人の資源および能力によっても影響されるので，コントロールの知覚がここでは中心的役割を果たす。

　さて，我々が経験する日常出来事に対する個人の反応を決定するさまざまな媒介変数について研究知見が積み重ねられてきた。その中でもっとも一般に指摘されている媒介変数は，頻度，予測可能性，不確実性，コントロール感である（Coleman & Hendry, 1997）。これらそれぞれはストレスをどう知覚するかに際して中心的な役割を果たす。例えば，いじめについて考えてみよう。いじめの被害者にとっていじめは強いストレスとなる出来事であろう。いつ被害者になるか，どんな理由なのかについては，予測不可能であろうし，どの程度の頻度でいじめが起こるのかも不確実であるだろう。被害者は加害者に対しどのようにすればよいのかわからず，自身もどう行動すればよいかわからないといったコントロール不能感を抱くだろう。このような場合，強いストレスをもたらすと推察できる。

　サイフゲ-クレンケ（Seiffge-Krenke, 1995）は，ストレスの決定因として，出来事の予測性が特に重要であるという。彼女は，ある出来事の予測可能性が少なければ少ないほど，その出来事はいっそう強い潜在的ストレッサーになるという。ストレスのもっとも高い出来事は，例えば，突然死のような準備できない状況で起こる場合である。いじめの場合も準備ができない点では同様であろう。

　コンパス（Compas, 1995）もまた，ストレッサーに関する相対的なコントロールの可能性を検討した。コンパスらは，学業に関するストレッサーは対人関係に関するストレッサーよりコントロール可能として知覚され，その結果，学業のストレッサーでは問題中心の対処が多く用いられ，一方，対人関係の問題は情動中心の対処が多く用いられることを見出した。また，コンパスらは知覚されたセルフコントロールが大きくなればなるほど，人は問題中心の対処を行なうことを示唆している。問題中心の対処の戦略と情動中心の対処はどちらが適合的なのだろうか。コンパスによると，変化すると知覚された場合には問題中心の対処が適合的である。これに対し，情動中心の

対処はコントロール不能と知覚された場合に適合的であるという。このことから，発達的な課題として，変化可能な状況と変化不能な状況の区別を学ぶこと，そしてその区別ができるようになることも重要であると考えられる（Coleman & Hendry, 1997）。

6．ストレスの個人差要因としてのタイプAパーソナリティ

ストレスの感じ方には個人差がある。一般的に次の性格の人は，ストレスに弱いと考えられている。みなさんの中に，人に負けるのは嫌い，競争場面になるといっそうやる気が出る人はいないだろうか。あるいは，アルバイトに熱中し過ぎている人，勉

表7-2 前田式A型傾向判別表（前田，1991を改変）

	いつもそうである	しばしばそうである	そんなことはない
① 忙しい生活ですか？			
② 毎日の生活で時間に追われるような感じがしていますか？			
③ 仕事，その他なにかに熱中しやすいほうですか？			
④ 仕事に熱中すると，他のことに気持ちの切り替えができにくいですか？			
⑤ やる以上はかなり徹底的にやらないと気がすまないほうですか？			
⑥ 自分の仕事や行動に自信がもてますか？			
⑦ 緊張しやすいですか？			
⑧ イライラしたり怒りやすいですか？			
⑨ 几帳面ですか？			
⑩ 勝気なほうですか？			
⑪ 気性がはげしいですか？			
⑫ 仕事，その他のことで，他者と競争するという気持ちをもちやすいですか？			

〈採点法〉
いつもそうである……2点
しばしばそうである…1点
そんなことはない……0点
ただし，⑤，⑥，⑨は点数を2倍する

合計（　　　）点

〈判定〉
17点以上はA行動パターンと判定

強に熱中し過ぎている人はいないだろうか。そして，その人は一生懸命がんばっているにもかかわらずいつも時間に追われてはいないだろうか。このように，目標達成への強い欲求や敵意を伴った競争心をもち，自己に対する高い評価への志向が強く，時間に追われるように多くの仕事をする行動パターンをもつ性格の人をタイプAパーソナリティ（type A personality）という。フリードマンとローゼンマン（Friedman & Rosenman, 1974）は虚血性心疾患（CHD: Coronary Heart Disease）の者は，ある共通した特徴の行動パターンをとることを発見し，それをタイプAと名づけた。タイプAの特徴として，性格面では競争的，野心的，精力的，行動面では機敏，せっかちで，多くの仕事を抱えている。身体面では高血圧，高脂血症といったものがある。タイプAの人は，自らストレスの多い生活を選び，ストレスに対しての自覚があまりないままに生活する傾向があり，その結果，ストレスに対しての反応によって循環器系に負担がかかり，虚血性心疾患の発症にまでいたると考えられる。タイプAの行動パターンは現代の学歴・競争社会で生き抜くには適したパーソナリティかもしれない。また，現代社会で成功するための1つの条件でもあると思われる。しかし，一方で，虚血性心疾患発症のリスクの高さが示すように，身体には悪影響を及ぼすようである。反対に，何ごとものんびり，おっとりの行動パターンを示す人はタイプBとよばれる。タイプAの人は，タイプBにくらべて心筋梗塞の発症率が約2倍高い。

　それでは，表7-2の項目それぞれについて，現在のみなさんの状態に該当するところに○印をつけてもらいたい。そして「いつもそうである」を2点，「しばしばそうである」を1点，「そんなことはない」を0点としたとき，項目①〜⑫の合計点が17点以上になると，タイプA人間と判定される。なお，項目⑤，⑥，⑨は得点を2倍にして集計する。

2節　ソーシャル・サポート

1．ソーシャル・サポートの分類

　みなさんには「喜びや悲しみを分かちあえる人」がいるだろうか。「個人的問題について話せる人がいる」だろうか。あるいは，「困ったときに，ノートを貸してくれる友人」はいるだろうか。対人関係におけるこうした支えをソーシャル・サポート（social support）という。親しい対人関係の形成・維持は，個人の心身の健康を維持・促進するために，またストレスなどの悪影響を防ぐためにも重要であることが，近年指摘されている。心理学では，ソーシャル・サポートの効用や限界についてさまざまな研究が行なわれている。

　ソーシャル・サポートはそのまま英語を日本語にすると社会的支援であるが，浦

(1992) によれば，明確な定義がないままに研究が展開されてきたのがソーシャル・サポートの特徴であるという。ソーシャル・サポートは，「道具的サポート」(instrumental support) と「情緒的サポート」(emotional support) に分類される。

　道具的サポートは，単位取得の困難が予想される場合にノートを貸してくれる。経済状態が苦しいときに金銭や物品を贈与・貸与してくれたり，問題解決のために有益なアドバイスをしてくれる，といったソーシャル・サポートである。他方，情緒的サポートは個人の心理的な不快感を軽減したり，自尊心の維持・回復をうながすような機能を提供するサポートである。具体的には，悩みを共感的に聴いてくれたり，飲食やショッピングなどのストレス発散行動につきあってくれる，といった行動である。ちなみに，これらは内容的に，ストレス・コーピングにおける「問題焦点型コーピング」「情動焦点型コーピング」という分類とも異なり，その意味でソーシャル・サポートは，「外的（他者）資源を利用したストレス・コーピング」とも考えられよう。家庭や社会での人間関係がうまくいっていることはストレス対処にも重要な働きをしている。たとえ，個人のストレス対処能力を向上させても，支える体制がなければうまくストレスを乗り切れないからである。

　この他に，問題解決を志向したりする上で有益な情報を提供する情報的サポートを加え3つに分ける分類方法もよく用いられる。

　それでは，みなさんをめぐる対人関係はどのような支えがあるだろうか。表7-3の項目（和田，1998）を用いて，皆さん自身のソーシャル・サポートを測定してみてもらいたい。

　この尺度は，和田（1992）の尺度を修正した15項目である。全15項目は，「あてはまらない」から「あてはまる」までの4件法で回答する。そして，「あてはまらない」に1点，「あまりあてはまらない」に2点，「ややあてはまる」に3点，「あてはまる」に4点として，自身の評定得点を合計し，項目数で割って平均値を算出してもらいたい。

　和田（1998）による，大学生を対象に測定した結果を示すと，男性の平均値3.13 ($SD = 0.59$)，女性3.30 ($SD = 0.47$) であった。t 検定の結果，女性のほうが男性と比して有意にサポートを有していることが分かった（$t = 2.69, p < .01$）。みなさんの得点はどうであっただろうか。

　また，道具的サポートよりも情緒的サポートのほうが，一般にその有効性は高いと考えられている。良質のサポートを豊富に受けている人々は身体疾患にかかりにくく，また精神衛生も良好であるという調査結果が得られている。ソーシャル・サポートは個人のストレス耐性を強めるというストレス緩衝仮説をめぐって研究が行なわれてきた。ソーシャル・サポートは個人のストレス対処資源の一部を構成すると考えられる。また，多くの知人・友人をもつことは，入手可能なサポートの種類が豊富であることを意味している。

表 7-3 ソーシャル・サポート尺度（和田，1998）

あなたの対人関係について，それぞれどの程度あてはまりますか。あてはまる選択肢の番号を1つ選び○をつけてください。	あてはまらない	あまりあてはまらない	ややあてはまる	あてはまる
① 喜びや悲しみを分かちあえる人がいる	1	2	3	4
② 個人的問題について話せる人がいる	1	2	3	4
③ 私を高く評価してくれる人がいる	1	2	3	4
④ 新しい下宿などに引っ越すときに，必要な手伝いをしてくれる人がいる	1	2	3	4
⑤ いつでも一緒に楽しく時間を過ごせる人がいる	1	2	3	4
⑥ 私の話を真剣に聞いてくれる人がいる	1	2	3	4
⑦ 私を信用してくれる人がいる	1	2	3	4
⑧ 非常に強い心理的結びつきを感じる人がいる	1	2	3	4
⑨ スポーツ（スキー・テニス）を一緒にする人がいる	1	2	3	4
⑩ 性の問題についてのアドバイスを気軽に求められる人がいる	1	2	3	4
⑪ 私に関する悪い評判でも，かくさずに知らせてくれる人がいる	1	2	3	4
⑫ 私が持っていない物（自動車，ワープロなど）を気軽に貸してくれる人がいる	1	2	3	4
⑬ 精神的に私を支えてくれる人がいる	1	2	3	4
⑭ 私の趣味や興味に関心を持ってくれる人がいる	1	2	3	4
⑮ 私の考え方が間違っているとき，率直に言ってくれる人がいる	1	2	3	4

　ネットワーク全般からのサポートと，特定個人からのサポートにも，そのあり方や効果に違いがあるだろう。例えばストローブら（Stroebe et al., 1996）は，配偶者との死別経験と，周囲からの知覚されたサポートが，孤独感に及ぼす影響について検討している。その結果，まず社会的孤独感（対人関係の量的な欠如・不足に由来する孤独感）に対しては，死別経験による影響はなく，サポートの効果のみが示された（図7-3）。フライデンバーグ（Frydenberg, 1997）は，青年期においてストレスにうまく対処し適応的なのは，ソーシャル・サポート資源のある人であると指摘した。すなわち，その資源のない人は「何を頼めばよいのかわからない」「どのように頼めばよいのかわからない」などの感情が報告されていたのである。つまり，サポート資源のなさに加え，スキルも不足していたのである。ヒルシュとデュボア（Hirsch & Dubois, 1989）はどのような要因が学校以外で仲間のサポート使用を妨げるのかについて検討した。その結果，主な要因として，ソーシャル・スキルの欠如，競争活動，家庭内対立および道徳的問題であることを指摘した。みなさんは困ったときに1人で抱え込んではいないだろうか。

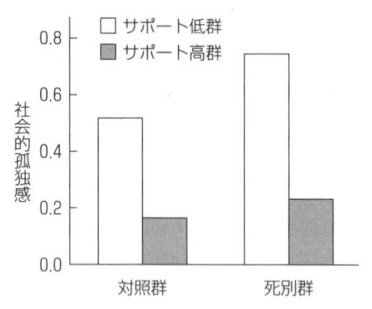

図 7-3 死別経験とサポートによる社会的孤独感（Stroebe et al., 1996 を一部改変）

　困難な状況に遭遇した場合，ソーシャル・サポートをうまく活用する，すなわち，サポートを求めることも大切なソーシャル・スキルの1つであるといえよう。例えば，ストレスの性差に注目したコンパスとワーグナー（Compas & Wagner, 1991）は青年期においては，女性の方が男性よりも家族関係，友人関係，性的関係でより多くのストレスを感じていると報告している。その理由として，女性の方が正直で洞察力があるからではないかという。しかし，他方で，女性の方が男性よりも対人的ネットワークにおける緊張に対して敏感なのではないかとの指摘もある（Heaven, 1996）。さらに，対人関係への依存もあると考えられる。生活における満足度が対人関係に左右されやすいともいえよう。親和欲求の強さの反映でもあろうし，他者の気持ちを推察することへの役割期待でもあろう。
　ストレス・コーピングもまた性差がある。「少年はスポーツを楽しみ，少女は人を求める」とこのテーマの中心的な問いがフライデンバーグとルーウィス（Frydenberg & Lewis, 1993）の論文のタイトルに示されている。男性のほうが，女性よりも積極的な対処を使ってさらに外に働きかけ，真っ向から問題に立ち向かい，問題解決のための情報を収集する。あるいはまた，対人関係の問題に対しては，攻撃的な戦略，対決姿勢でその解決に向かうという。一方，女性は男性に比して，ストレスを感じた出来事に対し，他者に事態を開示することも一貫して報告されている。加えて，女性は自身の失敗や困難を脅威ととらえ，ストレスの多い状況下で最悪の事態を予想しやすいのである。
　実際，サイフゲ-クレンケ（Seiffge-Krenke, 1995）は，女性はストレスを男性の4倍もの脅威とみなしていることを明らかにした。また，ストレスのコーピングについて，女性は男性以上にソーシャル・サポートを求めるようである。特に少女は親や他の大人にいっそう依存し，それだけ他者の期待に敏感であるという。
　ソーシャル・サポートが健康に及ぼすインパクトの大きさを示唆する研究として非常に有名な，バークマンとサイム（Berkman & Syme, 1979）によるコミュニティ・

サンプルを対象に行なわれた縦断研究を紹介しよう。この研究では，まず1965年に，調査対象者（男性2,229名，女性2,496名）の日常の対人関係（結婚状態，家族や友人との接触度，教会や寺院への参加度，その他の組織への参加度）に関して，調査が行なわれた。そして，その9年後に追跡調査を実施したところ，これらの対人関係指標はいずれも，9年後の死亡率を予測し得ることが見いだされた。すなわち，「人づきあいが少ない人は，多い人よりも死亡率が高い」ということである。特に結婚状態（配偶者の有無）は，死亡率と密接に関連しており，配偶者がいない人は，いる人に比べて総じて死亡率が高い（例えば，Morgan, 1980; Ross et al., 1990）。また，これら配偶者の有無やソーシャル・ネットワークの大きさ（これらをサポートの「構造的測度」という）は，死亡率のみならず，さまざまな病気の罹患率とも関連することが，多くの研究で明らかにされている（例えば，Cohen, 1988; Glanz & Lerman, 1992; Berkman et al., 1993 など）。

ただし，サポートの構造的指標が健康状態と関連するとしても，それだけで「対人関係によって個人の健康が左右される」とは限らない。対人関係のあり方は，もともとの健康状態によって左右される側面もあるからである。つまり，健康的な人は対人関係も活発に行なえるが，健康状態がよくない人の構造的測度だけでは，具体的に他者との「どのような」かかわり（対人的相互作用）が，健康と関連するのかがわからない（橋本，2005a・b）のである。そして，サポートの機能的測度すなわち，サポーティブな行動の利用可能性や実行頻度も，個人の心身の健康と関連することが多くの研究で示されており，その関連の強さは，構造的測度を用いたときよりも全般的に高い傾向にある（例えば，Blazer, 1982; Seeman & Syme, 1987）。現在，サポートの程度や，サポートが健康に及ぼす効果について，そこにパーソナリティなどの影響があることは否めないものの，実際の対人関係のあり方は，確かに個人の心身の健康と関連すると考えられているようである。

2．ソーシャル・サポートはなぜ健康によいのか

それでは，なぜソーシャル・サポートは，健康を維持・促進する機能を果たすのだろうか。この疑問を考えるうえで，最も重要なのが，サポートのストレス緩和・抑制効果である。人は，ストレスの原因となるような出来事や状況（ストレッサー）に直面したとき，そのストレッサーの意味や影響を考えると同時に，ストレッサーに対してどのような対処が可能であるかについても考える。もし，職場で仲間や上司との関係がうまくいっていないとすればどうであろう。うまくいかない人間関係は職務への集中を妨げるかもしれない。そのような状況が続くと気が散ってしまいミスが起こってしまうかもしれない。

例えばコーエンとウィルス（Cohen & Wills, 1985）は，「心理社会的ストレス・プロセスにおいてソーシャル・サポートは，ストレッサーに対するネガティブ評価を緩

和し，ストレスと疾病の関連を弱める，という2段階の緩和機能を果たすのではないか」と指摘している。このモデルに基づいて考えれば，ストレスが少ないときよりもストレスが多いときに，サポートの効果はより明確になると考えられる。ちなみにこのような効果（図7-4）は，ソーシャル・サポートの「ストレス緩衝効果」(stress buffering effect) といわれている。

ただし，サポートはストレス直面時においてのみ重要であるとも限らない。とりたてて問題がないような状況でも，日常的に他者との親密で友好的なかかわりがあるほうが，そうでない場合よりも，楽しく，健康的な生活が送れるだろう（Rook, 1987）。ストレスの多少にかかわらずサポートが健康に影響を及ぼす効果（図7-5）は，ソーシャル・サポートの「直接効果」(main effect) といわれている。

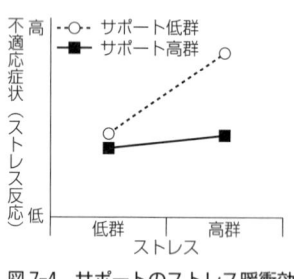

図7-4 サポートのストレス緩衝効果
(Cohen & Wills, 1985)

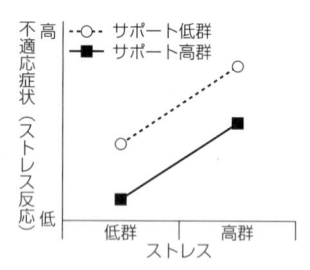

図7-5 サポートの直接効果
(Cohen & Wills, 1985)

ちなみにコーエンとウィルス（1985）は先行研究のレビューから，「サポートを構造的測度によって測定したときには直接効果が，機能的測度によって測定したときには緩衝効果が，それぞれ現われやすい」と指摘している。この傾向は必ずしも一貫したものではないが，直接的にせよ，交互作用的にせよ，ソーシャル・サポートがストレスを低減することは確かなようである（橋本，2005a）。

◆さらなる勉強のために
◇和田実（編） 2005 男と女の対人心理学 北大路書房
　親密な人間関係の開始，形成，進展，維持，崩壊の順に性差に注目し，かつ最新の社会心理学研究知見に基づいて刊行された好著である。
◇J・コールマン・L・ヘンドリー（著） 青年期の本質 白井利明・若松養亮・杉村和美・小林亮・柏尾眞津子（訳） 2003 ミネルヴァ書房
　イギリスで一番売れているテキスト。青年期における対人関係，家族がもつ影響力，身体と健康など，広く学際的な視野からのアプローチがなされている。

8章 社会的影響

　我々は社会生活でさまざまな影響を受けている。1章にあげられているようにその影響は意識的なものだけではなく無意識的なものもある。例えば，みなさんが，最近購入したものを思い出して欲しい。つい衝動買いをしてしまい，後になってなぜ，こんなものを買ってしまったのだろうかと思ったことはないだろうか。あるいは，慎重に吟味の上，自分の好みや自由意志で購入を決定したと思うかもしれない。しかし，実際は，友達がみな持っていたからなのかもしれない。あるいは，お店の人の勧め方がうまかったからかもしれないし，気づいたら今流行のものを購入してしまったのかもしれない。

　このように，ものを判断したり態度を形成したり，あるいは行動を決定したりする場合，我々は他者からさまざまな形で影響を受ける。そのような影響を一般に社会的影響（social influence）とよんでいる。個人と個人あるいは個人と集団における相互の影響過程は社会心理学の中心テーマである。ここではそのような影響過程を考えよう。

　1節では要請技法と応諾，2節では同調と服従，3節では社会的促進と社会的手抜き，そして，4節では競争と協同を概説する。

1節　要請技法と応諾

　説得的コミュニケーションについてはすでに学んできた（4章参照）。本節では，従来の社会心理学研究で明らかになったいくつかの要請技法と応諾を概説しつつ，どのような要請技法がより応諾を引き出しやすいのかを見てみよう。

1．フット・イン・ザ・ドア・テクニック

　10円の卵を買ったつもりがいつの間にか30万円の羽毛布団や鍋を買ってしまったという苦情が消費生活センターに寄せられるという。なぜそのようなことが起こるのだろうか。まず，卵から羽毛布団や鍋の事例を考えてみよう。例えば，ある会場に消費者を集め，まず卵を1パック10円で，ときには5円で販売する。「この卵，10個入り1パックで10円です！　これを欲しい人手をあげてください！」と参加者全員に挙手を求める。「この商品欲しい人？」，「はい！」といったやりとりの連続の結果，高額の商品にもつい「はい」と言ってしまうのである。つまり，次々にさまざまな商品

を提示していく中で値段を少しずつあげていく。

このように，まず，相手に最初に受け入れてもらえそうな小さな要請をし（卵の購入依頼），次に，より大きな要請を行なう（羽毛布団や鍋）ことで説得しようする技法がフット・イン・ザ・ドア・テクニック（foot-in-the-door-technique）である。訪問販売のセールスマンは，まずドアのなかに足を一歩踏み入れさせてもらう，小さなお願いからはじめることから，フット・イン・ザ・ドア・テクニック（foot-in-the-door technique）とよぶ。また，要請が段階的に進むことから，段階的要請法ともよばれる。

フリードマンとフレイザー（Freedman & Fraser, 1966）は以下の実験を行ない，小さな要請・応諾を事前に経験することでより大きな要請を受け入れやすいことを明らかにしている。彼らは，カリフォルニアのある町で，「あなたの家の裏庭に安全運転を奨励する看板を立てさせてください」という要請を行なった。その結果，いきなり承諾してくれた住人はわずか16％であった。ところが，最初に「家の窓に交通安全という小さなステッカーを貼らせてください」と小さな要請をした後に，「看板を立てさせてください」というお願いをした場合には，55％の人が同意した。このように，小さなお願い（ステッカーを貼る）をしてから，大きなお願い（看板を立てる）をした場合に，相手の応諾率は高くなったのである。普通であれば，拒否してしまう大きな要請も小さな要請・応諾を事前に経験するという段階を経ることで応諾しやすくなることを見出した。

さて，我々の日常生活にあてはめてこの技法の具体例を考えてみよう。例えば，「新商品のアンケートに少しだけ協力してね」（小さなお願い）と要請を受けた後，「今ならこの商品を格安で販売できますが」（大きなお願い）と言われた場合のほうが購入しやすいだろう。この技法の本質は，容易な行為を行なうことに同意（実行）したならば，その後たいへんな行為も行なう可能性が高まることを利用している。この技法は，販売活動でよく使われる技法である。販売員は，商品を購入する気持ちのない消費者に，最初は「あいさつだけでも……」と玄関に入れてもらえるように頼む。あいさつを受け入れれば（小さな応諾），次の機会に商品購入の同意（大きな応諾）が得られやすくなる。

それでは，なぜこの技法が効果的なのだろうか。まず，自己知覚理論（self-perception theory）による説明が可能である。人は自分のとった行動から，自己の態度や性格を推論するというのが自己知覚理論である。小さな要請に従った自分を振り返り，あたかも最初からそのような態度をもっていたのだと思ってしまうと言える。また，認知的不協和理論（cognitive dissonance theory）による説明は以下のようになる。人は自分のなかに矛盾する2つの認知要素，すなわち，小さな要請を受け入れた認知と大きな要請を拒否するという認知があると不協和が生じる。それゆえ，その不協和を解消しようと動機づけられるからであると考えられる（認知的不協和は4章

参照)。

2．ドア・イン・ザ・フェイス・テクニック

チャルディーニら（Cialdini et al., 1975）は，最初に受け入れてもらえそうもない大きな要請をわざとして，それを断らせた後に，より小さな要請を行なうとその要請への応諾率が高まることを明らかにした。この技法を，ドア・イン・ザ・フェイス・テクニック（door-in-the-face technique）とよぶ。大きなお願いをした送り手が，次に小さなお願いに変更していかにも譲歩したかのように見せるところから，譲歩的要請法ともよばれる。

チャルディーニら（1975）は次のような実験を行ない，この技法の有効性を明らかにした。実験参加者は，最初に2年間にわたって郡の非行少年拘留センターでボランティアとして働くように求められた（大きな要請）。予想どおり，ほとんどすべての実験参加者がこの要請を断った。そして，次に，実験参加者は動物園へ来る何人かの非行少年につき添うように要請された（小さな要請）。その結果，この要請には多くの実験参加者が応じた。つまり，大きなお願いをして断らせた後に，小さなお願いをした結果，応諾が得やすくなったのである。

我々の日常生活での実例を考えてみよう。例えば，友達に自分の入っているサークルに入ってほしい場合，いきなり「うちのサークルの部長になってよ」と頼んでみる。友達は，「そんなの無理だよ」と断るだろう。そこで改めて「じゃあ，とりあえずサークルに入ってよ」と頼めば，友達が応諾する可能性は高まるだろう。

それでは，なぜこの技法は効果的なのであろうか。1つには，大きなお願いを拒否された送り手が次に小さなお願いをしてきたことを，受け手は譲歩したとみなすだろう。そして，送り手も譲歩したのだから（実際にはわざとであるのだが），受け手の自分も譲歩して小さなお願いは応諾しようと思うのである。もう1つの理由は，最初のお願いを断り，さらに同じ人に対して連続して断ることからくる罪悪感である。相手に対して申し訳ないという気持ちから次の小さなお願いだけでも応諾するのである。

3．ロー・ボール・テクニック

ロー・ボール・テクニック（low-ball technique）とは，最初に好特典や好条件をつけて要請を行ない，相手から一度承諾を得た後に，何らかの理由をつけてその特典や好条件を除去し，特典なしの要請を承諾させようとする技法である（Cialdini et al., 1978）。この特典や好条件が説得の受け手にとって応諾への釣り球（ロー・ボール）となることからこの名前がついた。また，最初に提示した特典を後に除去する技法であることから，特典除去要請法ともよばれる。

さて，この技法を日常場面にあてはめて考えてみよう。あなたがパソコンを購入する際に，店員が「今なら値札の10％引きで，設定料金も無料です。しかも，おまけと

してプリンターがつきますから」と勧めてきた。あなたは得だと思い，購入を応諾した。その後，店員が店長に確認に向かい，あなたに「すみません。設定料金の無料キャンペーンは終わっていました。プリンターも今は無料ではないですが，半額とお得です」と言う。この段階では，いつの間にか好条件が除去されている。そして，一度あなたが購入を決めたパソコンを再度勧めるという方法である。この場合に，特典を強調して客から応諾を得た後でその特典を取り除いたほうが，最初から10%引きとおまけ付きの条件のみで勧めるよりも応諾の可能性が高まるのである。この技法では，あなたは一度要請を応諾すると表明しているため（購入を決めている），最初の決定を変更しにくくなってしまう。この技法は，一度約束していたことを取り消して行なうため，非常に屈辱的，搾取的なアプローチである。ときには，信用を失う。それゆえ，使用するには注意が必要であることは明らかであろう。

4．ザッツ・ノット・オール・テクニック

ザッツ・ノット・オール・テクニック（"That's not all" technique）とは，直訳すると「それだけではないよ（まだまだあるよ）」という意味であり，先に述べたロー・ボール・テクニックと逆の手続きをとる説得技法である。すなわち，最初に特典や好条件のない要請を行ない，受け手が応諾あるいは拒否の意志を表明しないうちに，特典や好条件を付加し，要請の応諾率を高める方法である。後で特典をつけることから，特典付加要請法ともよばれる。付加される特典としては付属品や景品が一般的であり，好条件の例としては購入時の手数料減や購入後のアフターサービスの提示などがあげられる。

この技法は，テレビの通信販売などで頻繁に使用されている。例えば，「今回，ビデオカメラを購入すると，充電器などの付属品キットがついてきます。また，景品としてビデオテープ20本をプレゼント，さらに，お支払いの金利手数料はわが社が負担します」といったやり方である。受け手である視聴者は，最初は商品を購入するには多額の費用がかかる（コストが大きい）と感じていたが，特典や好条件が付け加えられたので得をすると考えるようになり応諾率が高まるのである。

2節 同調と服従

他者（集団）との実際の接触によって影響を受けることもあるし，実際に他者（集団）と接触しなくても，他者（集団）はこう思うだろう（こう考えているだろう）と想像しただけで影響を受けることもある（1章の社会心理学を参照）。これは今流行しているからとか，自分の考えとは違うが他の人がこう言っているのでと思っているからである。みなさんは，ほんとうの気持ちとは違う行動を採ってしまったことはな

いだろうか。このように，他者の言動からさまざまな形で影響を受けた結果，自分の行動を他者の言動に合わせる，または近づけることを同調（conformity）という。

同調の問題は，特に社会的影響の中核をなすものである。ここでは，集団の規範や多数者の側への意見や行動の変容を扱った同調，権威への服従をとりあげる。

1．アッシュの同調実験

集団の他の成員が，全員そろって自分と異なる意見をもっているとしたら，そのとき，我々は，どのような心理状態に陥るであろうか。また，どのような反応をするだろうか。

アッシュ（Asch, 1951）は，こうした個人と個人，個人と集団との間の相互作用に表われる社会的影響過程を明らかにするために独創的な集団実験を行ない，集団圧力とそれに対する同調の関係について報告をしている。

基本実験はまず，実験参加者8人の集団に，2枚のカードを見せる。1枚には，線分が1本だけ描かれており，もう一枚のカードにはそれぞれ長さの異なる3本の線分が描かれてあった（図8-1）。実験参加者は，3本の線分のうち，どれが標準刺激（1本だけ描かれた線分）と同じ長さかを判断するように求められた。実験参加者は，順に答えを発表するようにいわれるが，じつは，8人のうち本当の実験参加者は1人だけであり，残る7人はあらかじめ決められた判断をするように指示されたサクラであった。本当の実験参加者が答える順番は7番目である。

実験は，前述したようなカードの線分の長さの判断を18試行行なう。このうち12試行が，サクラによって全員一致で故意に誤った判断がなされる圧力試行であった。なお，サクラおよび実験参加者は，いずれも男子大学生であった。

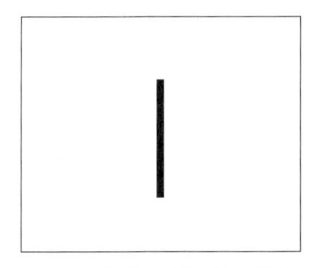

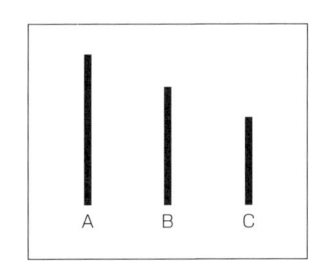

図8-1　アッシュが使用した課題刺激の例（Asch, 1951）

実験群の実験参加者50人の結果をみると，圧力試行時の回答の約1/3が，多数者であるサクラの誤った回答と同じ誤りか，長さにおいて同一方向の誤りをしていた。一方，統制群として，このような全員一致の誤りに直面しない実験もなされたが，そこでの実験参加者には，線分判断の誤りはほとんどみられなかった。

また，多数者であるサクラに対する反応には，かなりの個人差がみられた。実験群の参加者の1/4は，まったくサクラに影響されず，独立した正しい判断をした。一方で，1/3の実験参加者は，試行の半数またはそれ以上において，サクラの方へ同調していた。

一見同じように同調しているようでも，じつは表面的に合わせているだけの場合もあれば心底共感している場合もある。では，なぜ同調は生じるのであろうか。2つの理由が考えられる。第1に，他の人たちに好かれたいためであり，第2に，自分の判断・理解が正しいと確認したいためである。

2．同調の分類

ここでは，同調を別の角度からみていく。すなわち，同調は影響を受ける人の，影響の受け方によって区別することができるということを説明する。影響の受け方によって同調は，次の3つ，「追従」「同一視」，そして「内面化」に区別できる。

(1) 追従

他の人々から好意的な評価を得る目的で，実際には自分の考えを少しも変えていないのに，他の人々に同調する場合である。この場合には，その人は相手に言われるままに従順になるが，その集団から離れると，本来の自分の考えに戻ってしまう。したがって，追従は表面的な同調でしかないといえる。

(2) 同一視

影響を受ける人が，影響を与える人のようでありたいと思う，個人的願望（要求）から生じる同調である。追従と同じように，同一視では，影響を与える人の考えそのものが，影響を受ける人を満足させるから同調するのではなく，その考えを受け入れることによって，相手と満足のいく関係に身を置くことができるために同調する。この場合は，相手に対するあこがれがなくなれば本来の自分の考えに戻る。

(3) 内面化

他の人から取り入れた考えを自分自身のものとすることを内面化という。ある考えを内面化しようとする要求は，"正しくありたい"という願望に基づいている。そのため，影響を与える人が，信頼できる確かな意見を主張した場合，内面化されることが多い。一度ある意見が内面化されると，その考えは自分自身のものとなり，きわめて変化しにくくなる。

しかし，同調の原則があてはまらないケースもある。ここで扱ったものは主として多数者から少数者への影響であるが，逆に少数者が多数者に影響を及ぼす現象も明らかになっている。

3．ミルグラムの服従実験

「自分は悪くない，自分には罪はない。私はあくまで命令に従い役割を果たしただ

けである」とは，ナチの高官でおびただしいユダヤの人々を虐殺した責任者の1人であるアイヒマンが戦争犯罪を裁かれたときの言葉である。世界史に類を見ないほど残虐なことを行なったアイヒマンもいったん家庭に戻るとよき夫であり，よき父親でもあったといわれる。

　それでは，なぜこのようなことが起こってしまったのだろうか。この疑問を明らかにしようと試みたのが，ミルグラム（Milgram, 1974）の実験である。

　まず，新聞広告で「記憶と学習に関する実験への参加」を呼びかけた。実験参加者は20～40歳代にわたっており，職業もさまざまであった。参加者は2名1組となる。実験に先立って，クジ引きをして，1人が学習する側の生徒役で，もう1人は教師役となる。このクジには仕掛けがあって，実際の実験参加者は，必ず教師役になるようにしてあり，生徒役は，じつは実験のサクラだが，この時点では教師役の実験参加者には真相を伏せてある。実験参加者は，これは「学習におよぼす罰の効果」を調べるために行なわれるので，たとえ電気ショックを与えても，「それは生徒の記憶力を高めるものである」と攻撃を正当化された説明を受ける。

　教師は，生徒に記憶再生の問題を出し，生徒が間違えるたびに電気ショックを送り，しかも誤答のたびに一段階（15ボルト刻み）ずつショックを強めていくようにと実験者から指示される。

　実験を始めると，生徒はプログラム通りに時々誤った答えをして電気ショックを受ける。その都度に教師は，ショック水準を強めていかなければならない。それに応じて生徒は，"苦しみの演技"を行なう。15～75ボルト程度では不平をつぶやくだけだが，135ボルトでは苦しいうめき声を発し，195ボルトでは悲鳴をあげる。さらに，ショック送電器には電圧の値とともに，文字でかすかなショック，激しいショック，危険などが書かれており，電圧は480ボルトまであげられるようになっている。しかも，生徒がどんな反応をしようと電圧をあげるよう実験者から言われている。教師である実験参加者がもうこれ以上実験を続けるには忍びないと申し出ても，まだ学習は終わっていないので続行するように指示される。それでも嫌がる場合には「続けることが絶対に必要です」と強行に指示する。それでも再度の申し出があれば終了する。

　実験の結果，65％もの実験参加者が，実験の途中で相手に電気ショックを与えることを拒否しようと思いながらも，実験者の命令に従って極度に強い電気ショックを生徒に与えることが見出された（生徒は電気ショックを受けている演技をしていただけであった）。

　目の前で実際に苦しんでいる人々を見ていながらも，ごく普通の善良な人々が権威に服従（obedience）し，自らの役割を遂行してしまうことが明らかとなった。このとき，個人の性格は要因として働かないと推察された（図8-2）。

図8-2 服従の実験の様子（白井，2001）

　この実験から，先のアイヒマンの言葉が我々に迫ってくる。我々もまた，権威者からの命令や指示に従うことを強く要請され，それが正当な役割であると認知された場合，自分の意思に反する考えを採用し，行動する可能性があることが示唆されているのではないだろうか。
　それでは，なぜこのようなことが起こるのだろうか。教師が生徒を指導するのは重大な責務であり，その任務の遂行には時には罰を与えるのもやむを得ない，時には権力を行使するべきである，といった規範を自分たちが内面化しており，したがってこれは「悪いこと」ではなく，実験参加者たちは自分たちの行ないを「当然の役割を遂行した」結果であると帰属していたからと推察される。
　個人の置かれる状況によってはどのような人であっても反社会的行動（攻撃行動）をとりうることを示した点でその後の社会心理学にも多大な影響を与えた。戦争という負の遺産から残念ながら我々の学問は人間というもの，こころの闇のなぞを追求するきっかけを与えられているのかもしれない。
　「なぜ，あのような行動をしてしまったのか？」を解く手がかりとして同調のキーワードを入れて自己の行動を振り返ると，これまでとは異なる風景が見えてくるかもしれない。あるいは，また日常生活の中に潜む同調の罠，自分らしく生きたい気持ち

を阻害する同調，自己を苦しめる集団圧力の罠にこれまで以上に気づくのかもしれない。

3節 社会的促進と社会的手抜き

　ここでは，社会的影響の基本的な問題として，他者の存在の影響を扱った社会的促進と社会的手抜きを学ぼう。
　社会的促進（social facilitation）とは，オールポート（Allport, 1924）によれば他者の存在によって個人の行動が促進されることである。1章で示唆されているように「1人で作業する場合よりも他の相手と並んで作業する場合に，単純な運動課題における成績が上がる」ことを発見したトリプレット（Triplett, 1898）が行なった自転車の実験がこの領域の先駆的なものとされている。
　社会的促進は観衆効果（audience effect）と共行為効果（coaction effect）との2つに大別される。前者は，他者がいる場で作業することにより，後者は，他者と同じ行動に従事することによって，個人の行動が促進される現象である。
　しかしながら，一方で他者の存在は行動を妨害（抑制）することもある。こうした他者の存在による一見矛盾した現象を統合した形で説明しようとしたのが，ザイアンス（Zajonc, 1965）である。ザイアンスによると，十分に学習された反応は，観察者がいるところで促進されるのに対し，新しい反応の獲得は逆に妨害されるという。つまり，遂行（performance）は促進されるのに対し，学習（learning）は妨害されるのである。一方，共行為効果は動物の摂食行動に表われるという（Tolman & Wilson, 1965）。すなわち，動物は単独のときより仲間とともにいるときのほうが摂食行動が促進されるという。

1．笑いと社会的促進

　ある笑い刺激に対しておもしろいと思うか否か，すなわち，ある笑い刺激に対して個人が示すおもしろさの知覚や笑い反応は個人内要因のみで決定するのではなく社会的要因によっても変化する。このことは，他者存在による社会的促進効果を支持している（Chapman, 1973; Chapman & Chapman, 1974; Levy & Fenley, 1979）。
　志岐（2006）は，笑いの促進効果に注目し，バラエティー番組視聴者の反応が「他者」によってどのように変化するのかを検討した。そこでは，「他者」をともに視聴する者としての「他者」と，笑い刺激の送り手としての「他者」の2側面からとらえられた。具体的には，まずともに視聴する他者の影響に関して，その他者が誰かという他者属性によって，バラエティー番組における攻撃的な笑い刺激および性的な笑い刺激に対する実験参加者のおもしろさの知覚や笑い反応を他者に合わせる程度に違いが

みられるかどうかの検討がなされた。

その結果，攻撃的な笑い刺激や性的な笑い刺激に対する視聴者のおもしろさの知覚は，ともに視聴する他者との関係が親密であり同性である場合に促進され，親密でなく異性である場合に抑制されることを見出した。逆に反応を他者に合わせる程度は，他者との関係が親密でなく異性である場合に促進され，親密で同性である場合には促進されなかったのである。後者の結果は，笑い刺激の種類（攻撃的・性的）にかかわらず一致していた。すなわち，笑い刺激が暴力や性的描写のように道徳的観点から評価を隠し，ともに視聴する他者との衝突を回避する手段として用いられる可能性がある。その結果，ともに視聴している他者が，お互いの好みや非道徳的内容に対する寛大さを比較的よく知っている親密度の高い友人の場合より親密度の低い知人の場合に，笑いの表出をコントロールするような反応が促進されたと考えられた。

この研究は，他者に望ましい人間として受容されようと努める印象操作が，笑いを促進するだけでなく抑制する方向へも効果をもつことを示した点において興味深い。従来の研究の多くが他者存在による笑い反応の促進を明らかにしているが，逆に，この研究結果のように，他者存在により笑い反応が抑制される場合もある。例えば，成人実験参加者の場合，無反応な他者（サクラ）の存在が実験参加者の笑いや微笑みを単独状況よりも低い水準にまで抑制する効果をもつことが示されている（Chapman, 1996）。

2. 社会的手抜き

社会的手抜き（social loafing）とは，個人で作業するときよりも集団で作業する場合に作業量が低下する現象（Latané et al., 1979）である。また，この現象をはじめて発見したリンゲルマン（Ringelmann, M.）という研究者の名前に倣い，リンゲルマン効果とも言われる。

社会的手抜きの原因は，個人ごとの作業量の識別・評価可能性の有無であることが明らかにされている（Latané et al., 1979）。個人ごとの作業量が識別されている状況に比べて，個人ごとの作業量が識別されず，作業量が集団全体で合算される状況で社会的手抜きが生じる。ただし，集団成果に目標が伴う場合（小窪，1998）や，集団成果のフィードバックが与えられ，集団の能力水準が確認できる場合（Harkins & Jakson, 1985）など，集団評価が重要となる状況では消失することも明らかとなっている。

それでは，実験を紹介しよう。リンゲルマンは綱引きの実験をした。1人の場合，2人の場合，3人の場合，あるいは8人の場合といった集団状況の違いにより1人あたりの力の出し方，すなわち，課題への取り組み量（生産量）にどのような差異がみられるのかを検討した。

その結果，単独状況よりも集団状況のほうが作業量が低下した。すなわち，社会的

手抜きが生じたのである。実験は，1人で綱を引いた場合，100％の力を出していた。しかし，2人の場合は93％の力，3人集団の場合1人のときの85％，8人集団の場合1人のときの49％しか力を出していなかったのである（厳密に言うと，ここには力を出すタイミングのずれによるロスも含まれる）。

ラタネら（Latané et al., 1979）は，このようなリンゲルマン効果が，他の課題にも認められる一般性のある集団現象であり，社会的手抜きによるものであることを音を出す（声を出す）実験で明らかにしている。

実験の結果は，集団が大きくなると個々の成員が努力しなくなることを見出した。しかし，一方で一生懸命に努力しているのに音を出すタイミングが合わなくなったとも考えられる。そこで，この結果がほんとうに社会的手抜きの効果が示されたものなのか，どの程度成員間の協調の失敗によるものかの検討もその後行なわれた。そして，タイミングがずれる効率のロスも生じるが，明らかに社会的手抜きも生じることを証明している。

3．社会的手抜きを生起させる要因

それでは，なぜ社会的手抜きが起こるのだろうか。先行研究によれば，社会的手抜きは識別可能性（誰がやったかが明確かどうか）と評価可能性（こなした作業量がきちんと評価されるかどうか）が低い集団状況で生じることがわかった。また，課題への動機づけが，社会的手抜きの生起に影響を及ぼすことが明らかにされてきた（小窪，1996，1998）。

ラタネら（1979）は，社会的手抜きが生起する要因として，集団の仕事を行なう際の，インプットとアウトプットとの対応関係の明確性の低下をあげている。単独での仕事（作業）の場合，個人がその仕事に注ぐエネルギーと遂行との関係が明確であるが，集団で行なう場合には曖昧になる。それゆえ，社会的手抜きが生じるのである（白樫，1986）。また小窪（1991）によれば，社会的手抜きは一般に，誰がどれだけ仕事をしたのかがわかりにくい個人の作業量の識別可能性が低い場面で生じ，識別可能性が高い場合には抑制されるという。

小窪（1989）によると，従来の研究から，識別可能性と評価可能性が低い場合では，社会的手抜きが生じると説明されてきた。小窪（1989）の結果は，統制群と利己群において社会的手抜きが生起したことは従来の研究を支持するものであった。ただし，愛他群においては社会的手抜きが起こらなかった。

それでは，なぜ，愛他群では社会的手抜きが生じなかったのだろうか。認知的動機づけモデルの観点からは，単純課題で促進効果がみられるのは正または負の予期が増大する場合であるといわれているが，その中の正の予期が増大したゆえの結果であると解釈できるだろう。

【コラム】8-1：社会的手抜き

池上・小城（2005）は，作業量が個人ごとに調べられると教示される個人条件と，全員合計して調べられると教示される集合条件を設け，識別可能性と評価可能性がともに低い集合条件で，社会的手抜きが起こるか否かを検証した。その際，課題に対する動機づけとして，自分の作業が自分の利益になる利己的な動機づけと，自分の作業が他者の利益になる愛他的な動機づけを設定し，動機づけが社会的手抜きにどのような影響を及ぼすのかを検討した。

大学生を実験参加者として，実験参加者を1グループ9名または10名の3グループに分け，集団で簡単な手作業（コップの作成）をしてもらう実験を行なった。課題誘因群の操作は次の通りであった。なお，統制群では，「作業してください」という教示がなされただけであった。

愛他群では，個人条件の場合，「今日作っていただいたコップは，全部後日業者が来て1個15円で買い取ってくれます。そのお金は，貧しい発展途上国の子どもたちが学校教育を受けるための支援金として現地に送られます。お1人おひとりが作ってくださったそれぞれを買い取ってもらい，個別に支援金として送られます。みなさんのご協力をよろしくお願いいたします」と教示した。

集合条件の場合，「今日作っていただいたコップは全部，後日業者が来て1個15円で買い取ってくれます。そのお金は貧しい発展途上国の子どもたちが学校教育を受けるための支援金として現地に送られます。ここにいらっしゃる皆さんが作ってくださったコップを合計して，それをまとめて買い取ってもらいその全部を合計したお金をこの人数で均等に割って，個人名で支援金として送られます。皆さんのご協力をよろしくお願いいたします」と教示した。実験参加者に自分がコップを作るのは他者の利益のためだという印象を与え，この作業は愛他行動であることを強調した。

利己群では，個人条件の場合，「今日作っていただいたコップは，全部，後日，業者が来て1個15円で買い取ってくれます。お1人おひとりが作ったコップの個数に15円をかけて，その金額を報酬として後日お1人おひとりにお渡しします」と教示した。集合条件の場合，「今日作っていただいたコップは全部，後日業者が来て1個15円で買い取ってくれます。皆さん全員で作った個数に15円をかけて，その全体の金額をこの人数で均等に割って，お1人おひとりずつお渡しします」と教示した。実験参加者に報酬を与えるということを強調し，利己的な作業であると印象づけた。

実験操作の教示の後，実験参加者には実験者が戻ってくるまで作業を続けるように説明し，実験者は作業を始めるように合図をして実験室から出ていった。そして12分後に実験室に戻り，作業をやめるように合図した。

その結果を次の図8-3に示す。各群における条件ごとの実験参加者が作成したコップ量が従属変数である。

3節 社会的促進と社会的手抜き

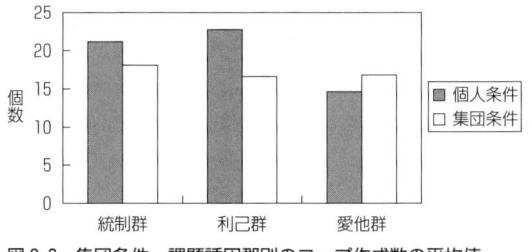

図8-3 集団条件・課題誘因郡別のコップ作成数の平均値
(池上・小城, 2005)

　集団条件（2）×課題誘因群（3）の2要因分散分析を行なった。課題誘因群のうち愛他群では，個人条件（$M=14.44$）よりも集合条件（$M=16.67$）の方が作業量が多い有意な傾向がみられた。このことは，愛他群では個人条件よりも集合条件の方が作業量が多く，従来の研究で明らかにされていた社会的手抜きが生じなかったことを示している。一方，利己群では，集合条件（$M=16.70$）は個人条件（$M=22.60$）よりも作業量が少なく，その差は有意であった。また統制群においても集合条件（$M=18.00$）は個人条件（$M=21.00$）よりも作業量が少なく，その差は有意であった。つまり，利己群および統制群では図8-3に示すように集合条件は個人条件よりも作業量が少なく，社会的手抜きが生じたのであった。

　負の結果の予期を増大させるのは，試験や運動競技のような競争的で評価的な集団状況である。負の結果が増大すると，努力，喚起，課題外のプロセスとともに高まると考えられる（小窪，1990）。社会的促進の研究では，喚起水準の上昇を示唆しているので，負の結果の予期の増大は，社会的促進の研究で示された結果に適合すると推察される。
　また，末永ら（1981）によると，ギーン（Geen, 1980）は社会的促進効果が認められるのは，実験者の前で共行動者との競争に負けるのではないかという不安が生じるような実験状況が設定された場合であると仮定している。正の予期が増大した場合とは，評価的でもなければ競争的でもなく，それでいてうまく遂行することにプラスの影響（社会的是認）があるような状況である（小窪，1990）。その正の結果の予期が増大するのは，集団にいることでまたは集団のサイズが大きくなることで，個人が受けるプラスの影響が増大することを意味する。では，愛他群での課題遂行はどのように説明できるのだろうか。これを今回の実験にあてはめてみよう。愛他行動は一般的に社会的是認を得ることができると考えられ，もしある個人が愛他行動に力を注いだら，集団状況ではそれは好意的に評価される。よって集団の中にいることで個人が受けるプラスの影響が増大することになる。そう考えると，この研究の愛他群での課題遂行は，単純課題における正の結果の予期の増大にあてはまり，促進効果が表われたので

はないかと考察された。

また，社会的手抜きは援助行動における責任の分散を考える上でも重要な示唆を与えてくれる（5章の援助行動を参照）。1964年，アメリカの某マンションで女性が暴行にあった。彼女（キティ）は殺されるまでに30分以上かかっている上に，38人ものマンション住民が目撃していながら誰も通報することなく結果，彼女は見殺しにされた。「誰かが」という集団心理の恐ろしさを表わす一例である。

4節 競争と協同

我々は常に競争にさらされている。例えば，友人よりも成績がよい，スポーツが得意である，歌がうまい，あるいは人気がある，容姿が良いなどさまざまな側面で競争することで他者より優位な立場に立ちたいと願う。それではなぜ，他者より優位な立場に立ちたいと願うのだろうか。この問いを解く手がかりの1つに，フェスティンガー（Festinger, 1954）による社会的比較理論（social comparison theory）がある。フェスティンガーは，我々は他者との関係の中で自分自身を評価する傾向があると主張した。すなわち，自分自身への評価を知りたいために他者との親しい関係を築くのだという。

このことは，競争が個人の能力水準に有効な基準を与えていることを示唆している。同時に，我々が常に誰かと比較しつつ，自信や自尊心を得たい，自己のリアリティを実感したいという欲求をもつ，他者からの承認を求める社会的存在であることを示しているのではないだろうか。

競争したいという欲求や動機づけが人間や集団の成長をもたらしてきたといえる。しかし，他方で，その競争が，不安，人間不信や疎外感をもたらすこともある。それゆえ，競争は，現代における教育問題，格差の問題に有益な示唆を与える概念であるといえよう。ここでは，そうした競争と協同について考えよう。

1. 競争とは何か？

競争（competition）とは，個人（集団の成員）や集団が目標を達すると他の個人や集団は目標に達することができない事態をいう。例えば，個人の場合，電車に乗った際に座席が1つしか空いていないと，1人しか席に座るという目標に達することはできない。また，ある会社に採用されるという場合，定員が1名ならば，応募した他の者はそのポストをあきらめざるを得ない。集団の場合も，チームどうしが競ったときには優勝したチーム以外は1位をあきらめざるを得ないだろう。そのため，競争的事態では，成員どうしあるいは集団どうしが，妨害的に相互作用し合う関係にあり，他の者あるいは他の集団に対して妨害的な働きかけが多く，他の成功に対して負の感情

をもちやすい。

他方，協同（cooperation）とは，個人（集団の成員）や複数の集団が同じ目標をもつとき，一部の成員が目標に達すれば他も目標に達することができる事態をいう。協同的事態では，成員どうしまたは集団どうしが助長的に相互依存し合う関係にあり，お互いに役割を交替したり分業したり促進的な働きかけをする。

2．競争をめぐる実験

集団間の競争と協同に関する示唆的な実験を行なった研究を紹介しよう。シェリフら（Sherif & Sherif, 1969）は，11歳から12歳の22名の少年たちを均等な2つの集団に分けて，「泥棒洞窟」というキャンプ場へ連れて行って実験を行なった。キャンプは3週間の予定で行なわれた。最初の1週間は，2つの集団は別の小屋で生活をし，お互いの存在すら知らされなかった。この間に，それぞれの集団の中では，ハイキングなどの共同活動や相互依存的な作業を通じ，仲間意識が強まり，集団の規範が形成され，しだいに，個々の成員の地位や役割が安定してきた。すなわち，内集団（in-group）が形成されてきた。1週目の最後のころ，別の集団の存在を知らされ，少年たちは，外集団（out-group）に競争意識を高め，仲間意識をさらに強めていったのである。

2週目から両グループを勝ち負けで競わせた。少年たちは，実験者より勝者には賞が与えられると伝えられた。2つの集団が競合するよう，野球や綱引きなどの競争的なスポーツが次々に導入された。これらの競技を通じて，集団の間では，お互いに対する敵対感情が徐々に高まり，相手集団やその成員を罵倒したり攻撃したりするようになった。他方，それぞれの集団の中では，凝集性が高まり，相手を打ち負かすという目標に向けて集団規範や地位・役割が再編されていった。この段階の最後に行なわれたソシオメトリック・テスト（友人調査）では，ほとんどの少年が自分の所属する内集団成員を友人として選んだ。

最終段階では，この集団間葛藤の解決が試みられた。最初の試みとして，2つの集団が，映画や花火や食事などの楽しい時間を一緒に過ごす友好的な接触機会が設けられた。しかし，この試みは失敗に終わった。集団間葛藤を最後に低減した試みは，2つの集団が協力しなければ達成できないような上位目標を導入し，相互依存関係を築きあげることであった。少年たちは，キャンプ生活を維持する上で不可欠の給水が止まってしまい，2つの集団が協力して故障箇所を探し出した。また，食料供給車がぬかるみにはまった際には，少年たちは力を合わせてその車を押してぬかるみから救い出すといった出来事を通して，敵対的感情は友好的なものへと変わっていった。3週間におよぶこのキャンプの最後に行なわれたソシオメトリック・テストでは，相手集団の成員が友人として選択される数は1/3に上った（図8-4）。シェリフは同様の実験を3回繰り返し（上述の実験は3回目），賞品などの希少資源をめぐる競争が集団間

の葛藤を引き起こすことを示し，その葛藤の低減のためには，単なる集団間の折衝ではなく，上位目標を達成するための協力的相互依存関係が必要であることを例証したのである。

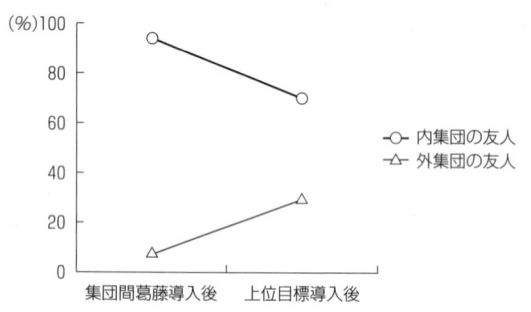

図8-4 集団葛藤導入後と上位目標後の友人選択（Sherif & Sherif, 1969)

　この実験では，集団と集団の間での葛藤はどのようにして発生するのか。その葛藤を解消する方法はあるのか，また，集団目標のありかたの重要性が示された。つまり，集団外に共通の敵を想定し，それを倒すという共通の目標があることで集団内の凝集性が高まること，葛藤の低減のためには，単なる集団間の接触ではなく，対立する集団が一致協力しなければ達成できないような上位目標の導入が有効である。また，競争から協同へどのように変化することが可能なのかが示唆されているといえよう。さらに，次のことも示唆されているだろう。現実に内集団の利益を脅かす集団が敵視されるとする。自分の所属する内集団と自分が所属していない外集団を峻別し，内集団を肯定的に評価する傾向がみられる。これによって自己評価を高め，同時に個人的アイデンティや社会的アイデンティティ理論（social identity theory）において提唱された，社会的アイデンティティを確立していることが明らかとなったと言えよう。
　ところで，ある政治家が国内で支持率が下がったときに，その上昇を目指し，仮想敵国を作って国内の結束を促すといった手法がある。上記の観点に立つならば，こうした，内集団の凝集性を高めるために外集団をあえて強調する手法の1つであると言えよう。
　少し飛躍するかもしれないが，もしかすると，地球に平和が訪れるのは，宇宙人が攻めてきたときだけなのかもしれない。あるいは，それぞれの個々人が，内集団を増やし，できるだけ多くの準拠集団もつ。さらには，多様なものを認め，さまざまな人や集団に共感することができ，やがては地球規模の連帯感をもてるならば，きっと争いは減少するのではないだろうか。

3．対人関係の認知次元からみた競争と協同（協力）

ウイッシュら（Wish, et., al 1976）は，対人関係をどのような次元に基づいて知覚しているかという点に注目した。彼らは，社会人と大学生を対象に，自分自身をめぐる対人関係，例えば，あなたと親密な友人との関係，配偶者との関係などを20個，典型的な25個の役割または関係（例えば，友人，夫と妻）を調和的─不調和的などの25対の形容詞対で評定を行なわせた。自分自身との関係の中には，子どものころの両親の関係を含む8個の子ども時代の関係と12個の現在の関係が含まれていた。

次の図8-5はそれに基づき，協力的─競争的と対等─非対等の2次元上の分布を示したものである。縦軸は対等か非対等かの軸である。ここでは，一番対等なのは親友であり，対等でないのは，両親と子どもであると位置づけられている。一方，横軸は，協力的か競争的の軸である。一番協力的なのは，夫婦，親友であり，競争的なのは個人的な敵である。みなさんの周りの対人関係をこの図にマッピングしてみよう。そして，この図と比較しながら，日々の自身の対人関係を振り返ってみよう。

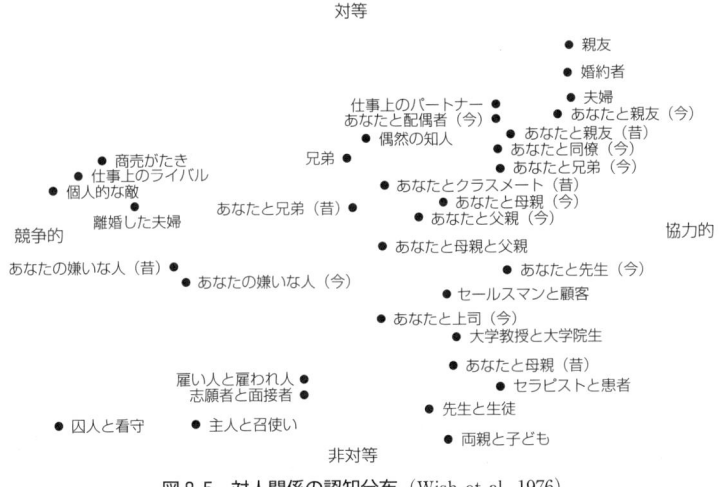

図8-5 対人関係の認知分布（Wish et al., 1976）

日々の生活の営みの中で我々は仲間との信頼関係や親和的な対人関係を育てていく。やがては，人と協力することがいかに重要なことであるかということがわかってくる。他者の中に人間としての像を結んでいく。自己のみでは自己は形成されない。他者との相互作用を通じて自己を形成していくといえよう。背景には，他者のこと，社会のことを考えることが，主体性の豊かな人間であるとの考えがあるだろう。

もちろん，共存するためには，当然，他者の協力を得ていくことであって，競争原

理のみでは限界がある。現在の教育や雇用形態における格差問題，それに伴う機会の不平等の問題，年間3万人を越える自殺者の増大は，新自由主義下の競争の負の現象が顕在化したものであるといえよう。元来，日本社会の中では，個人主義よりも集団主義が優位であったが，近年の終身雇用制度の崩壊により，集団主義のよい面，例えば，家族主義的な会社の中で心理的な安定を得るといったことは困難な状況になってきた。それゆえ，過度な競争と他者や集団との絆を感じにくくなり，その結果，人間不信や疎外感，孤独感をかかえて彷徨う人々が多くなってきていると思われる。だからこそ，いかに他者と協同するのかの問いがますます我々にとって重要，かつ不可欠な問題になっているといえよう。

◆さらなる勉強のために
◇ロバート・B・チャルディーニ（著）　社会行動研究会（訳）　2007　影響力の武器―なぜ，人は動かされるのか　第2版　誠信書房
　社会心理学者であるチャルディーニ自身が現実の営業マンとしての経験から理論を説得的にしている好著である。
◇トーマス・ブラス（著）　野島久雄・藍沢美紀（訳）　2008　服従実験とは何だったのか―スタンレー・ミルグラムの生涯と遺産　誠信書房
　ユダヤ人心理学者ミルグラムによる服従実験について詳しく述べられているだけでなく，ミルグラムの生き生きとした人物像が描かれている。

9章 集団過程

　野球やサッカーなどの集団で行なうスポーツでは，個々人のスキルも重要であるが，チーム一丸となってプレーすると個々人のスキルを上回るような結果を得ることがあるのはなぜだろうか。また，近年，企業トップの意思決定が間違っており，倒産に追い込まれる企業も多い。多くの優秀な人たちが話し合っていながら，どうして間違った判断を修正できないのであろうか。この章ではこのような集団の特徴，リーダーシップ，集団の意思決定などに関する内容を解説する。

1節　集　団

1．集団とは

　各地には有名な待ち合わせスポットがあり，多くの人々が待ち合わせをするためにそのような場所に集まってくる。それらの人々は集団といえるのだろうか？　広義には，集団とは多くの人などの集まりを意味しているが，一般に心理学では2人以上の人々によって形成される集合体で，図9-1に示したような特性が認められたときに集団とみなされる。すなわち，複数の個人から構成されていること，共通の目標や課題が存在し，目標・課題などに向かってメンバーが相互作用を行なっていること，集団

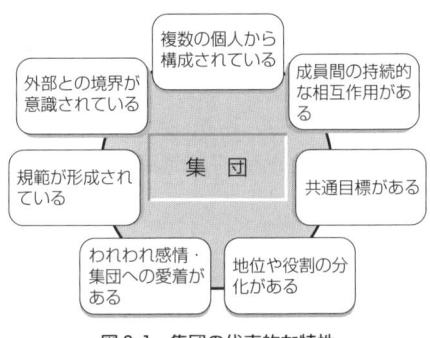

図 9-1　集団の代表的な特性

内に規範が発生していること，われわれ感情（we-feeling），集団への愛着があること，目標・課題などを達成するために成員が役割を担っていること，外部との境界が意識されていることなどが代表的な特性としてあげられる。これらの特性を同時に備えているほど心理学的には集団とみなされやすくなる。このような意味で，集団は単に空間的に接近し，その場に同時に存在しているだけの群集など（10章参照）とは区別されている。

2．集団の形態

では，我々が所属する社会にはどのような集団が存在するのであろうか。ここではまず，代表的な集団の分類概念についてふれよう。

我々の日常生活の中には，家族，学校，友人，クラブ・サークルなど，多数の集団が存在する。個人が所属していることを自覚し，そのことが他者にも認められているような集団は，所属集団（membership group）といわれている。一般には1人が多くの集団に所属していることが想定される。また，単に所属しているだけではなく，特に個人が成員として心理的に強く関係づけ，同一化している集団は準拠集団（reference group）とよばれ，個人の態度や行動の基準として機能する。準拠集団は，過去に所属していた集団や実際に所属していなくとも将来所属したいと思っている集団でもかまわない。そのため，準拠集団と思われる集団が複数になり，準拠集団間で特定の行動に関する基準が異なる際には葛藤が生じることになる。

家族は，ある人にとって所属集団であり，準拠集団と言えるかもしれないが，家族は別の集団概念で表現すると，一次的集団（primary group）といえる。一次的集団とは，家族，近隣集団など，直接的な接触による親密な結びつきがみられる集団であり，所属成員間に一体感，連帯感がみられ，道徳意識を形成する社会的原型としての機能をはたしている。そして，社会関係を強化して安定化させていくという機能を有するといった特徴がある。その一方で，学校，会社などは，ある関心に基づいて意識的に組織され，成員の間接的な接触という特徴をもち，二次的集団（secondary group）といわれる。

また，公式集団（formal group）と非公式集団（informal group）という概念で集団を分類する場合もある。公式集団とは，成員の地位や役割などが規則によって明確に定められている形式的な集団である。他方，非公式集団とは，自然発生的に形成された規模の小さな集団で，活動内容がそれほど明確ではないような集団である。

3．集団の規範

集団には役割や規範が存在する。集団規範（group norm）とは，集団内で共通に期待される標準的な考え方や行動様式のことであり，規範は成員間の相互作用を通して形成，確立されていく。集団規範が内在化されると，集団規範は成員の行動を強く規

定するため，自らが集団の規範に従い，日常生活においても集団の規範をもとに行動するようになるのである。すなわち，成員間でお互いの役割への期待感が強くなってくると，他の成員が期待する役割を演じて集団に貢献しようと自らも働きかけるようになるのである。集団規範に従えば成員からは称賛され認められるといった心理的報酬を受けるが，他方，規範から逸脱すれば罰を与えられたり，非難されたりといった否定的な結果を招くことになる。それゆえ，成員間で集団規範に従うように斉一性の圧力が働き，同調行動が生じやすくなる。このような集団内の規範が成員に及ぼす影響に関しては，8章の同調で詳しくふれられている。

4．集団の凝集性

　我々はどのような集団に魅力を感じ，その集団に所属していたいと思うようになるのであろうか。このような側面は，集団の凝集性から検討されることが多い。集団の凝集性とは，成員をその集団にとどまらせるように作用するすべての力の総体のことである。この凝集性は，集団のまとまりの良さを示す指標でもあり，具体的には魅力度や親密度などにより測定されることが多い。

　では，具体的な凝集性を操作した実験をみてみよう。シャクターら（Schachter, et al., 1951）は，集団の凝集性と生産性との関連を女子学生50名を対象にした実験により検討している。凝集性（高・低）と生産性（促進・抑制）の2要因により，①凝集性高―生産性促進群，②凝集性低―生産性促進群，③凝集性高―生産性抑制群，④凝集性低―生産性抑制群の4群を設定した。

　実験参加者は実験前に性格テストを受けており，実験直前に実験者との面接で，「所属集団はお互いに好意をもてるような人の集団である」（凝集性高群）か，「所属集団はお互いに好意をもてそうもない人の集団である」（凝集性低群）と伝えられた。これらの操作に関しては操作チェックで凝集性の高・低が確認された。次に，3名1組にして別々の部屋で紙を切る作業など3種類の課題が与えられた。実際にはすべて紙を切る作業であった。この作業量が従属変数として設定された。実験参加者はお互いに直接話はできないが，4分ごとに手紙で情報交換できた。しかし，各自に渡された実際の手紙は実験者が用意したものにすり替えられていた。実験時間の残り16分からは，「もう少し早く」などの生産性を促進する手紙と「もう少しゆっくり」などの生産性を抑制する手紙を受け取った。

　実験の結果，生産性の促進効果は，凝集性の高・低に関係がなかった。しかし，生産性の抑制効果は，凝集性の高い群によって認められた。すなわち，凝集性の低い群よりも高い群において，抑制する指示の手紙の場合にはその指示通りにしたのである。凝集性の高い集団では，同じ目標をめざして，「われわれ感情」が強くなり，親密度も増してくるといえよう。

　しかし，常に集団の凝集性の高さが良い結果を生み出すとは限らない。凝集性の高

い集団では，内集団（in-group）と外集団（out-group）の問題が発生しやすい。いわゆる内集団びいき（ingroup favoritism）がみられ，外集団に対する差別意識が強まったりすることもある。この点については，8章において集団間の競争と協同問題として代表的なシェリフら（Sherif et al., 1961）の古典的な実験が詳細に紹介されている。彼らの実験では子どもたちが対象になっていたが，子どもの世界だけではなく大人の世界でも集団間の同様の心理状態が確認されている。ここでは，企業を対象に行なわれた内集団びいきの研究結果をみてみよう。ブラウンら（Brown et al., 1986）は，製紙工場の5部門（製紙，加工，仕上げ，ホール，荷役，経営陣，技師）からランダムに選ばれた177人を対象に，内集団バイアスを検討している。研究知見では，表9-1にみられるように，自集団と他集団の貢献度を評価させると，ほぼ同じ部門どうしの評価が高くなっており，企業内でも内集団びいきをしていることがわかる。なぜこのような内集団に対するひいきが起こるのかは，社会的アイデンティティからのアプローチ（Tajfel, 1982）など，いくつかの視点から説明されている。

このように，凝集性が高い集団にもその凝集性の高さゆえの問題が存在するのである。それは，集団が進むべき方向性を決定するような場合にも影響を与えている。凝集性の高い集団では間違った方向へ進むことを止めることができないこともあり，極端な場合には集団を崩壊へと導いてしまう（本章3節の集団の意思決定を参照）。

表9-1 製紙工場における内集団バイアス：工場の経営に対する各集団の貢献度（Brown, et al., 1986を改変）

回答者（人）	評定対象						
	製紙	加工	仕上げ	ホール	荷役	経営陣	技師
製　紙（35）	6.3	5.3	6.0	4.8	5.5	4.7	5.8
加　工（40）	6.2	6.0	5.8	5.9	5.7	4.9	5.8
仕上げ（34）	6.1	4.7	6.0	4.6	5.3	4.4	5.0
ホール（29）	5.8	6.1	5.2	6.4	5.4	5.2	5.4
荷　役（19）	6.5	6.0	6.0	5.5	6.7	4.7	5.8

注）177人中，欠損値を除いた157データ分の分析結果である。
下線は自集団への評定結果を示しており，内集団びいきに関する基準となる。

5．集団のコミュニケーション構造

集団の凝集性を高めて集団を維持するためには，集団内のコミュニケーションのあり方も重要な要因となろう。集団におけるコミュニケーションネットワークには，サークル型，鎖型，Y型など多数のタイプが提案されている（Leavitt, 1951, Shaw, 1964など）。では，どのような経路が集団の維持に効果的なのであろうか。実際に集団の成員間でどのような経路を通して情報が伝達されるかにより，その集団の課題目

標達成にも影響が生じるという研究知見が報告されている。

　ショウ（Shaw, 1964）は，過去の研究結果を再検討して，ネットワークを車輪型，Y型，鎖型などの中心の明確な中心型（周辺度指数の高い型），サークル型や完全連結型などの中心が生じにくい非中心型（周辺指数の低い型）に分類している。そして，課題を単純な課題と情報を基に各成員が考えて判断しなければならない複雑な課題に分類した。その結果，課題が単純な場合には，中心型の方が非中心型よりも能率的で，エラーも少なかった。他方，複雑な課題の場合には，エラーが少なく作業も速く，作業能率，満足度ともに非中心型が優れていることが示唆された（図9-2）。そして，課題に関係なく，非中心型のネットワークの成員は，中心型の成員よりも多くのメッセージを送っていた。

　このように，いちがいに中心の明確なネットワークが常に満足度が高く，作業効率も良いとは限らないようである。現在所属している集団のネットワークを今一度見直すことは，より良い集団のコミュニケーション構築のためにも重要かつ必要であろう。

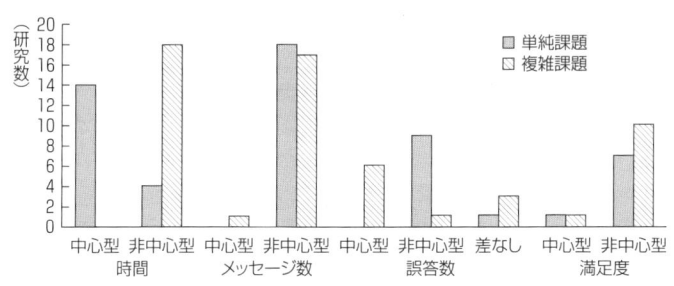

図9-2　ネットワーク型の効果に関する従来の研究結果の整理
（Shaw, 1964 より作成）

6．集団理解の方法

　自分が所属している集団における自分の位置づけやまわりの成員の役割を確認・理解するにはどうしたらよいであろうか。一般的には，集団の構造や規模，凝集性などさまざまな側面を検討することにより集団を理解することができよう。その方法として，観察，調査，面接や実験的な手法などが用いられている。

　ここでは，集団内における成員間の相互作用の変化をとらえる方法の1つであるソシオメトリック・テスト（sociometric test）を紹介する。これは，モレノ（Moreno, 1953）が提唱した小集団における人間関係構造を測定するために考案したものである。モレノは，ソシオメトリック・テストを社会集団が組織化されている程度を測定する道具として定義している。そして，集団成員間の人間関係を「選択（親和）」と「排斥（反感）」の力動的体系と仮定している。ソシオメトリック・テストの実用には対象者

の性別，年齢などいくつかのことを配慮する必要があり，現在では積極的な活用は減少しているようである。例えば，教育機関で実施する場合には，異性ではなく同性のみの名前を聞いたり，肯定的な方向のみの反応への回答を求めるなどの教育上の配慮が必要である。また，幼児などの場合には，クラスの子どもの写真から選ばせたり，

【コラム】9-1：ソシオメトリック・テストの研究例

ソシオメトリックにより対人関係の変化を調べた具体的な研究例をみてみよう。大橋ら（1982）は，2クラスの男女中学生84名を対象に，4月から7月までの1学期間の交友関係の変化を調べるためにソシオメトリック・テストを実施した。質問項目として，同性のクラスメンバーに対する対人関係の感情的側面とクラスメンバーがあなたに対して評定したと思われる感情的側面，パーソナリティ認知8項目7件法，前回から今回までの間に同性のメンバーと接触した程度を設定して，週1回ごとに繰り返して1学期間調査を実施した。また，1回限りの調査として，知能テスト，Y-G性格検査，教科興味調査，適応診断検査，進学理由，達成動機，親子関係，親和動機，I-E尺度などが設定された。

2クラスの一方のAクラス42名の中から1，2，3，15，17番の5名に注目したソシオグラムが図9-3である。ここでは今回特に17番の生徒の対人関係の変化をとらえやすいように点線の円で囲んで変化の軌跡をとらえた。このように，ソシオグラムは生徒がクラス内でどのように対人関係を変化させていったのかなど，クラスにおける対人関係の移り変わりが視覚的に把握しやすい。

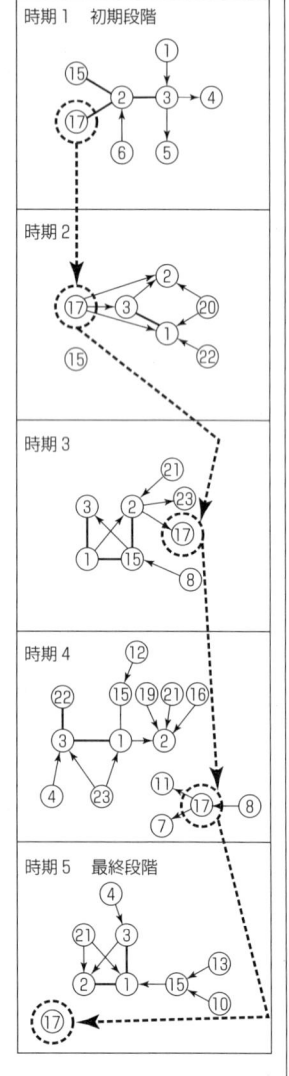

図9-3 ソシオメトリック・テストに基づくある女子中学生の交友関係の変化
（大橋ら，1982より作成）

仲良しの子どもへ手紙を出させるなど，回答しやすい方法が工夫されている。

　テスト結果の集計は，全選択・排斥関係を行列にまとめたソシオマトリックス（sociomatrix）によりまとめられる。次に，それらに基づき，成員間の関係を図示したソシオグラム（sociogram）とよばれる図を描く。ソシオグラムからは，個人が他の成員からどの程度選ばれているのか，集団から孤立しているのか，時間の経過とともに集団内の対人関係がどのように変化しているのかなどを把握することができる。

　ソシオメトリック・テストは，凝集性の改善資料として有益な情報を提供しているが，先に述べたように，現在は個人情報の保護，人権問題などにも慎重に配慮する必要があり，実施に際しては注意が必要である。

2節　リーダーシップ

　多くの集団では，リーダーが存在する。あなたの所属集団のリーダーはどのような人物だろうか。あるいは，その集団にふさわしいリーダーとはどのような人物だろうか。以下では，リーダーの役割，リーダーシップなどについて解説する。

1．リーダーの役割

　多様化する今日の社会では，所属する集団においてリーダーに求められる側面も多様化している。リーダーとは，集団内で集団の意見をまとめたり，集団をある方向に動かす力，影響力をもった人であり，集団内で最もリーダーシップを発揮する成員が一般にその集団のリーダーとして認められている。すなわち，リーダーは，集団で最も影響力の強い人であり，特定の地位についたものの役割行動といえる。集団によっては，リーダーは1人とは限らず，複数存在する場合もある。

　リーダーには集団の目標設定や課題遂行のための過程や手段，成員の意見をまとめ，集団を管理運営するなど，多用な側面の存在が仮定されている。リーダー自らが行なうものもあるが，成員に対する働きかけも多い。学校集団では教員からの子どもへ働きかけが重要かつ必要である。教師は，日ごろから子どものようすを観察して行動を把握し，的確な指示を与えるリーダーとしての役割を担っている。また，企業ではより明確に役割が分化されており，どのような人がリーダーになるかにより，企業の将来が決まるといってもよい。

2．リーダーシップ

　リーダーシップ（leadership）とは，集団の目標達成，および集団の維持・強化のために，成員が最大限に力を発揮できるように影響力を行使する過程である。リーダーシップ現象の解明を試みた諸研究では，その流れから，リーダーのもつ知能，性格

などの資質が集団効果とどのような関係にあるのかを検討するリーダーシップ特性理論，レヴィンら (Lewin et al. 1939) やリーピットら (Lippitt & White, 1943) のリーダーの特性と類型化の行動論，そして，1つのリーダーシップ・スタイルがすべての状況で最適であるとはいえないという基本的な立場をとるコンティンジェンシー理論，さらに，新たなリーダーシップ論へと展開されている。

(1) 特性理論 (traits theory)

どのような人がリーダーに向いているのかを調べるために，性格や知能など個人特性によってリーダーシップが決定されるという考え方に基づいて研究が進められた時期がある。例えば，多くの過去の研究結果に共通する優れたリーダーの特性を分類し，さらにそれらを，①能力（知能，機敏性，発言能力，判断力），②業績（学識，知識，運動技能），③責任性（頼もしさ，主導性，粘り強さ，精力的，自信，優越欲），④参加（活動性，社交性，協調性，適応性，ユーモア），⑤地位（社会・経済的地位・人気）などにまとめた報告がなされている (Stogdill, 1948)。また，成員がリーダーに対して抱いているリーダー・プロトタイプ像について調べた研究からは，文化を越えて共通のリーダーのポジティブな特徴（公正である，知的である，正直である，激励する，やる気を引き出す，自信を植えつけるなど21項目），文化を越えて共通のリーダーのネガティブな特徴（孤独である，わがままである，非協力的である，残忍・無慈悲である，独裁的であるなど8項目），文化によって異なる特徴（挑発的な，影が薄い，誠実である，憐れみ深い，論理的ある，野心的である，支配者である，個人主義的である，地位を意識している，集団内競争者であるなど34項目）が見いだされている (Den Hartogr et al., 1999)。

(2) 行動論 (behavioral theory)

特性論に関する研究が多数進められていた中で，集団が状況に応じてどのようなことを必要としているのかは一定しておらず，リーダーの特性と状況との関連を検討するという視点がしだいにリーダーシップ論として求められるようになった。すなわち，リーダーのもつ生得的な特性ではなく，リーダーがとる行動に注目した研究が進められたのである。

リーダーの重要な機能の1つは，集団内に社会的風土を創出することであり，集団のモラールや効果性は，生み出された社会的風土の性質に依存する。このような考えに基づき，例えば，リーピットら (Lippitt et al., 1943) は，リーダーの指導スタイルとして「専制的リーダー」「民主的リーダー」「自由放任的リーダー」の3タイプのリーダー条件を設定し，各タイプのリーダーが一定期間ごとに入れ替わる実験を行なった（図9-4）。その結果，以下のことが見出された。

①民主的なリーダーは他の2つのリーダーのタイプよりも好まれ，このリーダーのもとでは能率的で集団の雰囲気も良かった。リーダーが不在のときにも作業は自主的に続行された。

②専制的なリーダーのもとでは作業量は多いが意欲に乏しく,依存度が高く自己中心的であった。
③放任的なリーダーのもとでは,適度に好かれたものの非能率的で意欲も低かった。
以上のように,リーダーシップのタイプは集団の作業内容の効率や対人関係に影響することが見出された。

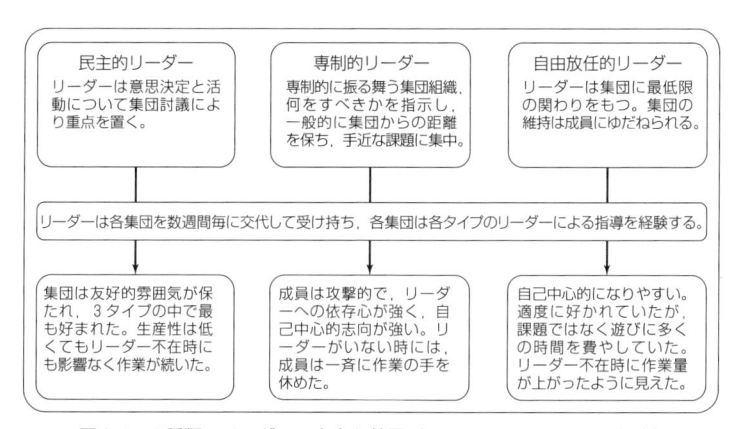

民主的リーダー リーダーは意思決定と活動について集団討議により重点を置く。	専制的リーダー 専制的に振る舞う集団組織,何をすべきかを指示し,一般的に集団からの距離を保ち,手近な課題に集中。	自由放任的リーダー リーダーは集団に最低限の関わりをもつ。集団の維持は成員にゆだねられる。
リーダーは各集団を数週間毎に交代して受け持ち,各集団は各タイプのリーダーによる指導を経験する。		
集団は友好的雰囲気が保たれ,3タイプの中で最も好まれた。生産性は低くてもリーダー不在時にも影響なく作業が続いた。	成員は攻撃的で,リーダーへの依存心が強く,自己中心的志向が強い。リーダーがいない時には,成員は一斉に作業の手を休めた。	自己中心的になりやすい。適度に好かれていたが,課題ではなく遊びに多くの時間を費やしていた。リーダー不在時に作業量が上がったように見えた。

図9-4 3種類のリーダーの内容と効果(Lippitt et al., 1943より作成)

リーピットらの結果は,民主主義の発達したアメリカにおける特徴であろうか。戦後すぐに日本でも類似した実験が行なわれ,民主主義による教育を受けていなかった人でも民主的リーダーの同様の効果が見いだされている。その後,さらに日本においても詳細な一連の実験を三隅ら(1984)が行なっている(コラム9-2参照)。

これら以外にも,リーダーの行動をもとに項目を作成し,部下による評定をもとにリーダーシップの次元を検討した研究がある。それらの研究では,おおむねリーダーの行動には課題達成に関する評価基準と人間関係の維持・配慮などの基準という2つの評価基準が見出されている(例えば,Likert, 1961や三隅,1984など)。三隅の提唱するPM理論では,集団目標を達成させるためのリーダー行動にかかわる集団目標達成機能(P機能:performance function)と,集団の人間関係にかかわり友好的な雰囲気をつくり出す集団維持機能(M機能:maintenance function)という側面をとらえている。この2つの機能をリーダーがどの程度果たしているかを部下に評定させ,それに基づいてリーダーシップを4類型としている(図9-5)。

三隅(1984)は,モチベーション・モラール,給与の満足度,会社への帰属,チーム・ワーク,集団会合への評価・満足度,コミュニケーション,精神衛生,業績についてPMタイプとの関連を,多くの日本企業で調査して検討している。その結果,一般的には,PM型のリーダーが最も高く,pm型が最もすぐれなかったことを示唆している。教育現場においても,PM型が最もすぐれ,pm型は最もすぐれないことを

【コラム】9-2：異なるタイプのリーダーシップが子どもに与える影響

三隅ら（1984）は，異なるリーダーのタイプのもとで同じ課題をする場合（第1実験）と，同じタイプのリーダーのもとで異なる課題をする実験（第2実験）を実施している。ここでは第1実験を取りあげて説明する。実験は，福岡市の小学5年生の児童を対象に実施された。実験参加者の知識，性格，交友関係，学業成績，家庭の社会・経済的条件の点で等質な男子のみ5名からなる6集団が編成された。所属集団決定に際しては，ソシオメトリック・テストにより交友関係が中程度であり，孤立児童や人気者でないことを確認し，学業成績，向性検査を実施して決定され，同一集団の成員は所属学級が異なるように組み合わせられた。1週5日間ずつ連続して2週間，毎日放課後60分間ずつ1室に割り当てられた。指導者役には大学助手および大学院生6名が割り当てられ，第1週課題は平面地図（1：147000）の作成，第2週課題はその立体地図の作製が設定された。指導者タイプは専制的・民主的・自由放任という3種類設定され，指導者は，第1週と第2週で指導者の性格統制のために自分自身の指導者タイプを変更して集団を交代した。すなわち，参加者の子どもたちは第1週と第2週とで異なる指導者から異なるタイプの指導を受けるように設定された。

主な結果は，①専制型条件では，リーダーに服従する型と攻撃する型の2種類の反応を示し，課題遂行時にはリーダーに依存していた。作業に対して熱心で，製作品の質的側面は高く評価されていたが，リーダーが席を外すとむだ話が増えた。②民主型条件では，課題遂行時に協調しあい，楽しんで作業していた。この条件では友好的発言も多かったが，その一方では攻撃的反応も多かった。また，製作品の量的側面の評価は高かった。しかし，リーダーが席を外すと他の成員に依存した。そして，③自由放任型条件では，課題遂行時も早く遊びたがり，下位集団の形成が見られず，協力し合うという意欲に欠け，最も仕事への意欲が低かった。リーダーが席を外すと不平不満が増えた。

リーダーのタイプが変わると成員の反応はどうなったのであろうか。表9-2にみられるように，その様式は著しく変化した。特に，仕事に対する熱心さは，第1週目に自由放任型の指導を受けた集団は，第2週目にどのタイプの指導を受けても熱心さは上昇した。また，第2週目に自由放任型に移行した場合には，熱心さが低下した。

表9-2　指導タイプの移行による反応様式変化（三隅ら，1984を改変）

指導類型	仕事に対する熱心さ（平均10点尺度）		不満・攻撃的反応（頻度）		友好的発言（頻度）	
第1週―第2週	第1週	第2週	第1週	第2週	第1週	第2週
専制―放任	10.0	3.8	10	213	35	116
専制―民主	9.4	8.8	210	247	130	245
民主―放任	7.4	4.0	240	145	115	125
民主―専制	7.4	8.0	70	55	110	81
放任―専制	5.0	6.0	225	155	80	133
放任―民主	4.8	7.8	215	275	100	194

小学生を対象に，6グループに分け，1週5日間ずつ連続して2週間行なわれた。第1週目と第2週目は指導方式を表のように変更して行なわれた。

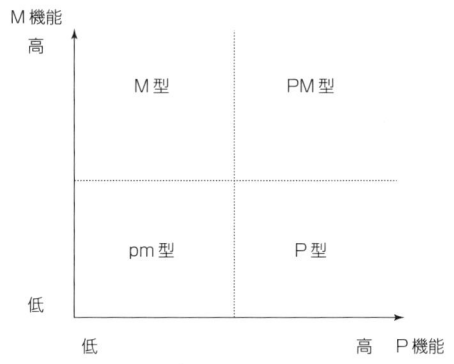

```
        M機能
        高
              M型      PM型

              pm型     P型
        低
              低        高    P機能
```

図 9-5　PM 理論に基づくリーダーシップ・タイプ（三隅, 1984）

見出している。このように PM 型と pm 型に関する結果は多くの研究で一貫して認められているが，M 型と P 型に関しては入れ替わることがある。

スミスら（Smith et al, 1989）は三隅の PM 尺度に項目を追加して，国際比較をおこなっている。その結果，課題・業績因子と配慮・集団維持因子といった 2 因子構造は各国で見いだされている。また，項目レベルでみると，西洋文化では業績の上がらない社員に対しては直接責めることが集団維持行動であり，アジア文化では個人を責めずに集団成員と話し合うことが集団維持行動にプラスとなるといった差異が見いだされている。このように，文化により異なる見方が生じており，国際的な企業展開をする際のリーダーシップやリーダーのありかたなどに有益な知見を与えている。

(3) コンティンジェシー理論

リーダーは，集団が抱えるさまざまな問題を解決し，状況に応じて柔軟に対応することが必要であり，リーダーと集団状況との相互作用を考慮する必要がある。この視点からフィードラー（Fiedler, 1978）は，集団の効果性に関するコンティンジェシーモデル（条件即応モデル：contingency model）を提唱している。具体的には，リーダーにとって最も好ましい共働者（MPC: most preferred coworker），あるいは最も好ましくない共働者（LPC: least preferred coworker）とみなした者に対する評定得点を，SD 法的に作成された尺度により算出する。最も好ましくない共働者を好意的に評価する人は LPC 得点が高くなる。そのような LPC 高得点のリーダーは，関係志向的であり，対人関係の維持に動機づけられており，好ましくないと思っている成員に対しても受容的であり，他方，LPC 低得点のリーダーは，課題志向的であり，課題の達成に強く動機づけられており，好ましくないと思っている成員に対しては否定的評価を下しているとされる。そして，集団の状況は，図 9-6 に示されたように 3 つの要因（リーダーと成員との関係，課題の構造化，リーダーの地位勢力）の組み合わせからなる 8 つのオクタントに分類され特徴づけられる。状況がリーダーにとってやや

有利な場合にはLPC高得点のリーダーが効果的であり，状況が不利か有利な場合にはLPC低得点のリーダーがリーダーシップをとることが可能とされる。このように，フィードラーは状況，集団自体の特性などにより効果的なリーダーシップのタイプが異なることを提案している。

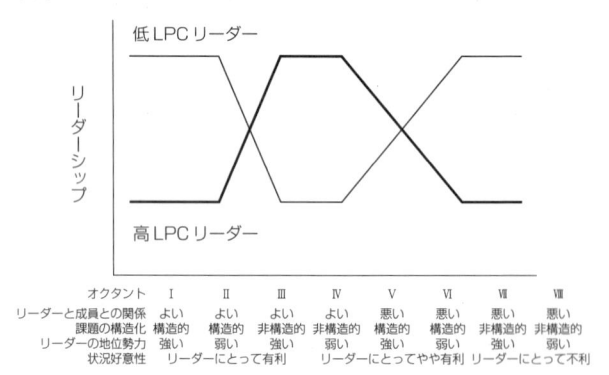

図9-6　フィードラーのコンティンジェンシー・モデルの概念図
（Fiedler. 1978）

上記以外にも，社会情勢に対応したリーダーシップ論が求められる中，例えばハウス（House, 1971）がリーダーシップをパス・ゴール理論から説明している。リーダーは，有意義な目標を設定し，明確化して，目標（ゴール）へと通じる道筋（パス）をみつけ，部下の満足度・動機づけを高めることなど，リーダーには成員から多数の役割が期待されている。目標が明確で方法も明らかな場合，すなわち，課題の構造化されている程度の高い場合と，逆に，課題が複雑で方法も多様な構造化の程度の低い場合とでは，リーダーの行動によって部下の満足度も異なることを示唆している。近年ではリーダー個人の特性だけではなく，状況や部下との相互作用などを考慮したものが増えている。

3節　集団の意思決定

「3人寄れば文殊の知恵」ということわざは，「愚かな者も3人集まって相談すれば文殊菩薩のようなよい知恵が出るものだ」（広辞苑　第6版）という意味である。しかし本当に3人のほうが1人で考えるよりも良い結果を生むのであろうか。以下では，集団の意思決定について解説する。

1．集団決定

1人では自分の行動を改善できないが，同じ目的をもつ人たちが集団となって同一

目標に向かって行動することにより，良い方向に行動改善できることがある。例えば，そのような効果を発揮している例として，禁酒・禁煙を目的とした集団などがある。このような集団では，同じ目標をもち，しかもその目標が明確（禁酒・禁煙など）であり，それに向かって相互依存関係が成立して集団内の斉一性圧力が強く働くため，お互いの行動を制御しやすくなる。個人で決定してその意思に基づいて行動するような個人レベルの意思決定においても，同調行動のように他者の存在が影響することが多い。

まず，この点に関して，レヴィン（Lewin, 1947）の古典的な実験例をみてみよう。この実験では，当時，家庭で牛レバーを食べることが少なかったため，政府の依頼で主婦に牛レバーを調理して日常的に食べてもらうにはどのようにすればよいかを実験的手法により検討している。まず，赤十字のボランティアの主婦を対象に，講義のみによる説得条件と集団決定条件を設定した。講義条件では，牛レバーが栄養のある食材であること，その調理方法を説明するという条件である。そして，集団決定条件では，参加者を小集団に分けて，①調理する上で主婦が出合う問題点を話し合ってもらい，その後，②牛レバーを調理して家で食べることに賛成するか，各参加者が実践行動を自己決定し，挙手をすることにより意思を表明するという流れで実施された。

実験結果によると，講義条件ではわずか3％が食べたにすぎなかった。しかし，集団決定条件では，32％が食べていた。このように，まず，集団の決定は自我関与度を高め，選択の自由度がある中で各自が自己決定して，さらに公言することで，行動変容が進んだと考えられる。これはレバーのみならず，乳児にオレンジジュースや肝油を与えることを母親に説得する場合にも有効であり，その効果は4週間後でも維持していることが見出されている。

2．集団極性化現象

集団における判断が必ずしも肯定的な結果とはならないこともある。そのような場合には，集団決定によってますます間違った決定を促進させたことになってしまうという側面をみてみよう。

集団討議の場で，極端な意見を述べて危うい決断に導いてしまう人はいないだろうか？　そのような場面では，個人決定に比して集団決定のほうがリスク度の高い意思決定を下す場合があり，リスキー・シフト（risky shift）とよばれている。逆に個人決定に比して集団決定のほうが安全性の高い意思決定を下すこともあり，コーシャス・シフト（cautious shift）とよばれている。ワラックら（Wallach et al., 1962）は，リスキー・シフトを実験により検討している。12種類の想定された問題で悩んでいる人に，6段階の成功の確率からアドバイスをするという課題を設定した。個人条件（最初の個人回答から1週間後に再度個人回答）と集団条件（最初の回答は個人で，その後集団で討論して全員一致した結論を出し，一部の参加者には2〜6週間後に再

び個人で回答）において，回答の差異を検討した。その結果によると，集団討議前の意思決定時より討議後の意思決定時の方がリスキーな方向への決定を下していることが示唆されている（図9-7）。また，集団討議をしない統制群では1週間後も個人の意思決定に有意な変化を示さなかったが，集団討議に参加した条件の人々の持続効果を検討した結果，2週間から6週間も集団討議後のリスキーな意思決定の効果が認められていた。

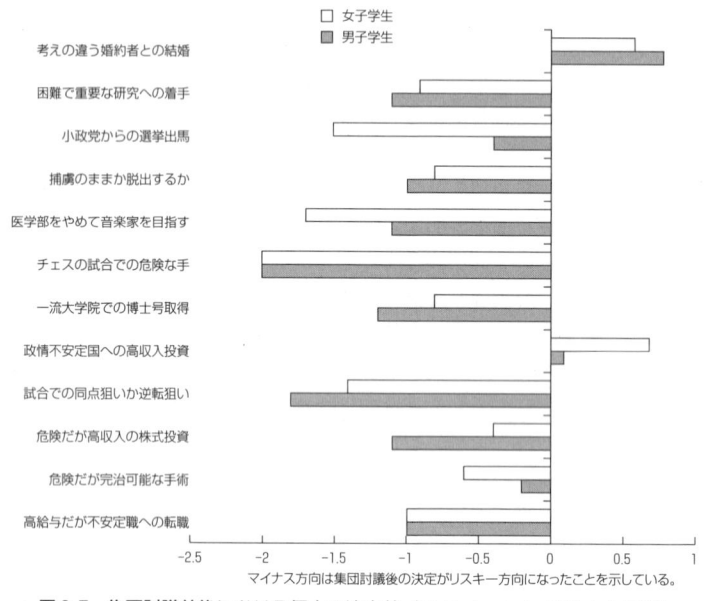

図9-7　集団討議前後における個人の決定差（Wallach et al., 1962より作成）

リスキー・シフト，あるいはコーシャス・シフトとよばれる極端な結論には，どのような心理的過程が関係しているのであろうか。このような問題は，集団極性化（group polarization；集団極化とも訳される）としてとりあげられている。これは，現象がもともともっている個人的な傾向が集団状況によって極端な結論になることをいう（Moscovici et al., 1969）。集団極性化現象は，社会的比較，説得的な論拠など，いくつかの視点から説明されている。

社会的比較からの説明では，自分の意見と他者の意見を比較して集団が望んでいる方向へと意思決定してしまうために，集団極性化が生じるという。リスキーな方向への決断が社会的に望ましい方向のものであれば，人はその方向へよりいっそう強くシフトしていく。まわりの意見を聞き比較することで，価値や規範に照らして自分の立場が明確になってくると，他者よりも優れている，劣っていたくないという意識が強まり，自分の意見をより極端な方向にシフトする傾向がみられる。集団成員は集団討

議後に集団規範に対する自分の評価を修正し，望ましい集団規範に沿った極端な判断をすることにより自己をアピールしようとすると考えられる。

また，説得的論拠からの説明では，集団討議の場で，自分がすでに抱いている考えを支持する意見が他者から提案されると，自分もその意見を支持して自己の考えを実現するように意思決定される傾向があるため，集団極性化が生じるという（Isenberg, 1986）。極端な判断ができること自体が能力の高さを示す指標とみなされている集団においては，極性化現象が生じやすい（Baron & Roper, 1976）。そのため，考えられないような極端な結論を出すことがある。

3．集団思考

ジャニス（Janis, 1972, 1982）は，集団思考（groupthink）という概念を用いて集団の意思決定の質と個人の意思決定の質の違いを検討している。集団思考（集団浅慮と訳される）とは，集団内で意見の一致を重視するために客観的に正しい判断ができなくなる現象である。集団の凝集性はその集団を構成する成員間の親密度を高め，同調性を高める機能を果たしているので，凝集性が高くなるほど集団思考現象が生じやすくなる。凝集性の高い集団では，他の成員の意見に反することを主張することは好まれず，成員間の協調性を高める方向に意識が強まり，同調現象が生じて成員が集団の決定にとって重要な情報の処理を間違う傾向がある。この他にも，外部評価・影響を受けない隔離された集団であることや，特定の方向への意見をもっている１人のリーダーによって支配されている集団であること，外的な脅威があることなどが，集団合意を促進・維持し，反対意見を抑制しようという願望を促進してしまう。

このような集団内の判断が社会問題に発展したり大惨事を招いたりした例として，アメリカ大統領ケネディの1962年のキューバ・ピグ湾侵攻の失敗や1986年に起きたスペースシャトル爆発事故直前の打ち上げ決定過程の事例などが有名である。集団思考を回避するためには，集団内の決定を外部評価する組織を構築することや，一方向の意見をもったリーダーに全権を委ねることを避けること，リーダーが批判的な意見も述べやすい状況を設定すること，逸脱者の役割を演じる人を設定することなどの対応が必要であろう。

集団において討論して意思決定をしなければならない場面は，企業などで行なわれる特別なものではなく，日常的に遭遇しているはずである。学校におけるクラスのホームルームでの話し合い，クラブ・サークルにおける方針検討，友人グループや家族内の話し合いなど，生活に密着したところでの何らかの問題に対する話し合いにもみられる。そのような場面では少なからず，ここで取りあげた集団極性化現象がみられたり，集団思考がかかわっていると思われる。また，日本においても裁判員制度が開始されており，このような集団における意思決定にかかわる心理的メカニズムの解明は，ますます重要な課題といえよう。

【コラム】9-3：NASAゲームによる集団決定

集団決定を実際にしてみよう。

集団決定をする題材としてNASAが考案したものがある。実際に個人で考える順位と集団で考える順位を比較して，そのプロセスも検討してみよう。なお，進め方の詳細は星野（2002）に紹介されている。

状況設定：月で遭難したときにどうするか。

> あなた方は，これからひとつの宇宙船に乗って月面に着陸しようとしている6人の仲間です。はじめの予定では，明るい方の月面で，迎えに来る母船と一緒になることになっていました。ところが，あなた方の乗った宇宙船は，機械の故障で，着陸予定地点（母船とのランデブー地点）から200マイル（約320キロ）離れたところに不時着してしまいました。
>
> そのときに宇宙船もほとんど壊れ，載せていた機械や物品もかなり使用不能となりました。だから，なんとかして母船にたどり着かなければ，あなた方は全員遭難ということになるのです。15の品物は，不時着のときに破損を免れて，完全なまま残っているものです。
>
> これらの物品に，これから300キロの月面の旅行により必要なものから，その重要度に従って順位をつけ，大事なものから優先的に運ばなければなりません（表9-3参照）。
>
> 一番必要なものを1とし，以下順に2，3を決め，一番必要でないものを15としてください。

表9-3　破損を免れたもののリスト（星野，2002）

	破損を免れたもの	順位		破損を免れたもの	順位
1	マッチの入った箱		9	月から見た星座表	
2	宇宙食		10	救命いかだ	
3	ナイロン・ロープ（15m）		11	磁石	
4	落下傘の絹布		12	水（19ℓ）	
5	携帯用暖房器		13	信号用照明弾	
6	45口径ピストル（2本）		14	救急箱	
7	粉ミルク（一箱）		15	太陽熱式FM送受信器	
8	酸素ボンベ45kg（2本）				

まず，個人的順位づけをして後，グループで集団的順位づけを実施する。その後，NASAが作成した正解と，個人・集団の決定内容と比較して差をもとに得点化する。このゲームでは，正解（星野，2002に掲載されているので参照）が存在しているので，正解からのズレを基に得点化がなされる。

◆さらなる勉強のために
◇田尾雅夫（編著） 2001 組織行動の社会心理学 北大路書房
　本章で取り上げた集団関係の中では取り扱えなかった組織における諸問題を解説しており，社会を組織という視点で解説している。
◇坂田桐子・淵上克義（著） 2008 社会心理学におけるリーダーシップ研究のパースペクティブⅠ　ナカニシヤ出版
　古典的なものから最新のものまでリーダーシップ研究を網羅しており，新しい理論も解説されている。

10章
集合現象

　今世紀に入ってからも地球上では，津波や地震など自然災害がいく度となく各地で発生している。人々が逃げまどい，暴徒と化した人々が商品を略奪している光景をテレビで見た人も多いであろう。そのような状況では，種々の流言も飛び交い人々は翻ろうされてしまう。このような流言や災害時のパニックといった人々の行動は集合行動（collective behavior）と言われる。

　本章では，未組織で，偶発的に生じた人々の集まりである集合行動に焦点を当て，その心理的過程をみていく。集合行動とは，9章で取りあげた集団とは異なり，広範囲にわたる多数の人々による未組織で流動的な社会的行動のことである。この概念には，多様な現象が含まれている。日本社会心理学会の研究領域としてあげられている集合現象の細目には，流言，普及・流行，電子ネットワーキング，マスコミュニケーション，消費・生活意識，広告，投票，政治意識などがあり，広範囲に及んでいる。特に，本章ではそれらの中から群集，流言，流行を取りあげる。

1節　群　集

　はじめに，暴動や買い占めなど，群集とよばれる人々の集まりが引き起こす問題をみてみよう。

1．群集の分類と特徴

　不特定多数の人が，一定の場所に集まっている集合体のことを群集（crowd）という。一時的・定期的に共通の目標に向かって行動するものの，その目標行動はその場限りであり，集まった人々の間には，集団に認められるような明確な地位や役割の分化がみられない。このような群集には，いくつかの側面があげられている。例えば，ブラウン（Brown, 1954）は，動態的に活動するモブ（mob：暴衆）と受動的な聴衆（audience）の側面に分類している（図10-1）。モブはさらに攻撃的，逃走的，獲得的，表出的の4つの行動傾向に，そして聴衆は意図的，偶発的の2つの行動傾向に分類され特徴づけられている。

　では，それらを詳しくみてみよう。攻撃的モブとは，不満や不平がつのり，欲求

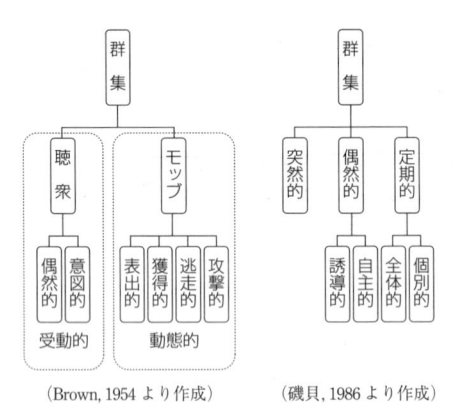

```
                    群集                              群集
              ┌──────┴──────┐              ┌─────────┼─────────┐
             聴衆          モップ          突然的    偶然的    定期的
           ┌──┴──┐    ┌────┼────┬────┐            ┌──┴──┐   ┌──┴──┐
          偶然的 意図的 表出的 獲得的 逃走的 攻撃的   誘導的 自主的 全体的 個別的
          受動的        動態的
       （Brown, 1954 より作成）              （磯貝, 1986 より作成）
```

図 10-1　群集の分類

不満の原因となる対象などに対して攻撃・排除しようとする群集である。具体的には，リンチ，暴動，テロなどの事態が該当する。逃走的モップとは，災害などの際に逃げる人々や，統率されていた集団から規律が崩壊した際にバラバラになる人々など，苦痛や恐怖などから逃げ，身の危険を感じて防御しようとする群集である。感情的になり非合理的な事態を回避するために行動しているといえよう。獲得的モップとは，ある状況下での限られた対象をわれ先に獲得することに必死になり，他者に気を配る余裕もない状態の群集である。銀行の取りつけ騒ぎやトイレットペーパーの買い占めなどに奔走するときの人々の集まりで，感情的で非合理的な状態といえよう。そして，表出的モップとは，自己の信念の表明，意思の表明，感情の表現を行なう群集である。その場に偶然に集まった人々が，その状況を受け入れてストレス解消のために騒いでいる状態といえよう。いわゆるどんちゃん騒ぎであり，退屈な日常からの解放行為である。このようにモップには，同質性，情緒性，そして非合理性という側面がみられ，人々は打算的で利己的な心理状態となっている。

　さて，群集のもう1つの聴衆についてである。意図的な側面は，スポーツ観戦などに集まった群衆であり，偶発的な側面は，たまたま出会ったけんかの場面など，好奇心で偶然集まったような人々の行動傾向をとらえた分類である。

　また，磯貝（1986）は，今までの諸研究をもとに群集の概念を整理して，群集を，定期的，偶然的，突発的な側面に分類している（図10-1）。定期的な群集の中の個別的な群集とは，通勤電車やバスの中で毎日出会うような人々の集まりのことである。また，全体的な群集は聴衆とよばれる分類であり，同質的なもの，特定集団の成員，劇場に集まる聴衆や観衆などの集まりである。偶然的なものは，バス停や駅で居合わせるような自ら進んでその状況にいる人々からなる自主的な群集と，何らかのものによりひきつけられて集まったような誘導的な群集に分けられる。そして，突発的な群

集とは,事故現場などに集まっている人々である。

このように群集はいくつかに分類され特徴づけられているものの,ある瞬間には別の分類の特徴をもつ群集へと変容することもあり,絶対的というよりもむしろ流動的ととらえた方が理解しやすいであろう。また,諸研究者に共通する群集の特徴としては,例えば,個人は多くの人々の中に隠れてしまって匿名性が進むこと(匿名性),そのような状態では自分の言動に責任をもつ人がいなくなって無責任な状態になること(無責任性),そして,多くの人がわれを忘れてまわりの状況にのまれてしまい,暗示にかかりやすくなること(被暗示性)などがある。

2．群集行動の生起メカニズム

では,群集行動は,どのようにして生起するのであろうか。今までに,暗示・模倣,感染,欲求不満,規範,収斂などの側面から群集の心理的メカニズムの説明がなされてきた。これらの視点は他の集合行動を説明する際にも有用であろう。ここでは,暗示・模倣説,感染説,規範創設説をとりあげて説明する。

(1) 暗示・模倣説

暗示とは,論理的な根拠なしに,伝達される内容を受け入れてしまうことであり,模倣は,人から人への説得により,あるいは権威により,任意あるいは強制的に特定の信念,あるいは欲望を伝達する傾向のことである(Tarde, 1890)。社会的な原因と物理的な原因により模倣がすすみ,それは人の内面から外面に進行していく。マスメディアが発達している社会では,論理的解釈なしにメディア等からの一方的な情報に受動的に反応してしまうことがあり,主体性がなく群集行動の生起を促進することになる。例えば,スポーツの試合で勝利に酔いしれてファンが騒いでいる状況に遭遇した人が,ファンでもないのにその騒ぎに加わってしまうことなどは,この視点からの説明も可能であろう。

(2) 感染説

インフルエンザは周りの人々に感染して蔓延していくが,集合行動においてもこのような感染過程がみられるという。牛・豚の口蹄病,鳥インフルエンザやSARS(サーズ),新型インフルエンザの世界的蔓延など,ウィルスが短時間に広範囲に感染していくように,信念,感情や価値などがある人から別の人へと次から次へと感染して,急速に広まって,人々を巻き込んで渦巻き状に影響の環を広げていくことにより,群集が発生する。

(3) 規範創設説(創発規範説)

既存の社会的規範が存在しない場合や存在していても機能が働かない状態から,新たな規範が生み出されることがある。今までの価値観が変化するような社会変動期では,非日常的な規範がその状況での規範となり,それを受け入れて人々が同調すれば,それがその社会での新たなる規範となって,それに沿った行動が発生する。情勢が不

安な時期に起こると過激な行動をとる傾向がある。

2節　流　言

現在，世の中には数え切れないくらい流言が存在していると考えられる。その内容は個人的なものから企業や社会，国といった規模まで，多種多様であろう。どうして人は他人の噂が好きなのであろうか。この節では，流言について取りあげて，流言の特徴を理解し，その過程をみてみよう。

1．流言とデマ

流言（rumor）は「根拠のない風説。うわさ。浮言」と広辞苑（第6版）には記されている。ある人の身の上やものごとについて影で話したり，根拠もなく言いふらすことなどは，身近なコミュニケーション現象として日常的にみられる。場合によっては対人関係を円滑にする妙薬ともなりえるのである。例えば，図10-2は，AからJまでの奥さんが順にキング夫人のことを話していく過程を示しているが，誰しもが経験するようなたあいもない会話の中から生じる大きな勘違いの例である。最後のJ夫人に伝わった段階で元気なキング夫人は死亡したことになってしまっている。

社会心理学ではこのような流言を，例えば，確かさを証明することのできる具体的なデータがないにもかかわらず，次々と人々の間に言いふらされ信じられていく出来事に関する記述のこと（Allport & Postman, 1947）と定義している。流言の特徴は，①人から人へ伝わっていき，②密かにささやかれることが多く，③事実の確証なしに

A夫人→B夫人；「キング夫人は，今日どちらにお出かけでしょうか？　ご病気かしら。」
B夫人→C夫人；「キング夫人がご病気らしいと，A夫人が心配していらっしゃったわ。」
C夫人→D夫人；「キング夫人がご病気だそうよ。重くなければよろしいのに。」
D夫人→E夫人；「キング夫人が重病なんですって。早くお見舞いに行かなければ。」
E夫人→F夫人；「キング夫人がひどくお悪いんですって。D夫人が呼ばれたそうよ。」
F夫人→G夫人；「キング夫人が重体だそうよ。ご親戚のかたが集まっているらしいわ。」
G夫人→H夫人；「キング夫人のことご存じ？　もうお亡くなりになったのかしら。」
H夫人→I夫人；「キング夫人はいつお亡くなりになったのですか？」
I夫人→J夫人；「キング夫人のお葬式にいらっしゃいますか？　きのうお亡くなりになったそうよ。」
すぐにJ夫人はキング夫人にであった。
J夫人→キング夫人；「あなたがお亡くなりになってお葬式だって伺いましたわ。いったい誰がそんな嫌なうわさを流したのかしら？」
キング夫人；「あら，知らなかったわ。私はいつ死んだのかしら？　きっと私が死んだらお喜びになる方がたくさんいらっしゃるのでしょうよ。」

図10-2　うわさの伝達過程における変化（Allport & Postman, 1947より作成）

語られる情報であり，④その情報内容が歪められていき，⑤それを伝える人の感情と関連していることにある。このような流言が発生する条件には，情報を受け取った人の感情，性格，情報処理能力や情報への興味の程度などの個人的要因が関係している。流言の原動力は人間の欲求や感情であり，共通感情をもった集団の内部で，人から人へと伝わっていく。また，社会的に緊張・不安定な状態といった社会的要因が関係していると考えられる。戦争や地震・災害などの際には，人々の不安や恐怖，不満などの感情が基礎となり，社会問題にかかわる流言が発生する確率も高くなる。

2．流言のとらえ方

流言を理解するには，どのような側面をどのようにとらえればよいのだろうか。オルポートらは，流言をとらえるための個人的・社会的要因（条件）として，主題の重要性とあいまいさという2つの側面を設定している。そして，流言の大きさは，主題の重要性とあいまいさの積によって決まるという下記に示されたモデルを提唱した。

$R \sim i \times a$
　　R：rumor（流言の大きさ）
　　i：importance（主題の重要性）
　　a：ambiguity（主題のあいまいさ）

このモデルによると，流言は主題が重要であると受け止められるほど，また，その内容もあいまいであるほど，大きくなる。災害時などは情報が錯綜してあいまいになり，状況を正確に把握できない。災害など命にかかわるような人々の関心が強い内容であれば，流言は急速に広まっていきやすいといえよう。木下（1977）は，主題に対する関心や動機づけが極端に高まった状態では，批判能力，伝達の統制は不可能となり，流言が発生し，それらが促進されることを指摘している。

また，流言の内容と流言の信用度に関して調べた結果，図10-3のように内容がネガティブな流言のほうがポジティブなものよりも，また，内容の信用度が低いより高い方が流言の伝達率の高いことが示唆されている（Rosnow et al., 1986）。このように，その後の研究で，オルポートが示した重要度とあいまいさ以外にも，信用度や不安など，他の要因が流言発生に影響していることが示唆されている。「悪事千里を走る」というが，良い内容よりも悪い内容はすぐに広まるようである。

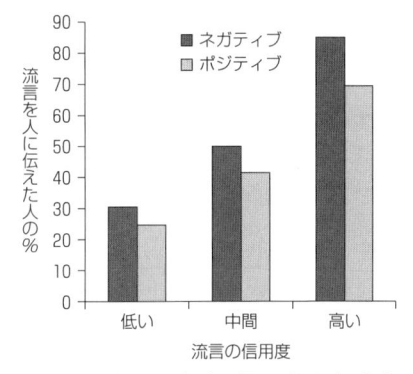

図10-3　流言の内容，信用度と伝達率
（Rosnow et al., 1986より作成）

3. 流言の変容

　先の例にあるように，流言はその伝達過程において多かれ少なかれ変化・変容してしまう。流言の内容が変化する事に関して，オルポートら（1947）は，①平均化，②強調化，③同化の3つをあげている。すなわち，伝達が進む過程でしだいにむだな部分が切り捨てられ短く簡略化されていって平均化されたり，流言の中で強い印象を受けた部分が記憶に残りやすいので強調される。このような流言の変化には，系列位置効果が認められ，文脈の中間部分は欠落しやすく，初頭効果や新近効果が生じる。さらに伝達者の主観による枠組みに沿って再構成され一貫したものになるとしている。

　オルポートらの流言に関する研究知見は，日常生活における流言に関する現象を反映していると言えるのであろうか。社会心理学の実験的研究に対する批判と同様，オルポートらの研究に対してもその知見の一般化に対する問題が指摘されている。彼らの研究知見は実験的な研究から見出されたものであり，それらに比して現実の流言では平均化等の現象が生じにくいことが指摘されている（木下，1977）。すなわち，次のような点が実験的な知見と現実的な知見による差異として生じるという。

①現実社会の流言は，短命ですぐに消滅するため平均化が生じにくい。
②実験では中性的な刺激が使われ興味が低い状態で行なわれるが，現実社会の興味ある題材については注意して聞いて記憶しようとするために内容変化は生じにくい。
③現実社会の流言は，受け手も積極的に流言を取り入れようとして，情報内容を確認して内容理解を試みる。その結果，筋の通った方向への強調された変化をするか，逆に不正確さを増してしまうかである。
④現実社会では，一方通行的な単純な経路を想定した実験におけるコミュニケーション・ネットワークよりも，複雑なネットワークが構築されており，情報の確認機会も多い。
⑤現実場面では，実験的な教示に関係なく，伝達者自身の視点，表現で伝えていくため，情報の強調点も異なる。

　本来，流言は悪意をもたず，自然発生的に生じてくる側面をもち，特定の人のためのみに流される情報ではない。この点はデマ（demagogy）とは質的に異なっている。デマは，意図的に虚偽の情報を流し，ある対象者の意見・行動に影響を与えるものである。悪意はなくとも人々に否定的影響を及ぼす場合がある。特に人の生命にかかわるような情報は重大な結果を招きかねない。そのような流言が1人歩きし，人々の不安が高まり，パニックを発生させることもある。

　このような現象は，一般に災害時，政治的圧力等がかかったときにも生じる可能性がある。アメリカでH. G. ウェルズの小説を実況放送したラジオドラマで，火星人が来襲したように放送された内容を信じた人々がパニックとなった「火星からの侵入」

(Cantril, 1940) は有名である。この事例では，1930年当時の国税調査によればアメリカ国内には7500万人の投票年齢の人々がおり，アメリカ世論調査所の調べでは，その12%（900万人）が放送を聞いていたと予測できるという。回答者中28%（約170万人）がニュースだと信じており，その中で，70%（約120万人）が驚いたか不安を感じていた。アメリカ世論調査所とホッパー調査所の結果を総合判断すると，最終的には600万人がこの放送を聞いたとも推定されている。電話や手紙による問い合わせが普段の数倍になったことが各種調査により報告されている。そして，放送後の3週間，新聞記事の切り抜き（1250例）を分析した結果，3日前後で急激に記事量が減少しているものの，かなりの関心が5日間にわたり続き，第3週の終わりにも依然としてかなりの量の記事があったことが報告されている（Cantril, 1940）。これらのことからも当時の人々がこの事件に関心をもち，かついかに混乱したかが想像できるであろう。

4. 流言対策

流言は，個人を対象としたものばかりではない。国家レベル，民族レベル，企業レベルなど，一端広がると大きな被害を被ることがある。他企業からの利害の絡んだ攻撃方法としてデマが使われることもある。また，消費者が企業に対してクレームをつけたときに，企業側がどのように対応するかにより消費者側が悪意に満ちたデマを流すこともある。ファイン（Fine, 1985）は，企業に対する流言内容と企業名の一覧をまとめており，それをみると食べ物による流言やデマが多い。例えば，ボール紙・猫の目・おがくず・ミミズ・生ゴミなどが入った，あるいは原料としているなどといった食品に関するものである。ファインは，このような企業に対する流言が生じる原因として，①企業規模と独占度，②地域独占度，③商品の新奇さ・革新性，④企業の権威度という4つの視点を示唆している。

では，いったん流言の対象にされてしまうと，企業としてはどのような対応が最善なのであろうか。その流言を直接否定することが効果的なのだろうか。それとも，企業として冷静に受け止め無視することが有効なのであろうか。代表的な対応方法として，否定・対抗・無視といった戦略が考えられている。否定的な対応方法は，流された流言を直接否定する戦略であり，企業の力をもって流言内容が事実かどうかを明確にすることなく封じ込めようとしていると受け止められる可能性がある。そのときの状況を取り違えて，対応を間違えれば企業イメージの低下は避けられないかもしれない。対抗的な戦略は，流言の否定ではなく，企業としての社会への取り組みをアピールし，肯定的なイメージ作りによる流言対処方法といえる。無視する方法は，「人のうわさも七十五日」と言われるように，人々の関心が時間の経過とともに他のものに移り変わり，流言そのものが自然消滅するのを待つという戦略である。

例えば，チボーら（Tybout et al., 1981）は，有名なハンバーガーのコマーシャル

【コラム】10-1：日本企業に関する流言

日本の企業に関する流言には，どのようなものがあるのであろうか。南（1976）は日本における流言の内容の特色から，①浄化型，②了解型，③願望型，④話題型，⑤攻撃型，⑥好奇型，⑦恐怖型，⑧不満型，⑨不安型という9つに分類している（表10-1）。その中で日本企業に対するものとしては，話題型に分類された「味の素の原料はヘビである」という「味の素」に対する流言が有名である。この流言が悪意に満ちたものであったかは賛否両論あるが，全国レベルに広がった。これに対して会社（合資会社鈴木商店　現「味の素株式会社」）は，大正11年当時「誓って天下に声明す。当社の製品は断じて蛇を原料とせず」という新聞広告を出して対応したが，関東大震災以後にようやく沈静化したという（松山，1993）。工場の周りは荒れ地で多くのへびがいたことなどが影響しているのか，営業妨害のためなのか，不明である。流言を逆にたどり，その経路を特定化することができる例はそれほど多くないのである。

表10-1　日本近代史に残る流言の分類（南，1976より作成）

流言の型	出来事例	内　　　容
浄化型	ええじゃないか	1867年王政復古の大号令が発布される間，国内で「ええじゃないか」という踊りが流行した。名古屋で伊勢神宮の御札が舞い下りたことから，民衆が祝い騒ぎだしたことが始まりという。西は阿波・安芸，東は会津まで拡大された。
了解型	文明開化時の流言	「汽車の中には力士が隠れていて動かしている」「電信線はコレラを伝播させる」「写真を撮ると命が縮む」など枚挙にいとまがない。
願望型	西郷隆盛生存説	1891年，西郷隆盛がロシアで生存していて来朝のロシア皇太子に従って帰国するという流言が広がった。新聞報道も関係しているといった特徴がある。
話題型	味の素の原料はヘビである	ヘビという不気味な動物と近代工業の生産物という組み合わせが興味を引き，雑誌の記事にまでなった。しかしそれ以前に口コミで話題になっていた。これ以外にも，戦後においても猫や犬の肉を使っているハンバーガーのうわさも広く知られていよう。
攻撃型	米騒動	1918年，米殻に対する投機行為が盛んになり，米価が高騰していった。富山県下の漁村で，沖仲仕をしていた主婦たちがコメの安売りを要求して暴動を起こしたことが発端とされ，全国的に拡大していった。不満や攻撃性を内に持つ民衆が，「あの町でも起こった」「あの米屋は不当な利益を得ている，米を隠している」などの口コミの情報を信じて広がっていったともいえよう。政府の介入により終息した。この手の米騒動的なものは歴史上数々存在する。
好奇型	天皇，皇室関係の流言	天皇，皇室に関するうわさはきわめて多く，特に一般の人々の間に広く流布している。これは，何よりも好奇心の表れであろう。特に戦前は天皇・皇室に関して完全な報道管制がひかれていたことも一因している。その真偽を確かめることができないような対象について行なわれる流言といえよう。現代ではスターに対するものもこれに含まれる。
恐怖型	関東大震災下の流言	1923年，関東大震災が突発した。その際，「大津波が来る」「首相が暗殺された」「西洋人が機械で地震を起こした」「富士山が大爆発をした」など，種々の流言が飛び交った。中でも朝鮮人襲来に関する口コミの結果，悲惨な事件が発生している。
不満型	太平洋戦争時下の流言	1941年，太平洋戦争が勃発した。「何々は物資を隠匿している」「あの女優はスパイだ」「ラッキョウを食べると爆弾に当たらない」など，戦争の進展とともに生活もかわり流言もそれに沿って変化していた。
不安型	物不足パニック	1973年，インフレと物不足の不安から，トイレットペーパーの買いあさりが始まり，洗剤，砂糖，塩などの品物に波及していき，全国的な規模で広まった。

を使って流言の効果を検討した結果，対抗戦略条件のみがポジティブイメージにつながり，逆に流言を否定することによる反撃は，企業イメージにとってマイナスとなる可能性を示唆している。しかし，その一方で否定的な方法が効果的であることも報告されており（Iyer & Debevec, 1991），いずれにしても企業側の冷静な判断が必要であろう。ネガティブな流言に対してどのような対策・戦略をとるのか，企業トップの集団決定の方向性が企業の運命を決めるといえるだろう。

5．流言の効果

　パニックにもなり実害を伴う国内の有名な事例として，「豊川信用金庫の取りつけ騒ぎ」がある。この事例は，うわさの発信源を特定できた数少ないものである。この信用金庫の事件が生起した時期は，秋以降にはオイルショックによるトイレットペーパーの買い占めなども全国規模で発生しており，不安定な社会情勢が背景にうかがえる。たあいもない一言がまさに人々の行動を盲目的に方向づけてしまった例である。
　この事件は，図10-4にあるように口コミで広まっている。しかも当初は親族，顧客，仲良しグループなど身近な人々のルートを活用して広まっていることからも，むやみに見知らぬ人々に伝わっているわけでもないことがわかる。実際の流言は，未知の他人を媒介して伝わるというイメージが強いかもしれない。しかし，そのような他人への伝達の割合は，例えば戦時下における流言では3割程度であったという。豊川信用金庫のケースの場合には，約0.5％であった（木下, 1977）。このように，流言は不特定多数の人に伝わるという特徴をもつものの，その伝達経路は比較的せまい範囲で知人により井戸端会議といった口コミで広まっていることも多いようである。それらの多くは根拠のないものかもしれない。しかし，それらの話を聞いた人たちは，その情報が興味深ければ興味深いほど，自分のコミュニケーション・ネットワークを通して広めていくのである。「口裂け女」や「トイレの花子さん」など種々の都市伝説的なものも同様の伝達経路をたどっていることが多い。

3節　流　行

　あなたは流行と聞いて何を思い浮かべるだろうか。この節では，集合現象の代表的な側面の1つである流行について取りあげて，われわれがなぜ流行しているものを求めるのかなどの心理的側面をみてみよう。

1．流行とは

　流行（fashion）に関する定義は多くの研究者が多側面からとらえられており，視点の違いによりその定義も異なっている。神山（1990）はそれらを4つの定義の側面に

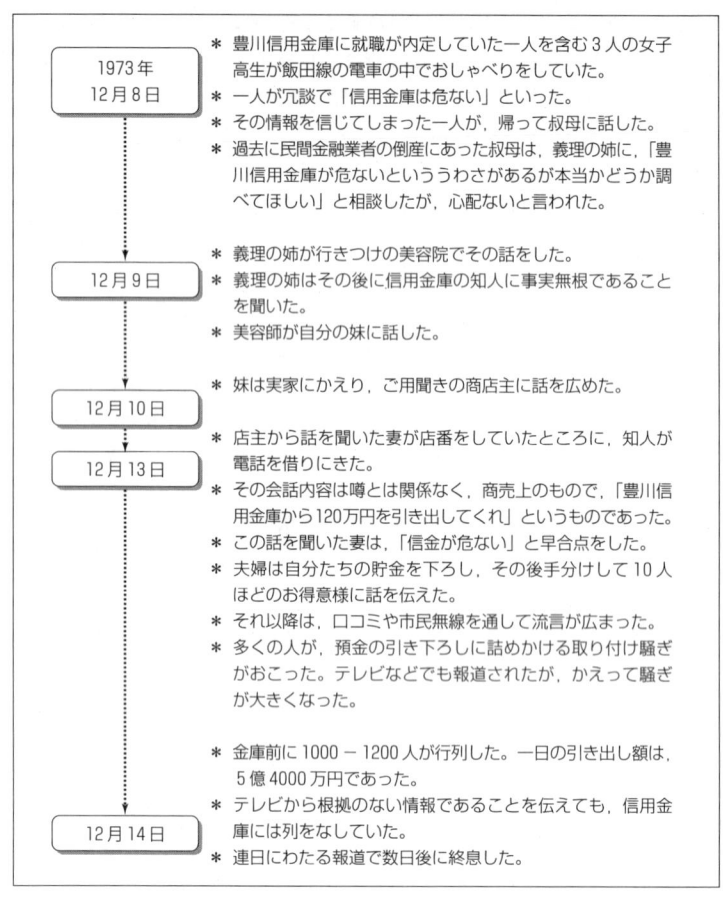

```
┌─────────────────────────────────────────────────────────────┐
│  ┌──────────┐  * 豊川信用金庫に就職が内定していた一人を含む3人の女子 │
│  │ 1973年   │    高生が飯田線の電車の中でおしゃべりをしていた。    │
│  │ 12月8日  │  * 一人が冗談で「信用金庫は危ない」といった。        │
│  └────┬─────┘  * その情報を信じてしまった一人が，帰って叔母に話した。│
│       ↓        * 過去に民間金融業者の倒産にあった叔母は，義理の姉に，│
│                  「豊川信用金庫が危ないといううわさがあるが本当かどう│
│                  か調べてほしい」と相談したが，心配ないと言われた。 │
│                                                              │
│  ┌──────────┐  * 義理の姉が行きつけの美容院でその話をした。       │
│  │ 12月9日  │  * 義理の姉はその後に信用金庫の知人に事実無根であること│
│  └────┬─────┘    を聞いた。                                    │
│       ↓        * 美容師が自分の妹に話した。                     │
│                                                              │
│  ┌──────────┐  * 妹は実家にかえり，ご用聞きの商店主に話を広めた。  │
│  │ 12月10日 │                                                 │
│  └────┬─────┘                                                 │
│  ┌──────────┐  * 店主から話を聞いた妻が店番をしていたところに，知人が│
│  │ 12月13日 │    電話を借りにきた。                           │
│  └────┬─────┘  * その会話内容は噂とは関係なく，商売上のもので，「豊川│
│       ↓          信用金庫から120万円を引き出してくれ」というものであ│
│                  った。                                       │
│                * この話を聞いた妻は，「信金が危ない」と早合点をした。│
│                * 夫婦は自分たちの貯金を下ろし，その後手分けして10人│
│                  ほどのお得意様に話を伝えた。                  │
│                * それ以降は，口コミや市民無線を通して流言が広まった。│
│                * 多くの人が，預金の引き下ろしに詰めかける取り付け騒ぎ│
│                  がおこった。テレビなどでも報道されたが，かえって騒ぎ│
│                  が大きくなった。                             │
│                                                              │
│                * 金庫前に1000－1200人が行列した。一日の引き出し額は，│
│                  5億4000万円であった。                        │
│  ┌──────────┐  * テレビから根拠のない情報であることを伝えても，信用金│
│  │ 12月14日 │    庫には列をなしていた。                       │
│  └──────────┘  * 連日にわたる報道で数日後に終息した。          │
└─────────────────────────────────────────────────────────────┘
```

図 10-4　豊川信用金庫の取り付け騒ぎの流れ（木下，1977 より作成）

分けている。

① 広く普及している様式（スタイル）：「流行とはある一定の時点で広く普及している様式（思考・表現・提示のスタイル）」（Nystrom, 1928: Young, 1930）といった広く普及している様式の視点からとらえた定義。
② 同調と個別性との拮抗作用：「流行とは，社会的均等化への傾向と個別的差異や分化への傾向を，1つの統一的な行為の中で合流させる，多数の系の形式の中の1つの特殊な形式である」（Simmel, 1904）といった同調性・個別性の拮抗作用という視点からとらえた定義。

③様式（スタイル）の普及過程：「流行とは新しい様式ないし成果が，これまでとは違った行動様式が導入され，一般化していく普及過程の，特殊な類型である」（池内, 1977）といった様式の普及過程の視点からとらえた定義。
④集合行動，すなわち群集全体の行動：「流行とは集合体の基本的形態である」(Langら, 1961)，「流行とは付加価値過程を通して，熱狂的反応が顕在化する集合行動である」(Smeler, 1963) ととらえた定義。

また，川本 (1981) は，諸研究の定義を統合して，「流行とは，社会の許容する範囲内で，社会生活を営む個々人の新しい社会的行為が他者との間において影響しあいながら，新しい行動様式，思考様式として社会や集団のメンバーに普及していく過程であり，その結果，一定の規模となった一時的な集合現象である」と定義づけている。

2．流行の分類

流行はその時代を表わすという意味で，各時代に何が流行していたかを調べると，その時代，社会を理解しやすくなる。例えば，1984年に創始され毎年12月上旬に発表されている現代用語の基礎知識選「新語・流行語大賞」をみると，第1回目 (1984) はNHKの連続テレビ小説『おしん』に因んだ新語として「オシンドローム」が選ばれている。その後も「第6回：セクシャル・ハラスメント」(1989)，「第17回：おっはー」(2000)，「第21回：チョー気持ちいい」(2004)，「第26回：政権交代」(2009) など，その時代を象徴するものが選ばれている。

また，社会経済生産性本部が各年の新入社員のタイプをネーミングしている。「パンダ型」(1973)，「カラオケ型」(1978)，「使い捨てカイロ型」(1985)，「バーコード型」(1992)，「カメラ付きケータイ型」(2003)，「ブログ型」(2006)，「ETC型」(2010) など，やはりその時代の若者の特徴を流行したものにたとえている。これらのキーワードを見てもその当時に流行していた種々のものが思い浮かんでくる人も多いであろう。

流行は，衣服のみならず音楽，本，スポーツなど衣食住に関する日常生活の中のあらゆるものが対象になる。例えば，南 (1957) は，流行を，①ものの流行（衣食住に関する物質的な媒体が流行の土台となっている場合），②所有や使用に関する流行（ゲーム，遊び，趣味などの行為），③思想の流行（一般の人々の考え方や感じ方から専門家の思想まで，幅広く人間の精神的な過程とその産物に関するもの）に大別している。そして，受け手にとって心理的に魅力を感じさせる人物が流行の対象になっているときに「人気」とよんでいる。

また，その言葉・現象から以下に示すような分類もなされているが，研究者によりその枠組みが異なる場合もある。

①ファッション（fashion）：一般には流行というと服飾のファッションを指す表現として使われることが多い。ファッションはその時代の最も一般的な行動様式を作りあげる流行のことであり，ある行動様式が一般化する状態にある時期という意味で用いる。
②モード（mode）：モードは，服飾の流行の初期の時期，シーズン初期にあらわれる流行である。狭義には服飾分野で用いられる表現であり，ニュールックの見本型などという意味で用いられる。モードは洗練されたもの，上品なものといった意味合いが強い。
③スタイル（style）：スタイルは特定の事象に支配的あるいは優勢で特徴的な様式，方法などの前提となる型に関する意味合いが強い。「スタイルが良い」「流行しているスタイル」などのような修飾語を伴わなければある特定の状況や現象をあらわすことができない。
④ファッド（fad）：ファッドは，流行の小規模なものであるが，急速に広がり，一時性，短期性が強い流行を指す場合もある。長続きしない熱狂といえよう。一般には流行の特殊形態という位置づけがされることが多く，本格的な流行の前段階でもある。ファッションやモードのような服飾の流行だけではなく，各種の流行に用いられる包括的な用語である。
⑤クレイズ（craze）：小規模の流行であるファッドに対して，広範囲に影響する熱狂的な流行である。すなわち，流行の特殊形態として位置づけられる。
⑥ブーム（boom）：比較的持続性があり，個別の特殊性に起因するもので，偶然，幸運，直感といった要素も含まれる。経済現象によく用いられ，投資ブームなど，服飾飯以外のものに使われることが多い。

このように，ファッションは一般的にも使われている広い概念であり，ファッド，クレイズ，ブームは一斉に広がる特徴があり，熱狂的な流行という特徴がある。

3．流行の特徴と普及過程

先述したように，世の中に流行しているもは，音楽，衣服，髪型，言葉などさまざまなものが対象となっているが，それらには何か共通点があるのだろうか。鈴木（1977）や川本（1981）のあげている特徴をまとめてみよう。

①初期の段階では新しいという側面が強い（新奇性）。また，②流行は社会的に有益なものとは限らない（効用からの独立）。③広く普及するという特徴と逆に新奇性をもつという矛盾する特徴を併せもち，移り変わりやすい（短命性）。④流行は特定社会・文化の中で容認されるものが広まっていき，社会的・文化的背景を反映している（社会的・文化的背景の反映）。⑤生きていくうえでの本質的なものではない（瑣末性）。⑥流行を採用するかしないかによって社会的な制裁は受けず，選択の可能性

が必要である（機能的選択肢の存在）。そして，⑦流行は周期的にその盛衰が繰り返されることがある（周期性）。さらに，流行は一定の規模をもっている。採用する人々の人数でその規模は決まる（一定の規模）。

特に新奇性や短命性，周期性などは多くの研究者が指摘している点である。若者にとっては，昔流行していたものが非常に斬新で目新しく見えることがある。その社会にとっては，新しい行動様式，思考様式ではなく既存のものなのだが，いわゆるリバイバルブームとして，ある世代には新奇なものとして受け入れられることがある。スカート丈などは，このような代表的例であり，流行のもつ周期性を物語っていると言えよう。

流行は，また，社会階層を想定した視点から，トリクルダウン，滲出，水平拡張などの代表的なパターンに分類することができる（図10-5）。トリクルダウンは，上流階級から下流階級へと流行が広まっていく場合である。高級ブランドの流行などはこの流れをとることが多い。顕示的に消費したいと願う流行追随者の欲求があらわれている。その逆に，滲出は，社会階層の下層から上層へと広まっていく仕方である。大衆や下位文化集団から出現したものが流行産業によりコピーされ広まっていく。水平拡散は，大量生産とマスメディアに支えられた流行といえよう。類似した社会的環境にいる人々がお互いに影響を与えあいながら水平過程において流行する。

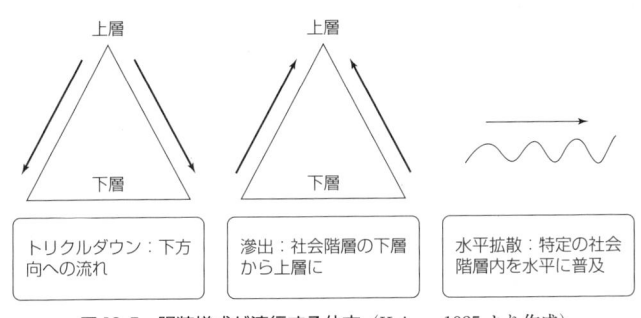

図10-5 服装様式が流行する仕方（Kaiser, 1985より作成）

ロジャーズ（Rogers, 1962）は，図10-6のような流行曲線を用いて流行に参加する人々の類型化を行なっている。革新者とよばれる少数の人々により採用され，順次流行が普及・減少していき，収束する過程を，革新者（innovators），初期採用者（early adopters），前期追随者（early majority），後期追随者（late majority），遅滞者（laggards）という5つに分類している。ロジャーズの流行採用者の特徴として，例えば，男性より女性・若年者の方が，より早い時期に流行を採用する傾向がある。そして，早期採用者は後期採用者よりも，マスコミやパーソナルコミュニケーションを問わず積極的なコミュニケーション活動をしている。また，早期採用者は，多数の情報

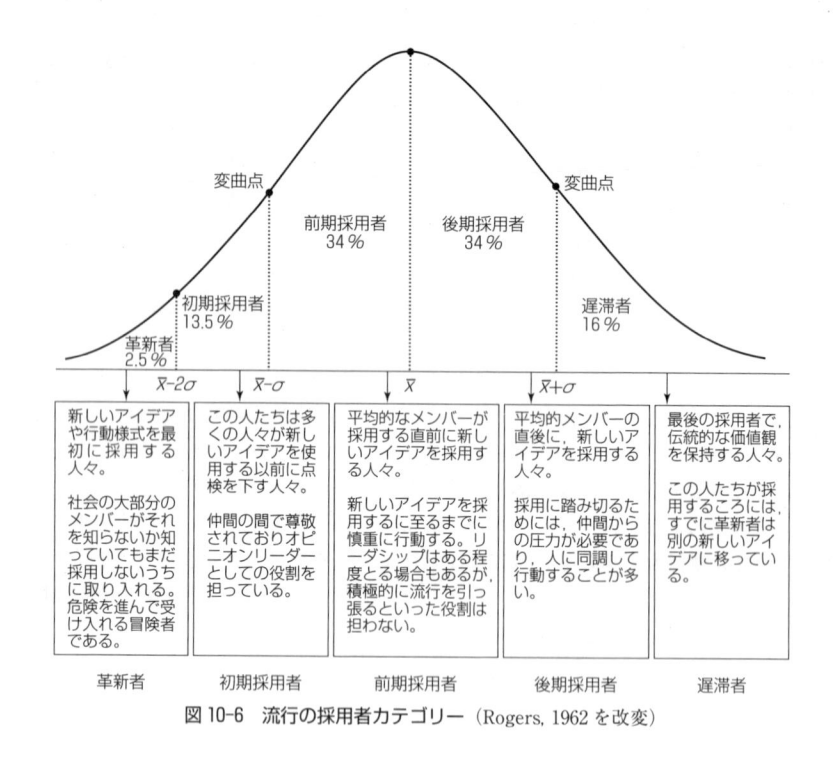

図 10-6 流行の採用者カテゴリー（Rogers, 1962 を改変）

カテゴリー	比率	説明
革新者	2.5%	新しいアイデアや行動様式を最初に採用する人々。社会の大部分のメンバーがそれを知らないか知っていてもまだ採用しないうちに取り入れる。危険を進んで受け入れる冒険者である。
初期採用者	13.5%	この人たちは多くの人々が新しいアイデアを使用する以前に点検を下す人々。仲間の間で尊敬されておりオピニオンリーダーとしての役割を担っている。
前期採用者	34%	平均的なメンバーが採用する直前に新しいアイデアを採用する人々。新しいアイデアを採用するに至るまでに慎重に行動する。リーダーシップはある程度とる場合もあるが、積極的に流行を引っ張るといった役割は担わない。
後期採用者	34%	平均的なメンバーの直後に、新しいアイデアを採用する人々。採用に踏み切るためには、仲間からの圧力が必要であり、人に同調して行動することが多い。
遅滞者	16%	最後の採用者で、伝統的な価値観を保持する人々。この人たちが採用するころには、すでに革新者は別の新しいアイデアに移っている。

源から積極的に情報を収集している。さらに新しい情報，専門的情報を求めようとすることなどが見いだされている。

4．流行採用動機

なぜ人々は流行を採用したがるのだろうか。ジンメル（Simmel, 1904）は，同調と差別化という対立する欲求による現象として流行をとらえている。流行を取り入れている人，特に最先端で周りの人が取り入れていないようなものをいち早く取り入れている人は，他者と個別化を図ることにより他者からの承認・優越感といった快感情を経験する。他の研究者も流行採用にかかわる欲求として，冒険と新規性欲求，自由や進歩を求める欲求など，多側面の欲求をあげている。例えば，鈴木（1977）は，多くの理論がさまざまな動機の存在を指摘しており，それらを①自己の価値を高く見せたいという欲求，②集団や社会に適応したいという欲求，③新奇性，④個別化と自己実現の欲求，⑤自我防衛的欲求という5つの動機側面にまとめている。

我々が流行を取り入れたいと思うのは，これら5つの側面の動機が関与しているのであり，流行を取り入れることにより，社会の地位を高めることや異性の関心を引くことが自己価値を高く見せたいという欲求につながっている。そして，集団に同調す

ることで自分が集団に適応した人間であるということをまわりに主張するのと同時に，みんなと同じであるという安心感を自分自身でも得ることができる。新しいものを採用することにより好奇心を満たし倦怠感を打開でき，新鮮さを得ることができる。また，その一方では，自分と他者とを区別し，自己のアイデンティティを確立して自己実現しようとする。その際に流行を取り入れることは意思表明の役割を果たす容易な方法となる。さらに，流行を採用することにより抑圧された感情を発散させ，劣等感を克服することにつながる。このような基本的な欲求を満たすために流行を取り入れることが考えられる。

　流行の中から，被服の流行に限ってその動機づけをみると，例えば，①身体を美化することに関する「装飾」，②身体美を隠し，他者の注意を引かないように自制することに関する「慎み」，③皮膚を守り，体温を調節するなどのような，健康の維持に関する「身体保護」という3つの動機の側面が指摘されている（Fltigel, 1930）。また，カイザー（Kaiser, 1985）は，①装飾，②慎み，③保護と効用という3つの着衣・着装動機をあげている。そして装飾の目的や内容を，(a) 性的魅力の増大，(b) 地位の表示，(c) 自己の拡張，などに区別した。このように被服は，自己の顕示，社会への適応といった，いわば，心や行動の状態を方向づける動機づけと，生命維持や生命増進をめざした，身体の状態を方向づける動機づけによる側面をもつと考えられよう。

5．化粧と被服

　ここでは，流行の中でも特に化粧と被服という装いを取りあげて，その心理的効果をみていく。我々が被服を用いて外見を「装う」のは，体温変化の調整や快適性といった生理的な機能的側面だけではない。被服は「人間を作る表皮」であるとともに，他者との相互作用にかかわる「社会を作る表皮」としての機能的側面も有しているといえよう。

(1) 装いの社会的・心理的機能

　神山（1996）は，被服の機能を3つの社会・心理的機能の側面から説明している。そして，これらの3つの装いの社会・心理的機能は，相互にかかわりながら機能することを示唆している。

①自分自身を確認し，強め，あるいは変えるという「自己の確認・強化・変容」機能

　例えば，着用する制服から特定集団の一員であることを自覚したり，極端に女らしい（あるいは逆に，男らしい）装いによってイメージ・チェンジをはかるような場合には，この「自己の確認・強化・変容」機能が意識されているといえよう。

②他者に何かを伝えるという「情報伝達」機能

　例えば，外見から相手の人物の人間性を評価するような場合には，装いの「情報伝達」機能が意識されているといえよう。なお，神山（1996）は，このような情報伝達にかかわる特定情報をアイデンティティ，人格，態度，感情や情動，価値，状況的意

味の6つに分類している。
③他者との行為のやりとりを規定するという「社会的相互作用の促進・抑制」機能

例えば,自分とは異質な装いの人物とはできる限り距離をとるような場合には,「社会的相互作用の促進・抑制」機能が意識されているといえよう。

(2) 装いの社会的・心理的効果

あなたが毎日化粧をしているなら,その化粧にはどのような効用があるのかを考えたことがあるだろうか。また,まわりの人たちのしている化粧の効用を考えたことがあるだろうか。多くの研究知見は,化粧により日常生活の中で肯定的な効果を生み出すことを示唆している(コラム10-2参照)。特に化粧に関しては,高齢者施設において化粧を用いて情動の活性化を試みた実験も進んでいる。そのような実験結果からは,参加者の社会性を促進させるなどの心理的効用が報告されている(伊波ら,1993)。

化粧の場合には,男性や子どもなどは研究対象にしにくいが,衣服は子どもから高齢者まで身近なものとして親しまれており,日常生活に密着した自己演出の小道具といえよう。箱井ら(2002)は,そのような衣服を用いて高齢者のファッションショーを企画・実施した結果,モデルとして参加した高齢者の行動意欲が増すことを示唆している。

装いと健康との関連を取りあげた諸研究の結果からは,化粧行動や被服行動が直接障害となる問題を解決したり,病気を治癒したりするのではなく,情動の活性化効果を示唆するものが多い。すなわち,低下していた自己意識が装うことにより高められ,情動が活性化され,その結果としてポジティブな行動を促進する可能性が示唆されているのである。今後は化粧をはじめ衣服やアクセサリーなども含めたより包括的な装い療法(ファッションセラピー)の取り組みも必要であろう。

【コラム】10-2:化粧方法の違いによる心理的効果

余語ら(1990)は,化粧方法の違いによる心理的効果を調べる目的で,23歳から27歳の女性24名を対象に実験を行なっている。化粧方法の違いによる3条件(基礎化粧品だけを使用する素顔条件,日常使用している化粧品を用いて化粧する自己化粧条件,資生堂メイクアップ技術者(女性)による技術者化粧条件)を設定して,状態不安,覚醒度,自信・満足度がどのように異なるのかを検討した。

参加者は,洗顔後,三面鏡の前で基礎化粧を行なった。その後,化粧時間の制限なしにカウンターバランスにより3条件に沿って各化粧を実施した。各参加者は,化粧完了後,撮影スタジオに入室してカメラの前に座って,状態不安,覚醒度の評定を行なった。評定終了後,カメラマンにより正面像の収録を行なった。その後,前方約20 cmに設置されたマイクに向かって,約3秒間「アー」という声を発生してもらい収録を行なった。

その結果,素顔に比して自己化粧とメイクアップアーティストによる化粧条件で自信度・満足度が高くなっていた(図10-7)。このように,若い人たちにとっては化粧をすることが自信につながるという心理的効果が示唆されている。

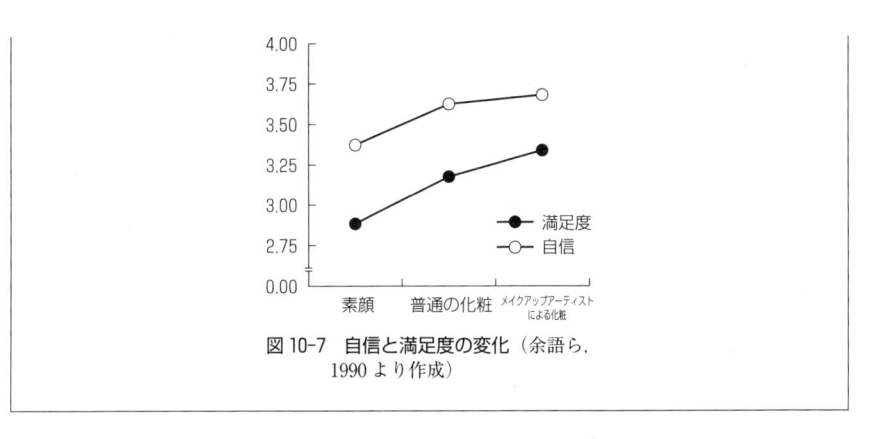

図 10-7 自信と満足度の変化（余語ら，1990 より作成）

◆さらなる勉強のために
◇カイザー，S.B.（著）　高木修・神山進（監訳）　被服心理学研究会（訳）　1994　被服と身体装飾の社会心理学（上・下）　北大路書房
　流行過程や諸理論に関する内容，特に被服関係の流行の心理が詳細に解説されている。
◇川上善郎（編著）　2001　情報行動の社会心理学　北大路書房
　本章で取り上げた流言の中では取り扱えなかったネット上での流言・口コミに関する問題やネット社会おける災害などの問題を解説している。

◆引用文献

●1章
Fiske, S. & Taylor, S. E. 1984 *Social cognition*. Reading, MA.: Addison-Wesley
古畑和孝・岡隆（編）2002　社会心理学小辞典〔増補版〕　有斐閣
Goethals, G. R. 2003 A century of social psychology: Individuals, ideas, and investigations. In M. A. Hogg. & H. Cooper (Eds), *The sage handbook of social psychology*. Thusand Oaks, CA: Sage Pub. Pp. 3-23.
Hornby, A. S. 2003 *Oxford dictionary of English*. Oxford University Press.
伊藤裕子　1986　性役割特性語の意味構造─性役割測定尺度（ISRS）作成の試み　教育心理学研究, 34, 168-174.
柏木恵子　1974　青年期における性役割の認知Ⅲ　教育心理学研究, 22, 1-11.
Le Bon, G. 1896 *The crowd: A study of the popular mind*. New York: Ballantine
Lindsey, G. 1954 *Handbook of social psychology*. New York: Random House
McDougall, W. 1908 *An introduction to social psychology*. London: Methuen
Murphy, G. & Murphy, L. 1931 *An experimental social psychology*. New York: Harper
中島義明・安藤清志・子安増生・坂野雄二・繁桝算男・立花政夫・箱田裕司（編）1999　心理学辞典　有斐閣
日本性教育協会（編）2001「若者の性」白書─第5回青少年の性行動全国調査報告　小学館
日本性教育協会（編）2007「若者の性」白書─第6回青少年の性行動全国調査報告　小学館
日本心理学会機関紙等編集委員会　2005　執筆・投稿の手びき（2005年改訂版）（社）日本心理学会
Ross, E. A. 1908 *Social psychology*. New York: Macmillan
新村出　2008　広辞苑（第六版）　岩波書店
和田実　1996　青年の同性愛に対する態度─性および性役割同一性による差異　社会　心理学研究, 12, 9-19.
Zimbardo, P. G., Haney, C., Banks, W. C., & Jaffe, D. 1974 The psychology of imprisonment: Privation, power and pathology. In Z. Rubin (Ed.), *Doing unto others: Explorations in social behavior*. Englewood Cliffs, NJ: Prentice Hall. Pp. 61-73.

●2章
Bower, G. H. 1981 Mood and memory. *American Psychologist*, 36, 129-148.
Bower, G. H. 1991 *Mood congruity of social judgments*. In J. P. Forgas (Ed.), Emoton and social judgments. Pergamon Press. pp. 31-53.
Brewer, M. B. 1988 A dual process model of impression formation. In T. K. Srull & R. S. Wyer, Jr.(Eds.), *Advances in Social cognition*, Vol. 1. Hillsdale, N. J.: Erlbaum. Pp. 1-36.
Dutton, D. G. & Aron, A. P. 1974 Some evidence for Heightended sexual attraction under conditions of high anxiety. *Journal of Personality and Social Psychology*, 30, 510-517.
Forgas, J. P. 1992 Affect in social judgmaents and decisions: A multiprocess model. M. Zanna(Ed.), *Advances in experimental social psychology*. Vol. 25. New York: Academic Press. Pp. 227-275.
Forgas, J. P. 1995 Mood and judgment: The Affective infusion model (AIM). *Psychological Bulletin*, 117, 39-66.
池田三郎・盛岡通　1993　リスクの学際的定義（高度技術社会のリスク）　日本リスク研究学会誌, 5, 14-17.
Isen, A. M., Shalker, T., Clark, M., & Karp, L. 1978 Affect, accessibility of material in memory and behavior: A cognitive loop? *Journal of Personality and Social Psychology*, 36, 1-12.
Jones, E. E. & Davis, K. E. 1965 From acts to dispositions: The attribution process in person perception. In L. Berkowitz(Ed.), *Advances in experimental social psychology*. Vol. 2. New York: Academic press. Pp. 219-266.
Jones, E. E. & Nisbett, R. E. 1972 The actor and the observer: Divergent perceptions of the causes of the behavior. In E. E. Jones, D. E. Kanouse, H. H. Kelley, R. E. Nisbett, S. Valins & B. Weiner(Eds.), *Attribution: Perceiving the causes of behavior*. Morristown, NJ: General Learning Press. Pp. 79-94.
Kahneman, D. & Tversky. A. 1972 Subjective probability: A judgment of representativeness. *Cognitive Psychology*, 3, 430-454.
Kelley, H. H. 1967 Attribution theory in social psychology. In D. Levine(Ed.), *Nebraska symposium on motivation*. Lincoln, NE: University of Nebraska Press. Pp. 192-238.
Kelley, H. H. 1972 Causal schemata and the attribution process. In E. E. Jones, D. E. Kanouse, H. H. Kelley,

R. S. Nisbett, S. Valins & B. Weiner (Ed.), *Attribution: Perceiving the causes of behavior*. Morristown, NJ: General Learning Press. Pp. 151-174.

上山忠夫　1998　安全性　井上智充ほか（編）　平凡社世界デジタル大百科事典（第2版）CD-ROM　日立デジタル平凡社

Langer, E. J. 1975 The illusion of control. *Journal of Personality and Social Psychology*, 32, 311-328.

Latané, B. & Darley, J. M. 1970 *The unresponsive bystander. Why doesn't he help?* New York: Appleton Crntury Crofts.　竹村研一・杉崎和子（訳）　1977　冷淡な傍観者—思いやりの社会心理学　ブレーン出版

Lepper, M. R., Greene, D. & Nisbett, R. E. 1973 Undermining children's intrinsic interest with extrinsic rewards: A test of the "overjustification" hypothesis. *Journal of Personality and Socail Psychology*, 28, 129-137.

Lichtenstein, S., Slovic, P., Fishhoff, B., Layman, M. & Combs, B. 1978 Judged frequency of lethal events. *Journal of Experimental Psychology: Human Learning and Memory*, 4, 551-578.

盛岡通　2000　リスク学の領域と方法—リスクと賢くつきあう社会の知恵　日本リスク研究学会（編）　リスク学事典　TBSブリタニカ　Pp. 2-12.

National Research Council 1989 *Improving risk communication*. Washington, DC: National Academy Press. 林裕造・関沢純（監訳）　1997　リスクコミュニケーション—前進への提言　化学工業日報社

Ross, L. 1977 The intuitive psychologist and his shortcomings: Distortions in the attribution process. In L. Berkowitz(Ed.), *Advances in experimental social psychology*. Vol. 10. New York: Academic Press.

Schacter, S. & Singer, J. E. 1962 Cognitive, social, and physiological determinants of emotional state. *Psychological review*, 69, 379-399.

清水裕　2003　行動の原因と結果についての認知　中里至正・松井洋・中村真（編著）　社会心理学の基礎と展開　八千代出版

Slovic, P. 1987 Perception of risk. *Science*, 236, 280-285.

Snyder, M. & White, P. 1982 Mood and memories: Elation, depression, and the remembering of events of one's life. *Journal of Personality*, 50, 142-167.

Tversky, A. & Kahneman, D. 1973 Availability: A heuristic for judging frequency and probability. *Cognitive Psychology*, 5, 207-232.

Tversky, A. & Kahneman, D. 1974 Judgment under uncertainty: Heuristics and biases. *Science*, 185, 1124-1131.

Tversky, A. & Kahneman, D. 1982 Judgments of and by representativeness. In Kahneman, D., Slovic, P., & Tversky, A. (Eds.) Judgment under uncertainty: Heuristics and biases(pp. 84-98). Cambridge University Press.

Zuckerman, M. 1979 Attribution of success and failure revised, or: The motivational bias is alive and Well in attribution theory. *Journal of Personality*, 47, 245-287.

Walster, E. 1966 Assignment of responsibility for an accident. *Journal of Personality and Social Psychology*, 3, 73-79.

● 3章

Alicke, M. D. 1985 Global self-evaluation as Determined by the desirability and controllability of trait adjectives. *Journal of Personality and Social Psychology*, 49, 6, 1621-1630.

Alicke, M. D., Klotz, M. L., Breitenbecher, D. L., Yurak, T. J., & Vredenburg, D. S. 1995 Personal contact, individuation, and the better-than-average effect. *Journal of Personality and Social Psychology*, 68, 5, 804-825.

Aronson, E., & Mills, J. 1959 The effect of severity of initiation on liking for a group. *Journal of Abnormal and Social Psychology*, 59, 2, 177-181.

Baumeister, R. F., Tice, D. M., & Hutton, D. G. 1989 Self-presentational motivations and personality differences in self-esteem. *Journal of Personality*, 57, 547-579.

Beauregard, K. S., & Dunning, D. 1998 Turning up the contrast: Self-enhancement motives prompt egocentric contrast effects in social judgment. *Journal of Personality and Social Psychology*, 74, 606-621.

Bem, D. J. 1972 Self-perception theory. In L. Berkowitz (Ed.) *Advances in experimental social psychology*. New York.: Academic Press.

Brickman, P., Coates, D., & Jonoff-Bulman, R. J. 1978 Lottery winners and accident victims: Is happiness rela-

tive? *Journal of Personality and Social Psychology*, 36, 916-927.
Brown, J. D., & Kobayashi, C. 2002 Self-enhancement in Japan and America. *Asian Journal of Social Psychology*, 5, 145-168.
Brown, J. D. 1986 Evaluation of self and others: Self-enhancement biases in social judgments. *Social Cognition*, 4, 353-376.
Brown, J. D. 1998 *The Self*. McGraw-Hill.
Cooley, C. H. 1902 *Human nature and the social order*. Charles Scribner's Sons.
Deci, E. L., & Ryan, R. M 1995 Human autonomy: The basis for ture self-esteem. In M. H. Kernis (Ed.) *Efficacy, agency, and self-esteem*. Plenum Press.
Descartes, R. (著) 谷川多佳子 (訳) 1997 方法序説 岩波文庫.
Diener, E., & Diener, M. 1995 Cross-cultural correlates of life satisfaction and self-esteem. *Journal of Personality and Social Psychology*, 68, 653-663.
Dunning, D. 1995 Trait importance and modifiability as factors influencing self-assessment and self-enhancement motives. *Personality and Social Psychology Bulletin*, 21, 1297-1306.
Festinger, L. 1954 A theory of social comparison processes. *Human Relation*, 7, 117-140.
Freedman, J. 1978 *Happy people: What happiness is, who has it, and why*. Harcourt Brace Jovanovich.
Greenwald, A. G., & Banaji, M. R. 1995 Implicit social cognition: Attitudes, self-esteem, and stereotypes, *Psychological Review*, 102, 4-27.
長谷川孝治 2007 個別的自己評価が自尊心に及ぼす影響：重要性と他者からの評価の調整効果 人文科学論集 人間情報学科編, 41, 91-103.
Heine, S. J., & Lehman, D. R. 1999 Culture, self-discrepancies, and self-satisfaction. *Personality and Social Psychology Bulletin*, 25, 915-925.
伊藤忠弘 1995 自尊心概念及び自尊心尺度の再検討 東京大学教育学部紀要 34, 207-215.
伊藤忠弘 1999 社会的比較における自己高揚傾向―平均以上効果の検討― 心理学研究, 70, 367-374.
北山忍 1997 2章文化心理とは何か 柏木恵子・北山忍・東洋 (編) 文化心理学―理論と実証 東京大学出版会 Pp. 17-43.
Markus, H., & Nurius, P. 1986 Possible selves. *American Psychologist*, 41, 954-969.
Markus, H. R., & Kitayama, S. 1991 Culture and the self: Implications for cognition, emotion, and motivation. *Psychological Review*, 98, 224-253.
McGuire, W. J., & McGuire, C. V. 1982 Significant others in self-space. In J. Suls (Ed.) *Psychological perspectives on the self*. Erlbaum.
中村陽吉 2000 対人場面における心理的個人差―測定の対象についての分類を中心にして ブレーン出版
Perloff, L. S., & Fetzer, B. K. 1986 Self-other judgment and perceived vulnerability of victimization. *Journal of Personality and Social Psychology*, 50, 502-510.
Rogers, C. R. 1951 *Client-centered therapy*. Houghton Mifflin.
Rosenberg, M. 1965 *Society and the adolescent self-image*. Princeton University Press.
Sedikides, C. 1993 Assessment, enhancement and verification determinants of the self-evaluation process. *Journal of Personality and Social Psychology*, 65, 317-338.
Sedikides, C., Gaertner, L., & Toguchi, Y. 2003 Pancultural self-enhancement. *Journal of Personality and Social Psychology*, 84, 60-79.
Sedikides, C., & Gregg, A. P. 2003 Portraits of the self. In A. G. Hogg & J. M. Cooper (Eds.) *Sage Handbook of Social Psychology*. Sage Publications Ltd.
Sedikides, C. & Strube, M. J. 1995 The multiply motivated self. *Personality and Social Psychology*, 29, 347-357.
Swann, W. B., Jr. 1983 Self-verification: Bringing social reality into harmony with the self. In J. Suls & A. G. Greenwald(Eds.) *Social psychology perspective*. Erlbaum.
Tajfel, H., & Turner, J. C. 1986 The social identity theory of intergroup behavior. In S. Worchel & W. G. Austin(Eds.) *Psychology of intergroup relations*. Nelson-Hall.
高田利武 1987 社会的比較による自己評価における自己卑下的傾向 実験社会心理学研究 27, p 27-36.
高田利武 2000 相互独立的―相互協調的な自己観尺度に就いて 奈良大学総合研究所所報, 8, 145-163.
Taylor, S. E. 1983 Adjustment to threatening events: a theory of cognitive adaptation. *American Psychologist*, 38, 1161-1173.

Taylor, S. E., & Brown, J. D. 1988 Illusion and well-being: A social psychological perspective on mental health. *Psychological Bulletin*, 103, 193-210.
Taylor, S. E., & Brown, J. D. 1994 Positive illusions and well-being revisited: Separating fact from fiction, *Psychological Bulletin*, 116, 1, 21-27.
外山美樹・桜井茂男　2001　日本人におけるポジティブ・イリュージョン現象　心理学研究, 72, 329-335.
Triandis, H. C., McCusker, C., & Hui, C. H. 1990 Multimethod probes of indibidualism and collectivism. *Journal of Personality and Social Psychology*, 59, 1006-1020.
Trope, Y. & Neter, E. 1994 Reconciling competing motives in self-evaluation: The role of self-control in feedbac seeking. *Journal of Personality and Social Psychology*, 66, 646-657.
Trope, Y. 1983 Self-assessment in achievement behavior. In J. M. Suls & A. G. Carver (Eds.) *Psychological perspective on the self.* Erlbaum.
Turner, J. C., Hogg, M. A., Oakes, P. J., Reicher, S. D., & Wetherell, M. S. 1987 *Rediscovering the social group: A self-categorization theory.* Blackwell.
Weinberger, D. A. 1990 The constructive validity of the repressive coping style. In J. L. Singer (Ed.) *Repression and dissociation.* University of Chicago Press.
Weinstein, N. D. 1980 Unrealistic optimism about future life events. *Journal of personality and social psychology*, 39, 806-820.
Wheeler, L., & Miyake, K. 1992 Social comparison in everyday life. *Journal of Personality and Social Psychology*, 78, 1024
山本真理子・松井豊・山成由紀子　1982　認知された自己の諸側面の構造　教育心理学研究, 30, 64-68.

● 4章
Brehm, S. S. & Brehm, J. W. 1981 *Psychological reactance: A theory of freedom and control.* New York: Academic Press.
Fazio, R. H., Sanbonmatsu, D. M., Powell, M. C., & Kardes, F. R. 1986 On the automatic activation of attitudes. *Journal of Personality and Social Psychology*, 50, 229-238.
Festinger, L. 1957 A theory of cognitive dissonance. Row, Peterson.　末永俊郎監訳　1965　認知的不協和の理論　誠信書房
Festiger, L. & Carlsmith, J. M. 1959 Cognitive consequences of forced compliance. *Journal of Abnormal and Social Psychology*, 58, 203-210.
Gleicher, F. & Petty, R. E. 1992 Expectations of reassurance influence the nature of fear-stimulated attitude change. *Journal of Experimental Social Psychology*, 28, 86-100.
Greenwald, A. G., Banaji, M. R., Rudman, L. A., Farnham, S. D., Nosek, B. A., & Mellot, D. S. 2002 A unified theory of implicit attitudes, beliefs, self-esteem and self-concept. *Psychological Review*, 109, 3-25.
Greenwald, A. G., McGhee, D. E., & SchwartzJ. K. L. 1998 Measuring indivisual differences in implicit cognition: The implicit association test. *Journal of Personality and Social Psychology*, 74, 1464-1480.
Hovland, C. I., Lumsdain, A. A., & Sheffield, F. D. 1949 *Experiments on mass communication.* Princeton University press.
Hovland, C. I. & Weiss, W. 1951 The influence of Source credibility on Communication Effectiveness. *Public Opinion Quaeterly*, 1951, 15, 635-650.
今井芳昭　2006　依頼と説得の心理学―人は他者にどう影響を与えるか―　サイエンス社
Janis, I. L. & Feshbach, S. 1953 Effects of Fear-Arousing Communications. *Journal of Abnormal and Social Psychology*, 48, 78-92.
Mathews, K. & Canon, L. 1975 Environmental noise level as a determinant of helping behavior. *Journal of Personality and Social Psychology*, 32, 571-577.
McGuire, W. J. & Papageorgis, D. 1962 Effectiveness of forewarning in developing resistance to persuasion. *Public Opinion Quarterly*, 26, 24-34.
Payne, B. K., Cheng, C. M., Govorun, O., & Stewart, B. D. 2005 An inkblot for attitudes: Affect misattribution as implicit measurement. *Journal of Personality and Social Psychology*, 89, 277-293.
Perloff, R. M. 2003 *The dynamics of persuasion: Communication and attitudes in the 21st century.* Mahwah, N. J: Lawrence Erlbaum Associates Publishers.
Petty, R. E. & Cacioppo, J. P. 1977 Forwarning, cognitive responding, and resistance to persuasion. *Journal of*

Personality and Social Psychology, **35**, 645-655.
Petty, R. E. & Cacioppo, J. P. 1986 The elaboration likelihood model of persuation. In L. Berkowitz (Ed.), *Advances in experimental social psychology*. Vol. 19. NY: Academic Press. Pp. 123-205.
Petty, R. E., Wells, G. L., & Brock, T. C. 1976 Distraction can enhance or reduce yielding to propaganda: Thought disruption versus effort justification. *Journal of Personality and Social Psychology*, **34**, 874-884.
Rhodes, N. & Wood, W. 1992 Self-esteem and intelligence affect influenceability: The mediating role of message reception. *Psychological Bulletin*, **111**, 156-171.
Rosenberg, M. A. & Hovland, C. I. 1960 Cognitive, affective and behavioral components of attitude. In M. J. Rosenberg, C. I. Hovland, W. J. McGuire, R. P. Abelson & J. W. Brehm (Eds.), *Attitude organization and change*. Yale University Press. Pp. 1-14.

● 5章

安藤清志 1991 「自己の姿の表出」の段階 中村陽吉(編) 自己過程の社会心理学 東京大学出版会 Pp. 143-198.
安藤清志 1994 見せる自分／見せない自分―自己呈示の社会心理学 サイエンス社
Argyle, M. & Henderson, M. 1985 *The anatomy of relationships and the rules and skills needed to manage them successfully; The anatomy of relationships and the rules and skills to manage them successfully*. Penguin books. 吉森護(編訳) 1992 人間関係のルールとスキル 北大路書房
Baron, R. 1997 The sweet smell of·helping: Effects of pleasant ambient fragrance on prosocial behavior in shopping malls. *Personality and Social Psychology Bulletin*, **23**, 498-503.
Bandura, A. 1973 *Aggression: Asocial learning analysis. Engelwood Cliffs*, NJ: Prentice-Hall.
Bandura, A., Ross, D., & Ross, S. 1963 Imitation of film-mediated aggressive models. *Journal of Abnormal and Social Psychology*, **67**, 601-607.
Berkowitz, L. 1998 Affective aggression: the role of stress, pain, and Negative affect. In Geen, R. G. & Donnerstein, E. (Eds.), *Human aggression: Theories, research, and implications for social policy*. San Diego, CA: Academic Press.
Brown, J. D. 1998 *The Self*. McGraw-Hill.
Cornwell, B. & Lundgren, D. C., 2001, Love on the Internet: involvment and misrepresentation in romantic relationships in cyberspace vs. realspace. *Computers in Human Behavior*, **17**, 197-211
Darley, J. M. & Batson, C. D. 1973 "From Jerusalem to Jericho": A study of situational and dispositional variables in helping behavior. *Journal of Personality and Social Psychology*, **27**, 100-108.
Darley, J. M. & Latané, B. 1968 Bystander intervention in emergencies: Diffusion of responsibility. *Journal of Personality and Social Psychology*, **8**, 377-383.
Dollard, J., Doob, L., Miller, N. E., Mowrer, O. H., & Sears, R. R. 1939 Frustration and aggression. New Haven: Yale University Press. 宇津木保 (訳) 1959 欲求不満と暴力 誠信書房
Ferguson, T. J. & Rule, B. G. 1983 An attributional perspective on anger and aggression. In Geen, R. G. & Donnerstein, E. (Eds.), *Aggression: Theoretical and empirical reviews*: Vol. 1. Theoretical and methodological issues. New York: Academic Press.
Freud, S. 1933 *Warum Krieg?* Gesammelte Werke. Bd. XIV. London: Imago Publishing. 土井正徳・吉田正己 (訳) 1955 何故の戦争か フロイド選集8 宗教論：幻想の未来 日本教文社
Graf, R. C. & Riddell, L. C. 1972 Helping behavior as a function of interpersonal perception. *Journal of Social Psychology*, **86**, 227-231.
箱井英寿・高木修 1987 援助規範意識の性別，年代，および，世代間の比較 社会心理学研究, **3**, 39-47.
Howard, W. & Crono, W. D. 1974 Effect of sex, conversation, location, and size of the observer group on bystander intervention in a high risk situation. *Sociometry*, **37**, 491-507.
Huesmann, L. R., Moise-Titus, J., Podolski, C., & Eron, L. D. 2003 Longitudinal relations between children's exposure to TV violence and aggressive and violent behavior in young adulthood: 1977-1992. *Developmental Psychology*, **39**, 201-221.
小林哲郎・池田謙一 2005 若年層の社会化過程における携帯メール利用の効果―パーソナル・ネットワークの同質性・異質性と寛容性に注目して 社会心理学研究, **23**, 82-94.
Kruger, J., Epley, N., Parker, J., &Ng. Z. W. 2005 Egocentrism over e-mail: Can we communicate as well as we think? *Journal of Personality and Social Psychology*, **89**, 925-936.

Latané, B. & Darley, J. M. 1968 Group inhibition of bystander intervention in emergencies. *Journal of Personality and Social Psychology*, 10, 215-221.
Latané, B. & Darley, J. M. 1970 The unresponsive bystander: *Why doesn't he help?* New York: Meredith Corporation.
Latané, B. & Darley, J. 1975 *Help in a Crisis: bystander response to an emergency*. Morriston NJ: General Learning Press
Lorenz, K. 1963 *Das sogenannte Bose: Zur Naturgeschichte derAggression.* Wien: Dr. G. Borotha-Schoeler Verlag. 日高敏隆・久保和彦（訳） 1970 攻撃—悪の自然誌 みすず書房
Manning, R., Levine, M., & Collins, A. 2007 The Kitty Genovese murder and the social psychology of helping. *American Psychologist*, 62, 555-562.
Mathews, K. E. Jr. & Canon, L. K. 1975 Environmental noise level as a determinant of helping behavior. *Journal of Personality and Social Psychology*, 32, 571-577.
松井豊　1981　援助行動の構造分析　心理学研究，52，226-232.
松井豊　1989　援助行動の意思決定に関する研究　東京都立大学博士論文
松井豊　1991　コミュニティの人間関係（2）―援助行動の地域差　加藤義明（編）　住み心地の心理学　日本評論社
松井豊・堀洋道　1976　援助行動に及ぼす状況的要因の影響（その1）　日本社会心理学会　第17回大会発表論文集，173-175.
McKenna. Y. A., Green, A. S. and Gleason, M. E. j. 2002, Relationship Formation on the Internet: what's the big attraction? *Journal of Social Issues*, 58(1), 9-31.
Mehrabian, A. & Epstein, N. 1972 A measure of emotional empathy. *Journal of Personality*, 40, 525-543.
中村陽吉　1982　援助行動の抑制要因―大都市と地方都市との比較を中心として　東京女子大学附属比較文化研究所紀要，43，65-77.
中村陽吉　1987　援助行動とは　中村陽吉・高木修（共編著）　他者を助ける行動の心理学　光生館
大渕憲一　1993　人を傷つける心―攻撃性の社会心理学　サイエンス社
大渕憲一　2000　攻撃と暴力―なぜ人は傷つけるのか　丸善ライブラリー324
小口孝司　1990　聞き手の"聞き上手さ""口の軽さ"が開示者の好意・開示に及ぼす効果　心理学研究，61，147-154.
Patterson, G. R., Littman, R. A., & Bricker, W. 1967 Assertive behavior in children: A step toward a theory of aggression. *Monographs of the Society for Research in Child Development*, 32.
Piliavin, J. A., Dovidio, J. F., Gaetner, S. & Clark, R. D. III, 1981 *Emergency intervention.* Academic Press.
Piliavin, J. A. & Piliavin, I. M. 1972 The effects of blood on reactions to a victim. *Journal of Personality and Social Psychology*, 44, 113-126.
清水武治　2007　ゲーム理論のポイントが分かる本　秀和システム
清水裕　1994　失敗経験と援助行動意図との関係について―低下した自尊感情回復のための認知された援助の道具性　実験社会心理学研究，34，21-32.
清水裕・田中純夫・田中奈緒子・馬場誉史亞・大川力　2002　非行少年の自我構造に関する研究V―向社会的行動の構造と関連要因　犯罪心理学研究，40，48-49.
高木修　1997　援助行動の生起過程に関するモデルの提案　関西大学社会学部紀要，29，1-21.
竹村和久・高木修　1988　順社会的行動の意思決定モデルの検討　実験社会　心理学研究，27，171-180.
Tedeschi, J. T. 1983 Social influence theory and aggression. In Geen, R. G. & Donnerstein, E. (Eds.), Aggression: Theoretical and empirical reviews: Vol. 1. Theoretical and methodological issues. New York: Academic Press.
Tedeschi, J. T. & Norman, N. 1985 Social power, self-presentation, and the self. In B. R. Schlenker (Ed.), *The slef and social life.* New York: McGrow-Hill.
Tice, D. M. 1992 Self-concept change and self-presentation: The looking glass self is also a magnifying glass, *Journal of Personality and Social Psychology*, 63, 435-451.
Zimbardo, P. G. 1970 *The human choice: Individuation, reason, and order versus deindiscviduation, impulse, and chaos.* In Arnold, W. J. & Levine, D. (Eds.) *Nebraska symposium on motivation.* University of Nebraska Press.

●6章

Altman, I. 1973 Reciprocity of interpersonal exchange. *Journal for the Theory of Social Behavior*, 3, 249-261.
Altman, I., & Taylor, D. A. 1973 *Social penetration: The development of interpersonal relationships*. New York: Holt, Rinehart & Winston.
Baxter, L. & Wilmot, W. W. 1985 Secret rwsts: Social strategies for acquiring information about the state of the relationship. *Human Communication Research*, 11, 171-202.
大坊郁夫 1988 異性間の関係崩壊についての認知的研究 日本社会心理学会第29回 大会発表論文集, 64-6.
Darwin, C. 1872 *The expression of the emotions in man and animals*. London: Murray. 浜中浜太郎（訳）1931 人及び動物の表情について 岩波書店
Dion, K. K. 1972 physical attractiveness and evaluation of children's transgressions. *Journal of Personality and Social Psychology*, 24, 207-213.
Dion, K. K. & Bercheid, E. 1974 Physical attractiveness and peer perception among children. *Sociometry*, 37, 1-12.
Duck, S. 1998 *Human Relationships. 3rd edition*. London: Sage Pub. 和田実（訳）2000 コミュニケーションと人間関係 ナカニシヤ出版
Duck, S. 2007 *Human Relationships. 4th edition*. London: Sage Pub.
Ekman, P. & Friesen, W. V. 1975 *Unmasking the face: a guide to recognising emotions from facial clues*. Prentice-Hall. 工藤力（訳編）1987 表情分析入門―表情に隠された意味をさぐる 誠信書房
Festinger, L., Schachter, S., & Back, K. 1950 *Social pressures in informal groups: A study of human factors in housing*. New York: Harper.
Gottman, J. M. 1994 *What predicts divorce?: The relationship between marital processes and marital outcomes*. Hillsdale, NJ: Lawrence Earlbaum Associates.
Harvey, J. 1995 *Odyssey of the heart: The search for closeness, intimacy, and love*. New York: Freeman. 和田実（訳編）1998 こころのオデッセイ―人と人との親しさ・親密さ・愛を尋ねる社会心理学 川島書店
Harvey, J. H. 2002 Perspectives on loss and trauma: Assaults on the self. Sage Publications. 和田実・増田匡裕（訳）2003 喪失体験とトラウマ―喪失心理学入門― 北大路書房
飛田操 1997 失恋の心理 松井豊（編）悲嘆の心理 サイエンス社 Pp.205-218.
堀毛一也 1994 恋愛関係の発展・崩壊と社会的スキル 実験社会心理学研究, 34, 116-128.
Jourard, S. M. 1971 *The transparent self*. New York: Kitton Educational Pub. 岡堂哲雄（訳）1974 透明なる自己 誠信書房
Kayser, K. 1994 *When love dies*. New York: Guilford.
菊池章夫 1988 思いやりを科学する―向社会的行動の心理とスキル 川島書店
Knapp, M. L. 1984 *Interpersonal communication and human relationships*. Boston: Allyn & Bacon, Inc.
Landy, D., & Sigall, H. 1974 Beauty as talent - Task evaluation as a function of the performer's physical attractiveness. *Journal of Personality and Social Psychology*, 29, 299-304.
Mandal, M. K. & Maitra, S. 1985 Perception of facial affect and physical proximity. *Perceptual and Motor Skills*, 60, 782.
松井豊 1990 青年の恋愛行動の構造 心理学評論, 33, 355-370.
Miller, N. & Maruyama, G. 1976 Ordinal position and peer popularity. *Journal of Personality and Social Psychology*, 33, 123-131.
宮下一博・臼井永和・内藤みゆき 1991 失恋経験が青年に及ぼす影響 千葉大学教育学部研究紀要, 39, 117-126.
Murstein, b. I. 1972 Physical attractiveness and marital choice. *Journal of Personality and Social Psychology*, 22, 8-12.
鳴島信 1993 大学生男女の恋愛行動と失恋行動 平成5年度東京大学文学部卒業論文（未公刊）（飛田, 1997による）
Schlosberg, H. 1952 The description of facial expressions in terms of two dimensions. *Journal of Experimental Psychology*, 44, 229-237.
Sigall, H. & Landy, D. 1973 Radiating beauty: Effects of having a physically attractive partner on person perception. *Journal of Personality and Social Psychology*, 28, 218-224.
Sprecher, S. & Fehr, B. 1998 The dissolution of close relationships. In J. H. Harvey (Ed.), *Perspectives on loss: A sourcebook*. Philadelphia, PA: Taylor and Francis. Pp. 99-112.

Thibaut, J. W. & Kelley, H. H. 1959 *The social psychology of groups*. New York: Wiley.
VanderDrift, L. E., Agnew, C. R., & Wilson, J. E. 2009 Nonmarital romantic relationship commitment and leave behavior: The mediating role of dissolution consideration. *Personality and Social Psychology Bulletin*, 35, 1220-1232.
Vaughan, D. 1986 *Uncoupling: Turning points in intimate relationships*. New York: Oxford University Press. (Harvey, 1996 による)
和田実 2000 大学生の恋愛関係崩壊時の対処行動と感情および関係崩壊後の行動的反応―性差と恋愛関係進展度からの検討 実験社会心理学研究, 40, 38-49.
和田実・渡辺実千奈・後藤祐佳 2008 恋愛関係崩壊時およびその後の感情と行動―性, 関係親密度, 崩壊状況との関連 人間学研究（名城大学人間学部）, 6, 1-23.
Walster, E., Aronson, V., Abrahams, D., & Rottman, L. 1966 Importance of physical attractiveness and in dating choice. *Journal of Personality and Social Psychology*, 4, 509-516.
Zajonc, R. B. 1968 Attitudinal effects of mere exposure. *Journal of Personality and Social Psychology Monograph Supplement*, 9 (2, Part 2), 1-27.

● 7章

Beardslee, W. & Podorefsky, D. 1988 Resilient adolescents whose parents have serious affective and other psychiatric disorders: importance of self-understanding and relationships. *American Journal of Psychiatry*, 145, 63-69.
Berkman, L. F. & Syme, S. L. 1979 Social networks, host resistance, and mortality: A nine-year follow-up study of Alameda country residents. *American Journal of Epidemiology*, 109, 186-204.
Berkman, L. F., Vaccarino, V., & Seeman, T. 1993 Gender difference In cardiovascular morbidity and mortality: The contribution of social network and support. *Annals of Behavioral Medicine*, 15, 112-118.
Blazer, D. G. 1982 Social support and mortality in an elderly community population. *American Journal of Epidemiology*, 115, 684-694.
Cohen, S. 1988 Psychological models of the role of social support in the etiology of physical disease. *Health Psychology*, 7, 269-297.
Cohen, S. & Wills, T. A. 1985 Stress, social support, and the buffering Hypothesis. *Psychological Bulletin*, 98, 310-357.
Coleman, J. & Hendry, L. 1997 *The nature of adolescence*. (3rd ed.) London: Routledge. 白井利明・若松養亮・杉村和美・小林亮・柏尾眞津子（訳）青年期の本質 2003 ミネルヴァ書房
Compas, B. 1995 Promoting successful coping during adolescence. In M. Rutter (Ed.) *Psychosocial disturbances in young people*. Cambridge: Cambridge University Press.
Compas, B. & Wagner, B. 1991 Psychosocial stress during adolescence: intrapersonal and interpersonal processes. In M. Colten and S. Gore (Eds.) *Adolescent stress: causes and consequences*. New York: Aldine De Gruyter.
Friedman, M. & Rosenman, R. F. 1974 *Type A behavior and your heart*. New York: Knopf.
Frydenberg, E. 1997 *Adolescent coping: theoretical and research perspectives*. London: Routledge.
Frydenberg, E. & Lewis, R. 1993 Boys play sport and girls turn to others: gender and ethnicity as determinants of coping. *Journal of adolescence*, 16, 253-266.
Glanz, K. & Lerman, C. 1992 Psychosocial impact of breast cancer: A critical review. *Annals of Behavioral Medicine*, 14, 204-212.
箱井英寿・高木修 1987 援助規範意識の性別, 年代, および, 世代間の比較 社会心理学研究, 3, 39-47.
服部祥 2000 生涯人間発達論―人間への深い理解と愛情を育むため 医学書院
橋本剛 2005a 対人関係に支えられる 和田実（編）男と女の対人関係 北大路書房 Pp. 137-158.
橋本剛 2005b ストレスと対人関係 ナカニシヤ出版
Heaven, P. 1996 *Adlescent health: the role of individual difference*. Lodon: Routledge.
Hirsch, B. & Dubois, D. 1989 The school-nonschool ecology of early adolescent friendships. In D. Belle (Ed.) *Children's social networks and supports*. New York: John Wiley.
Holms, T. H. & Rahe, R. H. 1967 The social readjustment rating scale. *Journal of Psychosomatic Reserch*, 11, 213-218.
Kleiber, D. & Rickards, W. 1985 Leisure and recreation in adolescence: limitation and potential. In M. Wade

(Ed.) *Constraints on leisure.* Springfield, IL: Charles C Thomas.
河野友信・田中正敏（編） 1990 ストレスの科学と健康 朝倉書店
Lazarus, R. S. & Folkman, S. 1984 Stress, appraisal and coping. New York: Springer Verlag.
Lewin, K. 1980 Field theory and experiment in social psychology. In R. Muss (Ed.) *Adlescent behavior and society. 3rd Ed.* New York: Randon House.
前田聰 1991 行動パターン評価のための簡易質問紙法「A 型傾向判別表」 タイプ A, 2, 33-40.
Morgan, M. 1980 Marital status, health, illness and service use. *Social Science and Medicine*, 14A, 633-643.
Nurmi, J. E. 1997 Self-definition and mental health during adolescence and young adulthood. In J. Schulenberg J. Maggs and K. Hurrelmann (Eds.) *Health risks and developmental transitions during adolescence.* Cambridge: Cambridge University Press.
Resnick, M., Bearman, P., Blum, R., Bauman, K., Harris, K., Jones, J., Tabor, J., Beurhring, T., Sieving, R., Shew, M., Ireland, M., Bearinger, L. & Udry, J. 1997 Protecting adolescents from harm: findings from the national longitudinal study on adolescent health. *Journal of the American Medical Association*, 278, 823-832.
Rook, K. S. 1987 Social support versus companionship: Effects on life stress, loneliness, and evaluations by others. *Journal of Personality and Social Psychology*, 52, 1132-1147.
Ross, C. E., Mirowsky, J., & Goldsteen, K. 1990 The impact of the family on health: The decade in review. *Journal of Marriage and the Family*, 52, 1059-1078.
Seeman, T. E. & Syme, S. L. 1987 Social network and coronary artery artery disease.: A comparison of the structure and function of social relations as predictors of disease. *Psychosomatic Medicine*, 49, 341-354.
Seiffge-Krenke, I. 1995 *Stress, coping, and relationships in adolescence.* Mahwah, NJ: Lawrence Erlbaum.
Selye, H. 1936 A syndrome produced by diverse nocuous agents. *Nature*, 138, 32.
白井利明 1997 時間的展望の生涯発達心理学 勁草書房
Stroebe, W., Stroebe, M., Abakoumkin, G., & Schut, H 1996 The role loneliness and social support in adjustment to loss: A test of attachment versus stress theory. *Journal of Personality and Social Psychology*, 70, 1241-1249.
Uchino, B, N., Cacioppo, J. T., & Kiecolt-Glaser, J. K. 1996 The relationship between social support and physiological processes: A review with emphasis on underlying mechanisms and implications for health. *Psychological Bulletin*, 119, 488-531.
浦光博 1992 支えあう人と人―ソーシャル・サポートの社会心理学 サイエンス社
和田実 1992 ノンバーバルスキルおよびソーシャルスキル尺度の改訂 東京学芸大学紀要 第 1 部門 教育科学, 43, 123-136.
和田実 1998 大学生のストレスへの対処，およびストレス，ソーシャルサポートと精神的健康の関連―性差の検討 実験社会心理学研究, 38, 193-201.
山田冨美雄（編） 2010 ストレスしのぎ辞典―ストレスとの，上手なつきあい方，しのぎ方 OHS 健康支援センター

●8 章

Allport, F. H. 1924 *Social psychology.* Houghton Mifflin.
Asch, S. E. 1951 Effects of group pressure upon the modification and distortion of judgments. In H. Guetzkow (ed.) *Groups, leadership and men.* Pittsburgh, PA: Carnegie Press.
Chapman, A. J. 1973 Social facilitation of laughter in children. *Journal of Experimental Social Psychology*, 9, 528-541.
Chapman, A. J. 1996 Social aspect of humorous laughter. In A. J. Chapman & H. C. Foot (Eds.), *Humor and laughter: Theory, research and applications.* New Brunswick, NJ: Transaction Publishers. Pp. 155-185.
Chapman, A. J & Chapman, W.A. 1974 Responsiveness to humor: Its dependency upon a companion's humorous smiling and laughter. *Journal of Psychology*, 88, 245-252.
Cialdini, R. B., Cacioppo, J. T., Basset, R., & Miller, J. K. 1978 The low-ball procedure for producing compliance: Commitment then Cost. *Journal of Personality and Social Psychology*, 36, 463-476.
Cialdini, R. B., Vincent, J. E., Lewis, S. K., Catalan, J., Wheeler, D., & Darby, B. L. 1975 Reciprocal concessions procedure for inducing compliance: The door-in-the-face-technique. *Journal of Personality and Social Psychology*, 31, 206-215.

Festinger, L. 1954 A theory of social comparison processes. *Human Relations*, 7, 117-140.
Freedman, J. L., & Fraser, S. C. 1966 Compliance without pressure : The foot-in-the-door technique. *Journal of Personality and Social Psychology*, 4, 195-202.
Friedman, M., & Rosenman, R. F. 1974 *Type A behavior and your heart*. New York: Knopf.
Harkins, S. G. & Jakson, J. M. 1985 The role of evaluation in eliminating social loafing. *Personality and Social Psychology Bulletin*, 11, 457-465.
池上貴美子・小城幸　2005　社会的手抜きに及ぼす課題への動機づけの影響　金沢大学教育学部紀要（教育科学編），54, 55-69.
小窪輝吉　1989　集団の作業条件がパフォーマンスに及ぼす影響について―社会的手抜きに関する実験研究　地域総合研究, 17, 95-105.
小窪輝吉　1990　認知的動機づけモデルと社会手抜き　鹿児島経済大学社会学部論集, 9, 43-47.
小窪輝吉　1991　課題困難度と社会的手抜き―ブレインストーミング課題を用いて　地域総合研究, 18, 59-68.
小窪輝吉　1996　社会的手抜きに及ぼす目標設定の効果　日本心理学会第62回大会発表論文集, 101.
小窪輝吉　1998　パフォーマンスへの内的誘因が社会的手抜きに及ぼす効果　実験心理学研究, 36, 12-19.
Latané, B., Williams, K. & Harkins, S. 1979 Many hands make light the Work: The causes and Consequences of social loafing. *Journal of Personality and Social Psychology*, 37, 822-832.
Levy, S. G. & Fenley, W. F. Jr. 1979 Audience size and likelihood and intensity of response during a humorous movie. *Bulletin of the Pychonomic Society*, 13, 409-412.
Milgram, S. 1974 *Obedience to authority: An experimental view*. New York: Harper & Row　岸田秀（訳）服従の心理　河出書房新社
Sherif, M. & Sherif, C. W. 1969 S*ocial psychology*. New York:Harper & Row.
志岐裕子　2006　他者への同調とタレントへの役割期待が笑い反応に及ぼす効果　社会心理学研究, 22, 189-197.
白井利明　2001　「図解」よくわかる学級づくりの心理学　学事出版
白樫三四郎　1984　社会的手抜きの比較文化研究　西南学院大学商学論集, 31, 19-39.
白樫三四郎　1986　だれが集団の中で怠けるのか―社会的手抜きと内的・外的統制傾向　鳴門教育大学研究紀要（人文・社会科学編), 1, 83-99.
Tolman, C. W. & Wilson, G. F. 1965 Social feeding in domestic chicks. *Animal Behaviour*, 13, 134-142.
Triplett, N. T. 1898 The dynamogenic factors in pacemaking and comtition. *American Journal of Psychology*, 9, 507-533.
Wish, M., Deutsch, M., & Kaplan, S. J. 1976 Perceived dimension of interpersonal relations. *Journal of Personality and Social Psychology*, 33, 409-420.
Zajonc, R. 1965 Social facilitation. *Science*, 149, 269-274.

● 9 章
Baron, R. S. & Roper, G. 1976 Reaffirmation of social comparison views of choices shifts: Averaring and extremity effects in an autokinetic situation. *Journal of Personality and Social Psychology*, 33, 521-530
Brown, R. J., Condor, S., Mathews, A., Wade, G., & Williams, J. A. 1986 Explaining intergroup differentiation in an industrial organization. *Journal of Occupational Psychology*, 59, 273-286
Den Hartog, D. N., House, R. J., Hanges, P. J., Ruiz-Quintanilla, S. A., Dorfman, P. W., & Associates 1999 Culture specific and cross-culturally generalize able implicit leadership hteories: Are attributes of charismatic/transformational leadership universally endorsed? *The Leadership Quarterly*, 10, 219-256.
Fiedler, F. E. 1978 The contingency model and the dynamics of the leadership process. In L. Berkowitz (Ed.) *Advances in experimental social psychology*, 11, 60-112.
星野欣生　2002　人間関係づくりトレーニング　金子書房
House, R. J. 1971 A path-goal theory of leader effectiveness. Adimistrative Science Quarterly, 16, 321-338.
Isenberg, D. J. 1986 Group polarization: A Critical review and metaanalysis. *Journal of Personality and Social Psychology*, 50, 1141-1151.
Janis, I. L. 1972 *Victims of groupthink: A psychological study of foreign policy decisions and fiascoes*. 2nd ed. Boston: Houghton Mifflin
Janis, I. L. 1982 *Groupthink: Psychological studies of policy decisions and fiascos* (2nd ed.). Boston: Houghton Mifflin.

Leavitt, H. J. 1951 Some effects of certain communication patterns on group performance. *Journal of Abnormal Social Psychology*. 46, 38-50.
Lewin, K. 1947 Group decision and social change. In T. M. Newcomb, & E. L. Hartley (Eds.), *Readings in social psychology*. New York: Henry Holt and Company. Pp. 330-344.
Lewin, K., Lippitt, R., & White, R. K. 1939 Patterns of aggressive behavior in experimentally created "social climates." *Journal of Social Psychology*, 10, 271-299.
Likert, R. 1961 New patterns of management. New York: McGraw-Hill. 三隅二不二（訳） 経営の行動科学 ダイヤモンド社
Lippitt, R. & White, R. K. 1943 The 'social climate' of children's groups. In Barker, R. G., Kounin, J. And Wright, H. (Eds), *Child behavior and Development*. New York: McGraw Hill.
三隅二不二　1984　リーダーシップ行動の科学（改訂版）　有斐閣
Moreno, J. L. 1953 *Who Shall Survive?* New York: Beacon House.
Moscovici, S. & Zavalloni, M. 1969 The group as a polarizer of attitudes. *Journal of Personality and Social Psychology*, 12, 125-135.
大橋正夫・鹿内啓子・吉田俊和・林文俊・津村俊充・平林進・坂西友秀・廣岡秀一・中村雅彦　1982　中学生の対人関係に関する追跡的研究—センチメント関係と学級集団構造—　名古屋大学教育学部紀要（教育心理学科），29, 1-100.
Schachter, S., Ellertson, N., McBride, D., & Gregory, D. 1951 An Experimental Study of Cohesiveness and Productivity. *Human Relations*, 44, 229-238.
Shaw. M. E. 1964 Communication networks. In L. Berkowitz (Ed.), *Advances in experimental social psychology*, 1, 111-147.
Sherif, M., Harvey, O. J., White, B. J., Hood, W. R., & Sherif. C. W. 1961 *Intergroup conflict and cooperation: The Robbers cave experiment*. Institute of Group Relations.
Smith, P. B., Misumi, J., Tayeb, M., Peterson, M., & Bond, M. 1989 On the generality of leadership style measures across cultures. *Journal of Occupational Psychology*, 62, 97-109.
Stogdill, R. M. 1948 Personal factors associated with leadership; A surney of the literature. *Journal of Psychology*, 25, 35-71.
Tajfel, H. 1982 Social psychology of intergroup relathions. *Annual Review of psychology*, 33, 1-39.
Wallach, M. A., Kogan, N., & Bem, D. J. 1962 Group influence on individual risk takeing. *Journal of Abnormal and Social Psychology*, 65, 75-86.

● 10章

Allport, G. W., & Postman, L. 1947 *The psychology of rumor*. Henry Holt & Company. 南博（訳） 1952　デマの心理学　岩波書店
Brown, R. W. 1954 *Mass phenomena*. 青井和夫（訳） 1957　大衆　ガードナー・リンゼイ（編集）清水他（監訳）社会心理学講座　第7巻　大衆とマス・コミュニケーション　みすず書房
Cantril, H. 1940 *The inovasion from mars: A Study in the psychology of panic*. Princton：Prinston Univ. Press　斉藤耕二・菊池彰夫（訳）1971　火星からの侵入　川島書店
Fine, G. A. 1985 The Goliath effect: Corporate dominance and mercantile legends. *Journal of American Folklore*, 98, 63-84.
Fltigel, J. C. 1930 *The psychology of clothes*. London: Hogarth Press.
磯貝芳郎　1986　人間と集団・社会　勁草書房
箱井英寿・上野裕子・小林恵　2002　高齢者の感情・行動意欲の活性化に関する基礎的研究（第2報）—高齢者ファッションショーが高齢者の被服意識・行動に及ぼす効果　繊維製品消費科学, vol. 43, No. 11, 75-83.
池内一　1977　流言　八木冕（編）心理学Ⅱ　培風館　p. 317.
Iyer, E. S. & Debevec, K. 1991. Origin of rumor and tone of message in rumor quelling strategies. *Psychology and Marketing*, 8, 161-175.
伊波和恵・浜治世　1993　老年期痴呆症者における情動活性化の試み—化粧を用いて　健康心理学研究, 6, 29-38.
Kaiser, S. B. 1985 *The Social Psychology of Clothiung and personal adornment*. New York: Macmillan. 高木修・神山進（監訳）1997　被服と身体装飾の社会心理学（上下巻）—装いのこころを科学する　北大路書房

川本勝　1981　流行の社会心理　勁草書房
木下冨雄　1977　流言　池内一（編）　講座社会心理学3巻　集合現象　東京大学出版会　Pp. 11-86.
Koller, M. 1992 Rumor rebuttal in the marketplace. *Journal of Economic Psychology*, 13, 167-186.
神山進　1990　衣服と装飾の心理学　関西衣生活研究会
神山進　1996　被服と化粧の社会心理学　神山進　第1章　被服心理学の動向　高木修（監修）・大坊郁夫・神山進（編集）　1996　北大路書房
Lang, K. & Lnag, G. E. 1961 *Collective dynamics*. New York: Thomas Y. Crowell.
松山巌　1993　うわさの遠近法　青土社　Pp. 422-423.
南博・社会心理研究所　1976　くちコミュニケーション　誠信書房
Nystrout, P. H. 1928 *Economics of fashion*. New York: The Ronaid Press Company.
Rogerse, E. M. 1962 *Diffusion of innovation*. Glence, Ill.: The Free Press　藤竹暁（訳）　1966　技術革新の普及過程　培風館
Rosnow, R. L., Yost, J. H., & Esposito, J. L. 1986 Belief in rumor and likelihood of rumor tramsmission. *Language and Communication*, 6, 189-194.
Simmel, G. 1904 Fassion. *International Quartely*, 10, 130-155.（Reprinted in *American Journal of Sociology*, 62, 541-558. 1957）
Smeler, N. J. 1963 *Theory of collective behavior*. New York: Free Pressl.　会田彰・木原孝（訳）　1973　集合行動の理論　誠信書房
鈴木裕久　1977　流行　池内一（編）　講座社会心理学3巻　集団現象　東京大学出版会　Pp. 132-135.
Tarde, G. 1890 *Les lois de l'imitation*. Paris: Félix Alcan　風早八十二（訳）1924　模倣の法則　而立社
Tybout, A. M., Calder, B. J., & Sternthal, B. 1981 Using information processing theory to design marketing strategies. *Journal of Marketing Research*, 18, 73-79.
余語真夫・津田兼六・浜治世・鈴木ゆかり・互恵子　1990　女性の精神的健康に与える化粧の効用　健康心理学研究, 3, 28-32
Young, K. 1930 *Social Psychology*, 3rd ed. New York: Appleton-Century.

人名索引

●A
Allport, F. H. 4,5
Altman, I. 86,87
安藤清志 62,64
Argyle, M. 5,59-61
Aron, A. P. 23,24
Asch, S. E. 5,119

●B
Banaji, M. R. 38
Bandura, A. 66
Baron, R. 71
Batson, C. D. 71
Baumeister, R. F. 38
Bem, D. J. 32
Berkowitz, L. 65
Bower, G. H. 16
Brehm, J. W. 51
Brehm, S. S. 51
Brewer, M. B. 13
Brown, R. W. 151

●C
Cacioppo, J. P. 5,50,52,56
Canon, L. 56
Carlsmith, J. M. 47
Cialdini, R. B. 117
Cooley, C. H. 32
Crono, W. D. 71

●D
大坊郁夫 94
Darley, J. M. 29,30,69,70,72
Darwin, C. 79
Davis, K. E. 19
Descartes, R. 31
Dion, K. K. 84
Duck, S. 88,90
Dutton, D. G. 23,24

●E
Ekman, P. 80

●F
Fazio, R. H. 48
Ferguson, T. J. 66
Feshbach, S. 54
Festinger, L. 5,33,46,47,82,83
Fiedler, F. E. 143
Forgas, J. P. 17,18
Freud, S. 65

●G
Gleicher, F. 55
Graf, R. C. 71
Greenwald, A. G. 38,48,49

●H
箱井英寿 69,104,166
Harvey, J. 92
Heine, S. J. 37
Henderson, M. 59-61
飛田操 94
Holms, T. H. 102
堀洋道 69
堀毛一也 84
House, R. J. 144
Hovland, C. I. 6,45,53
Howard, W. 71
Huesmann, L. R. 67

●I
池田三郎 26
今井芳昭 53
伊波和恵 166
Isen, A. M. 16
磯貝芳郎 152

●J
Janis, I. L. 54,147
Jones, E. E. 19,23
Jourard, S. M. 86

●K
Kahneman, D. 15
Kaiser, S. B. 165
神山進 159
上山忠夫 27
川本勝 161
Kayser, K. 89
Kelley, H. H. 5,20,21,82
菊池章夫 84,85
木下冨雄 156
Kitayama, S. 41

●L
Langer, E. J. 22
Latané, B. 29,30,69,70,72
Lehman, D. R. 37
Lepper, M. R. 24
Lewin, K. 145
Lichtenstein, S. 27,28
Lippitt, R. 140
Lorenz, K. 65

●M
Manning, R. 69
Markus, H. R. 41
Mathews, K. 56
松井豊 69,73
McDougall, W. 4

McGuire, W. J. 56
Milgram, S. 5,121
南博 161
三隅二不二 141
盛岡通 26

●N
中村陽吉 36,69,72
Newcome, T. 5
Nisbett, R. E. 23

●O
大渕憲一 64

●P
Papageorgis, D. 56
Patterson, G. R. 66
Payne, B. K. 48
Perloff, R. M. 55
Petty, R. E. 50,52,55,56
Piliavin, I. M. 71
Piliavin, J. A. 71

●R
Rahe, R. H. 102
Rhodes, N. 56
Riddell, L. C. 71
Rogerse, E. M. 163
Rosenberg, M. A. 45
Ross, E. A. 4
Ross, L. 22
Rule. B. G. 66

●S
Schachter, S. 24,135
Schlosberg, H. 79
Selye, H. 99
Sherif, M. 5,136
清水裕 69,70
白井利明 104
Simmel, G. 164
Singer, J. E. 24
Slovic, P. 28
Snyder, M. 16

●T
高田利武 37
高木修 73,104
竹村和久 73
Taylor, D. A. 86
Tedeschi, J. T. 63,66
Thibaut. J. W. 82
Triplett, N. 4,123
Trope, Y. 34
Tversky, A. 14,15
Tybout, A. M. 157

●V
Vaughan, D. 89

● W
和田実　93, 94, 110
Wallach, M. A.　145
Walster, E.　83, 84
Weiss, W.　53
White, P.　16

Wood, W.　56

● Y
山田冨美雄　100
余語真夫　166

● Z
Zajonc, R. B.　83
Zimbardo, P. G　8, 67, 68
Zuckerman, M.　22

事項索引

●あ
アウトカム（outcome） 82,83
アカウント（account） 92
暗示 153

●い
一次的集団 134
一面提示 54
因果スキーマ 21
因果図式モデル 21
インフォームドコンセント 48

●え
FtFコミュニケーション 75,76

●か
外集団（out-group） 129
外発的動機づけ 26
過度の（十分すぎる）正当化 24
可能自己（possible self） 34
下方比較（downward comparison） 35
関係性の初期分化現象 88
関係崩壊懸念
 （dissolution consideration） 96
観衆効果（audience effect） 123
感情誤帰属手続き（affect misattribution procedure） 48
感情混入モデル（affect infusion model） 17
感情ネットワークモデル 16

●き
帰属過程 18
気分（ムード）一致効果 16
鏡映の自己（looking-glass self） 32
共行為効果（coaction effect） 123
競争（competition） 128
協同（cooperation） 128
共変原理 20
恐怖喚起 54
虚血性心疾患（CHD: Coronary Heart Disease） 109

●く
クレイズ（craze） 162
群衆（crowd） 151

●け
係留と調節ヒューリスティック 15,28
原因帰属 18

●こ
行為者一観察者バイアス 23
攻撃行動の認知的新連合モデル 65
公式集団 134
公正性の信奉 22
コーシャス・シフト 145
コーピング（coping） 100
告白 92
コスト（cost） 82,83
コンティンジェンシーモデル（条件即応モデル） 143
コントロールの錯覚 22
根本的帰属錯誤 22

●さ
錯誤帰属 23
ザッツ・ノット・オール・テクニック（"that's not all" technique） 118

●し
思考妨害 56
自己開示 84,85,87
自己開示の返報性 61,87
自己概念（self-concept） 33
自己確証（self-verification） 34
自己向上（self-improvement） 34
自己高揚（self-enhancement） 34
自己査定（self-assessment） 34
自己ステレオタイプ（self stereotype） 39
自己達成の予言 81
自己知覚（self-perception） 32
自己知覚理論（self-perception theory） 32,116
自己呈示 76
自己奉仕的バイアス 22
自尊心 37,56
実験者効果 81
自動的処理 13
シミュレーション・ヒューリスティック 15
社会化（socialization） 31
社会的アイデンティティ（social identity） 39
社会的アイデンティティ理論（social identity theory） 5,130
社会的影響（social influence） 115
社会的機能説 66
社会的交換理論 82
社会的再適応評価尺度 102
社会的浸透理論（social penetration theory） 86
社会的促進（social facilitation） 4,5,123
社会的手抜き（social loafing） 124

社会的比較（social comparison） 33
社会的比較理論（social comparison theory） 5,33,128
集団規範（group norm） 134
集団極性化 146
集団思考（groupthink） 147
周辺的態度変化 51
主張の自己呈示 63
準拠集団（reference group） 134
状況自尊心 37
情緒的サポート（emotional support） 110
情動焦点型コーピング 110
情動発散説 65
上方比較（upward comparison） 34
所属感情 39
所属集団（membership group） 134
信憑性（credibility） 52
心理的リアクタンス理論 51

●す
スタイル（style） 162
ステレオタイプ 2,14,84
ステレオタイプ化 80
ストレス緩衝効果（stress buffering effect） 114
ストレスマネジメント 100
スリーパー効果 52

●せ
精緻化見込みモデル 5,50
生理的覚醒 23,71
勢力（power） 52
責任の帰属 22
接種理論 56
潜在連合テスト（implicit association test） 48
戦術的自己呈示 63
戦略的自己開示 88
戦略的自己呈示 63

●そ
相互協調的自己観（interdependent construal of self） 41
相互独立的自己観（independent construal of self） 39
ソーシャルスキル（social skill） 84,85
ソシオメトリック・テスト（sociometric test） 137

●た
対応推論理論 18
対処行動（二次評価） 105
態度 45
代表性ヒューリスティック 14

事項索引　*183*

タイプAパーソナリティ（type A personality）　109
単純接触説（mere exposure effect）　83

●ち
知能　56
中心的態度変化　50

●つ
つり合い仮説（matdhing hypothesis）　84

●て
デブリーフィング　9,25
デマ（demagogy）　156

●と
ドア・イン・ザ・フェイス・テクニック（door-in-the-face technique）　117
道具的サポート（instrumental support）　110
統制的処理　13
同調（conformity）　119
同調行動　2
特性自尊心　37
匿名性　67
トップダウン型処理　14

●な
内集団（in-group）　129
内的衝説　65
内発の動機づけ　26

●に
2過程モデル　13
二次の集団　134
認知的判断モデル　72
認知的評価（一次評価）　105
認知的不協和　46
認知的不協和理論（cognitive dissonance theory）　5,116

●は
ハザード　26
パス・ゴール理論　144
反映的評価（reflected appraisal）　32

●ひ
PM理論　141
ピグマリオン効果（Pygmalion effect）　81
非公式集団　134
評価ノード　17

●ふ
ファッション（fashion）　162
ファッド（fad）　162
ブーム（boom）　162
ブーメラン効果　52
服従　121
不十分な正当化　47
フット・イン・ザ・ドア・テクニック（foot-in-the-door technique）　116
プライミング効果　48
分散分析モデル　20

●ほ
防衛的帰属　23
防衛的自己呈示　63
傍観者効果　72
放散効果（radiateing effect）　84
報酬（reward）　82,83
暴衆　151
ポジティブ幻想（positive illusion）　35
没個性化　67
ボトムアップ型処理　14
ホメオスタシス（homeostasis）　101
ホモフォビア　2

●ま
マスタリー感情　39

●み
魅力（attractiveness）　52

●も
モード（mode）　162
モッブ　151,152
模倣　67,153
模倣学習　67
問題焦点型コーピング（problem-focused coping）　110

●よ
欲求不満―攻撃説　65

●ら
ライフ・イベント　103

●り
リスキー・シフト　145
リスク　26
リーダー　139
リーダーシップ（leadership）　139
流言（rumor）　154
利用可能性ヒューリスティック　15,27
両面提示　54
リンゲルマン効果　124

●れ
連言錯誤（conjunction fallacy）

●ろ
ロー・ボール・テクニック（low-ball technique）　117

●わ
割り引き原理　21
割り増し原理　21

執筆者一覧(執筆順)

和田　実	名城大学人間学部	1章,6章
清水　裕	昭和女子大学人間社会学部	2章,4章,5章-3・4節
戸口　愛泰	大阪国際大学人間科学部	3章,5章-1・2節
柏尾眞津子	大阪人間科学大学人間科学部	5章-5節,7章,8章
箱井　英寿	大阪人間科学大学人間科学部	5章-6節,9章,10章

編者紹介

和田　実（わだ　みのる）

三重県に生まれる
1988 年　名古屋大学大学院教育研究科博士課程単位取得満了
現　在　名城大学人間学部教授　博士（教育心理学）

主著・論文
　親しさが伝わるコミュニケーション――出会い，深まり，別れ（共著）　金子書房　1999 年
　コミュニケーションと人間関係（訳，ダック，S.［著］）ナカニシヤ出版　2000 年
　青年心理学への誘い――漂流する若者たち（共著）　ナカニシヤ出版　2002 年
　喪失体験とトラウマ――喪失心理学入門（共編訳，J．H．ハーヴェイ［著］）　北大路書房　2003 年
　パーソナルな関係の社会心理学（共監訳，イックス，W. & ダック，S.［編］）　北大路書房　2004 年
　男と女の対人心理学（編著）　北大路書房　2005 年
　心理学入門（共著）　川島書店　2008 年

ミニマムエッセンス社会心理学

| 2010年9月10日 | 初版第1刷印刷 |
| 2010年9月20日 | 初版第1刷発行 |

定価はカバーに表示
してあります。

編著者　和田　実
発行所　㈱北大路書房
〒603-8303　京都市北区紫野十二坊町12-8
電　話　(075) 431-0361㈹
ＦＡＸ　(075) 431-9393
振　替　01050-4-2083

©2010　印刷・製本／創栄図書印刷㈱
検印省略　落丁・乱丁本はお取り替えいたします。
ISBN978-4-7628-2728-0　　Printed in Japan